MACROÉCONOMIE

THÉORIES ET APPLICATIONS DE POLITIQUES ÉCONOMIQUES

MACROÉCONOMIE

THÉORIES ET APPLICATIONS DE POLITIQUES ÉCONOMIQUES

L'Harmattan
Guinée

http://www.editions-harmattan.fr

ISBN : 978-2-336-51835-0
EAN : 9782336518350

De l'auteur

Youssouf Keita est un macroéconomiste et est actuellement en charge d'évaluer l'impact de l'investissement du gouvernement fédéral américain au Kenya, au Lesotho et en Ile Maurice. Il dirige l'équipe en charge d'adapter la politique industrielle du Lesotho pour la période allant de 2025-2030. Il est membre de la commission de recherche de Harvard Business School à l'Université Harvard aux États-Unis d'Amérique. Il est aussi partenaire et collaborateur à EcoMod School of Economic Modeling and Data Science, qui conseille, forme et fournit des renforcements de capacités à des institutions comme la Federal Reserve, Asian Development Bank, InterAmerican Development Bank, plusieurs gouvernments et les grandes entrerpises etc., en Computable General Equilibrium Modeling (CGEM) et Dynamic Stochastic General Equilibrium modeling (DSGE). De janvier à décembre 2017, Youssouf Keita a dirigé la task force d'ICERD qui a élaboré la politique commerciale et industrielle du Lesotho en vue d'améliorer la compétitivité des exportations de ce pays. De 2018 à 2022, il était expert au Center of Affordable Housing Finance (CAHF) à Johannesburg, Afrique du Sud, chargé de la mobilisation de financement et de l'investissement dans l'industrie immobilière au Liberia, en Sierra Léone, en Guinée-Bissao et en Guinée.

Il a un diplôme de spécialisation en analyse de politique publique de la London School of Economics and Political Science avec une distinction prestigieuse de diplômé exceptionnel de cette université. Il est détenteur d'un diplôme d'études de stratégie d'exécution des projets gouvernementaux de l'Université Harvard aux États-Unis d'Amérique. Il a aussi un Master en Economie Internationale et Développement d'Eastern Michigan University aux États-Unis, sur financement de la prestigieuse bourse Fulbright du Gouvernement Fédéral américain. Il détient un PhD en Economie avec Spécialisation en Macroéconomie et Econométrie Financière de University of Hawai AIU.

Youssouf Keita a commencé sa carrière en tant qu'assistant technique auprès du gouvernement de Guinée. Cet emploi, sur financement de Carana Corporation et Abt Associates, institutions basées aux États-Unis, a favorisé l'ouverture du marché américain aux produits guinéens en franchise de droit de douanes et sans restrictions quantitatives dans le cadre du programme AGOA, African Growth and Opportunity Act.

Youssouf a également été assistant technique du Millennium Challenge Corporation (MCC) auprès du Gouvernement de Guinée.

Docteur Youssouf Keita enseigne aussi les cours de Macroéconomie et du Modèle d'Equilibre Général Calculable à l'Université Général Lansana Conté de Sonfonia-Conakry.

Dédicace spéciale

À mes parents, Mountaga et Mariame Kamissoko- vous définissez ce qui signifie de supporter et guider vos enfants. Je sais que votre place se trouve dans la maison la plus confortable au paradis, l'un auprès de l'autre. Merci d'avoir toujours été là.

Merci Hadja Malado Keita- ma femme, mon partenaire de vie, une femme modèle pour mes enfants. Sans ton soutien sans équivoque, les expériences apprises et partagées pour rédiger ce livre ne seraient pas possibles. Tu es la femme qui est décrite dans la Sourate Mariame dans le Coran. Je dédie aussi ce livre à nos enfants, Hadja Salématou, Mariame, Mountaga et Maimouna, qui m'inspirent quotidiennement pour devenir le meilleur papa à savoir comment l'être. J'y travaille toujours.

Sommaire

Préface

À la fin des années 1970, Thomas Sargent et Robert Lucas ont soutenu que les méthodes macroéconomiques conventionnelles étaient ''fatalement défectueuses'' : depuis lors, la macroéconomie est devenue une partie importante de notre discipline. Après tout, il est très stimulant d'être impliqué dans l'initiation d'un nouvel agenda de recherche. Mais bien que toute cette activité ait été excitante pour les chercheurs dans le domaine, il peut être frustrant pour les étudiants et leurs instructeurs. Les articles de journaux scientifiques des chercheurs représentent rarement le meilleur traitement pédagogique d'un sujet, spécialement quand l'analyse impliquée devient tout à fait technique.

J'ai enseigné à la fois les cours de macroéconomie aux étudiants de Master et de Licence au cours des trois dernières années, et j'ai trouvé que les développements dans notre discipline ont créé une demande croissante, d'année en année, d'un enseignement organisé. Ce livre est le résultat et une tentative de combler le gap entre les textes intermédiaires et l'analyse avancée que nous trouvons dans notre environnement. Alors qu'il peut être utilisé sans aide par les étudiants en Licence, au niveau Master, et par les étudiants de PhD, le livre a l'intention de compléter, au lieu de remplacer, les grandes idées de la macroéconomie depuis la révolution classique.

Le thème de ce livre est qu'une synthèse utile des idées classiques, keynésiennes, néoclassiques, monétaristes, et néokeynésiennes peut être construite, et cette idée est émergente. Par exemple, la cohérence interne née des fondations microéconomiques est un avantage fourni par les néoclassiques, mais cette méthodologie peut être exploitée par les keynésiens si leur analyse est basée sur les raisons bien définies de l'échec du marché.

Certains keynésiens ne voient pas les fondations microéconomiques imparfaites de leurs modèles comme une limitation importante. Ils considèrent les méthodes utilisées par les théoriciens des anticipations rationnelles pour résoudre la question de non-unicité juste aussi arbitraire que de ne pas fonder la macroéconomie sur la maximisation formelle des contraintes. Plutôt, ces keynésiens mettent l'accent sur certains problèmes de prédiction empirique dans certains modèles néoclassiques.

Les néoclassiques, d'autre part, minimisent de telles limitations empiriques au motif qu'il n'est pas vain pour les modèles keynésiens d'obtenir de meilleurs jugements en permettant ce qu'ils appellent les paramètres libres.

Les forces et les faiblesses comme telles provenant des deux côtés du débat, sont analysées tout au long de ce livre. Parmi les questions débattues, il y a : les problèmes de non-unicité avec des anticipations rationnelles, l'analyse de politique de stabilisation (y compris la critique de Lucas), les questions d'économie ouverte, les modèles de salaires rigides, et les effets de l'approche des anticipations rationnelles sur le travail empirique.

En utilisant les mathématiques à travers le livre, ce texte introduira les lecteurs aux méthodes actuelles de recherche de la macroéconomie moderne. Mais en plus d'expliquer les méthodes, le livre présente la logique sous-tendant à un niveau de sens commun pour aider à élucider l'essence de chaque controverse.

Avant d'écrire ce livre, je me suis demandé pourquoi, si un texte comme celui-ci est nécessaire, quelqu'un d'autre ne l'a pas fait avant moi ? Je pense qu'il y a deux parties pour la réponse. D'abord, la littérature se développait initialement à un rythme tel que seulement un auteur courageux tenterait de déposer ce que les conclusions clés seraient, et qui auraient une signification durable au cours des années à venir. Mais, maintenant que certaines questions sont réglées, des éléments importants d'une synthèse sont mis en lumière. Donc, et tout à fait récemment, le prospect des auteurs de manuels universitaires est très rare dans ce domaine en Guinée. La seconde considération est que plusieurs macroéconomistes sont soit dans un camp soit dans un autre, et sont donc particulièrement intéressés à exposer une synthèse.

Il est évident que mon accent particulier sur les différentes questions ne coïncidera pas avec celui favorisé par plusieurs enseignements. Une raison de garder le livre concis est de permettre aux enseignants d'utiliser le contenu du livre afin de contribuer à l'émergence d'une nouvelle façon d'enseigner la macroéconomie et aux étudiants d'avoir à portée de mains une publication d'une qualité sans commune mesure. Le livre est conçu pour rendre les différentes propositions macroéconomiques plus accessibles. Les commentaires et les suggestions des utilisateurs sont bienvenus, et peuvent être envoyés à mon attention, sous couvert de l'éditeur.

Ce livre est divisé en 13 Chapitres comprenant quatre parties fondamentales. La première partie, comprenant les chapitres 1 à 5, aborde les développements de la Macroéconomie après John Maynard Keynes.

La deuxième partie du livre comprend deux chapitres ; le Chapitre 6 et le Chapitre 7. Cette partie couvre essentiellement la macroéconomie de l'économie ouverte.

Les Chapitres 8 et 9 sont abordés dans la troisième partie du livre, qui aborde les questions de politique économique.

Dans la quatrième partie du livre, comprenant le Chapitre 10, Chapitre 11, Chapitre 12 et Chapitre 13, le livre aborde les grands évènements et les sujets avancés en Macroéconomie.

À noter qu'a la fin de chaque chapitre, se trouvent des questions de revue et des exercices pratiques à résoudre pour renforcer les acquis du livre.

Youssouf Keita.

Remerciements

J'ai beaucoup de dettes à reconnaitre. Des économistes émérites ont fait soit des commentaires utiles, ou ont été une source utile de perspicacité durant de nombreuses conversations sur des questions macroéconomiques.

Dans la course de la rédaction de ce livre, j'ai accumulé assez de dettes à mes collègues qui ont lu des chapitres, revu le livre tout entier, et testé le manuscrit dans leurs cours, ou autrement m'ont encouragé.

Bien que je ne puisse lister leurs noms, je voudrais aussi remercier de nombreux professeurs qui ont contribué à ma formation d'économiste. Parmi lesquels feu Docteur Mouctar Diabaté (Université de Conakry) ; Professeur Sharon J. Erenburg, Professeur John Edgreen, Professeur Kemper Moreland, Professeur Jennifer L. Rice, Professeur John Thornton, Professor Mickael Vogt d'Eastern Michigan University ; Monica Serrano (School of Business and Economics, Hawaii). Je suis reconnaissant à mes camarades de classe qui pour la plupart ont une carrière fulgurante aujourd'hui. La liste est longue : il s'agit de Ghoury Chakraborty à San Francisco, Gaber Brunik d'Oxford University, Jake Smith Bank of America à Chicago États-Unis d'Amérique, Anthony Roblesky General Motors à Detroit, Lena de l'Université de Beijing comme directrice de programmes.

Ma plus grande dette est à ma femme, Malado, dont l'amour et le soutien sans faille ont été inestimables.

PREMIÈRE PARTIE : LES DÉVELOPPEMENTS DE LA MACROÉCONOMIQUE APRÈS JOHN MAYNARD KEYNES

Chapitre 1
La Contre-révolution monétariste

Chapitre 2
L'Output, l'Inflation et le Chômage : des Vues alternatives

Chapitre 3
L'Économie néoclassique

Chapitre 4
Les cycles économiques réels et l'Economie Néokeynésienne

Chapitre 5
Les Modèles macroéconomiques

CHAPITRE 1 : La contre-révolution monétariste

La révolution keynésienne a créé un nouveau cadre dans lequel les questions macroéconomiques ont été abordées peu de temps après, cependant, avant qu'il y ait des défis à la nouvelle orthodoxie, les défis qui avaient des racines dans le modèle classique. Dans cette partie, nous considérons ces défis, et les réponses keynésiennes à ces défis. Le magazine britannique *The Economist* a défini un monétariste comme ''quelqu'un qui pense qu'il est plus important de réguler l'offre de monnaie dans l'économie que d'influencer d'autres instruments économiques. Certains pensent que cela est mauvais et il est difficile de comprendre cette signification.'' Dans ce chapitre, nous examinerons la position monétariste.

L'attaque keynésienne de l'orthodoxie classique a été victorieuse. Après la mort du brillantissime John Maynard Keynes en 1946, ses successeurs ont entrepris l'œuvre gigantesque de raffiner ses théories et de les appliquer aux questions de politique économique auxquelles font face les économies occidentales puisqu'elles devaient relever les défis de la reconstruction de la période après la Deuxième Guerre mondiale de 1939-45. Un des aspects de la révolution keynésienne était son attaque de la théorie quantitative classique. En fait, les premiers keynésiens ont attaché peu d'importance à l'offre de monnaie. Le monétarisme a commencé comme une tentative de réévaluer l'importance de la monnaie et en conséquence de la politique économique.

Milton Friedman, décédé en 2005, fut l'autorité intellectuelle majeure du développement du monétarisme. Friedman fut un professeur éminent à *The University of Chicago.* Après sa retraite en 1977, il a joué un rôle prépondérant à *Hoover Institution* de *Stanford University.* Il a publié de nombreux journaux professionnels d'économie jusqu'en 2005. À sa mort, plusieurs publications lui ont reconnu le mérite d'être l'un des deux économistes les plus influents du vingtième siècle. L'autre étant évidemment John Maynard Keynes.

1.1 Les propositions des monétaristes

Au lieu de donner une définition du monétarisme, nous donnons d'abord les quatre propositions qui caractérisent la position monétariste.

1. L'offre de monnaie a une influence prépondérante sur le revenu nominal
2. A le long terme, l'influence de la monnaie est essentiellement sur le niveau de prix et d'autres magnitudes nominales. Dans le long terme, les variables réelles, telles que l'output et l'emploi, sont déterminées par des facteurs réels, non par des facteurs monétaires.
3. Dans le court terme, l'offre de monnaie influence les variables réelles. La monnaie est un facteur dominant qui cause des mouvements cycliques de l'output et de l'emploi.
4. Le secteur privé est stable de façon inhérente. L'instabilité de l'économie est sans conteste le résultat des politiques gouvernementales.

La conclusion politique centrale de ces propositions est que la stabilité dans la croissance de l'offre de monnaie est cruciale pour une économie stable. Les monétaristes croient qu'une telle stabilité est mieux réussie en adoptant une règle pour la politique monétaire. Professeur Friedman a longtemps proposé *une règle de taux de croissance monétaire constant.* En fait, l'élément crucial de la vue de Friedman est la préférence pour la politique monétaire par la règle, non par discrétion. La politique monétaire, l'a-t-il souvent martelé, était ''trop importante pour la laisser seulement aux banquiers centraux.''

La première proposition monétariste est que le niveau de l'activité économique en monnaie courante est déterminé par l'offre de monnaie. Un élément important de cette proposition est que la causalité est supposée aller de la monnaie au revenu. Cela signifie que les changements de l'offre de monnaie affectent les changements de revenu nominal. Le niveau et le taux de croissance de l'offre de monnaie sont supposés être déterminés principalement par la banque centrale.

La deuxième hypothèse monétariste dit que, à long terme, l'activité économique mesurée en valeurs monétaires réelles ne dépend pas de la quantité de monnaie. À long terme, l'output réel est déterminé par des facteurs réels tels que les stocks de bien capital, la taille et la qualité de la population active, et l'état de la technologie. Si, dans le long terme, le niveau de l'activité économique réelle n'est pas affecté, pendant que le niveau de l'activité économique en termes nominaux est presque complètement déterminé par l'offre de monnaie, il s'ensuit alors que l'effet de long terme de la monnaie est sur le niveau de prix.

La troisième proposition dit que, à court terme, l'output et l'emploi sont fortement influencés par des changements de l'offre de monnaie. Les prix sont influencés aussi bien, mais à court terme, les prix y compris les taux de salaire (le prix de la main d'œuvre), ne sont pas parfaitement flexibles. En conséquence, quand la quantité de monnaie change, à court terme les prix ne font pas l'ajustement total. L'output et l'emploi sont aussi affectés.

La dernière proposition monétariste dit que le secteur privé (entreprises et ménages) n'est pas une source d'instabilité de l'économie. Le monétariste Karl Brunner, dit ceci ''le secteur privé est un processus d'absorption de chocs, de stabilisation et d'auto-ajustement. L'instabilité est produite de façon prédominante par l'opération du secteur gouvernemental.'' Le gouvernement cause l'instabilité dans l'économie en permettant l'instabilité dans la croissance de l'offre de monnaie, le déterminant majeur de l'activité économique. Selon la vue des monétaristes, le gouvernement peut aussi déstabiliser l'économie en interférant avec les mécanismes d'ajustement nominal dans le secteur privé. Les contrôles obligatoires de prix et de salaires sont un exemple évident d'interférence gouvernementale ayant de telles propriétés d'ajustement. D'autres exemples sont illustrés par les plafonds d'usure sur les taux d'intérêt, les contrôles de rente, les lois de salaire minimum.

En prenant en compte ces propositions et les conclusions de politique monétariste, il est convenable de diviser l'analyse en deux parties. D'abord nous expliquerons pourquoi les monétaristes attribuent une telle prédominance à la monnaie (les propositions 1 et 3). Ensuite nous utiliserons plus tard les questions de politique monétaire pour expliquer ce que la politique monétaire peut et ne peut pas faire, l'hypothèse 2. Et bien que nous ne donnions aucune considération spéciale à l'hypothèse 4, elle sera importante dans notre analyse.

1.2 La Reformulation de la théorie quantitative de la monnaie

Le premier développement du monétarisme a centré son effort sur le raffinement de la théorie quantitative à la lumière de l'attaque de John Maynard Keynes. Milton Friedman décrit la théorie quantitative de la monnaie comme suit :

Dans la théorie monétaire, cette analyse signifiait que dans l'équation de la quantité MV=PT, le terme vélocité était considéré comme hautement stable, qu'il pouvait être déterminé indépendamment des autres variables de l'équation, et que comme résultat, les changements de la quantité de monnaie seraient reflétés soit dans les prix soit dans l'output.

Cette proposition est la proposition numéro 1 du monétarisme (notons que la vélocité stable signifie que non seulement les changements de *M* causeront des changements de *PT,* mais aussi que seulement les changements de *M* changent *PT.*). La théorie quantitative est devenue controversée, d'ailleurs dans tout le reste de l'économie classique, comme le résultat de la Grande Dépression des années 1930. Friedman croit que les évènements des années 30 ont été improprement évalués et n'ont pas, en fait, offert l'évidence contre la théorie quantitative de la monnaie. Il a cependant vu le besoin de reformuler la théorie quantitative en des termes qui ont pris en compte la contribution de Keynes. Son objectif était de réévaluer l'importance de la monnaie. Les raisons de cet engagement sont mieux vues en considérant le rôle (ou le manque de rôle) que les premiers keynésiens ont attribué à la monnaie comme déterminant de l'activité économique.

1.2.1 La monnaie et les premiers keynésiens

Notre analyse du système keynésien a rendu clair que, dans ce cadre, la monnaie était un déterminant important de l'activité économique. Mais la vélocité n'était pas constante ou indépendamment déterminée, elle était systématiquement déterminée dans le système. Des facteurs autres que la monnaie peuvent aussi affecter le niveau de l'activité économique. Considérons, par exemple, la réponse du système à l'accroissement des dépenses publiques, comme nous pouvons l'illustrer dans la figure 1.1 ci-après.

L'offre de monnaie est maintenue constante ici, avec l'accroissement des dépenses gouvernementales financées par la vente des titres ou bons de trésors au public. Le niveau le plus élevé de revenu entraine une demande de monnaie pour transactions plus élevée. En ramenant la demande de monnaie à l'égalité avec l'offre de monnaie inchangée, cela requiert une hausse du taux d'intérêt. Au taux d'intérêt plus élevé, la demande de monnaie pour spéculation décroit, et la demande de monnaie pour transactions décroit aussi bien à un niveau donné de revenu. Donc, la même offre de monnaie peut supporter un niveau de revenu plus élevé. Une autre façon d'exprimer cela est de dire que la vélocité varie positivement avec le taux d'intérêt.

Puisque la vélocité est variable dans le système keynésien, il n'existe pas un niveau de revenu correspondant à une autre offre de monnaie donnée. Ce ne serait même pas une déclaration soigneuse de la vue keynésienne de dire qu'à court terme le revenu nominal ou réel est déterminé uniquement par le niveau de l'offre de monnaie. Ce n'est pas dire que les keynésiens croient que la monnaie n'est pas importante, ils n'y pensent pas. La quantité de monnaie est un déterminant clé du revenu dans le système keynésien.

Figure 9.1 Effets de l'augmentation des Dépenses Publiques : La Vue Keynésienne

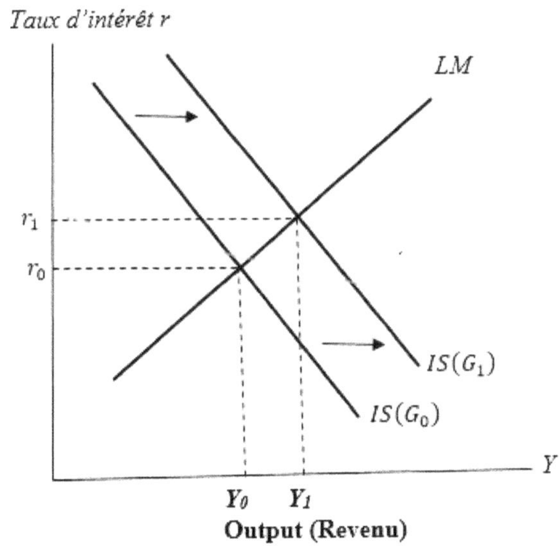

Plusieurs économistes de première heure ont, cependant, cru que la monnaie avait peu d'importance. Leur vue était basée sur des jugements empiriques au sujet des pentes des courbes *IS-LM*, qui, comme nous avons vu dans notre étude du système keynésien, sont importantes dans la détermination de l'efficacité relative de la politique monétaire et fiscale. Influencés par la grande crise des années 1930, ces premiers keynésiens ont cru que la courbe *LM* était tout à fait plate et la courbe *IS* tout à fait raide, la configuration qui serait caractéristique des conditions de la dépression comme celle des années 1930. La Dépression était caractérisée par des niveaux faibles de revenu et de taux d'intérêt. À un tel niveau faible de taux d'intérêt, l'élasticité de la demande de monnaie sera plus élevée. Une telle situation s'approche en réalité de la trappe à liquidité, la courbe LM devient très plate. Ainsi, dans les conditions de la dépression, les premiers économistes keynésiens croient que l'investissement sera inélastique au taux d'intérêt, rendant ainsi la courbe *IS* raide. La dépression était une période de taux d'utilisation faible des usines et équipements. Les premiers keynésiens croient que, une capacité massive excessive, l'investissement sera invraisemblable pour répondre aux changements de taux d'intérêt.

La figure 1.2 montre cette configuration des courbes *IS-LM* et illustre l'inefficacité d'un accroissement de la quantité de monnaie qui déplace la courbe *LM* de LM_0 à LM_1. Avec une courbe *LM* plate, autour du point d'équilibre, un changement donné de l'offre de monnaie varie de peu pour abaisser le taux d'intérêt, le premier lien de la chaîne qui connecte la monnaie et le revenu dans le modèle keynésien. Avec une courbe *IS* plate, une baisse du taux d'intérêt n'augmentera pas trop l'investissement. Cette combinaison de l'élasticité-intérêt de la demande de monnaie assumée et l'élasticité-intérêt faible de l'investissement ont conduit les économistes keynésiens à conclure que la monnaie était sans importance.

Quel rôle pour la politique monétaire ? Durant la Deuxième Guerre mondiale, la plupart des dépenses de guerre étaient financées par la vente de titres au public à des taux d'intérêt relativement bas. En maintenant les taux d'intérêt sur les titres faibles et stables, cela aura les effets désirables de maintenir le coût des paiements d'intérêt sur la dette bas et protège la valeur des titres pour les investisseurs. Puisque les premiers keynésiens craignaient un retour aux conditions de la dépression des années 1930, il y avait une autre caractéristique des taux d'intérêt faibles. Donc, des taux d'intérêt faibles et stables sont devenus l'objectif de la politique monétaire.

Figure 1.2 La Vue des premiers keynésiens de l'efficacité de la politique monétaire

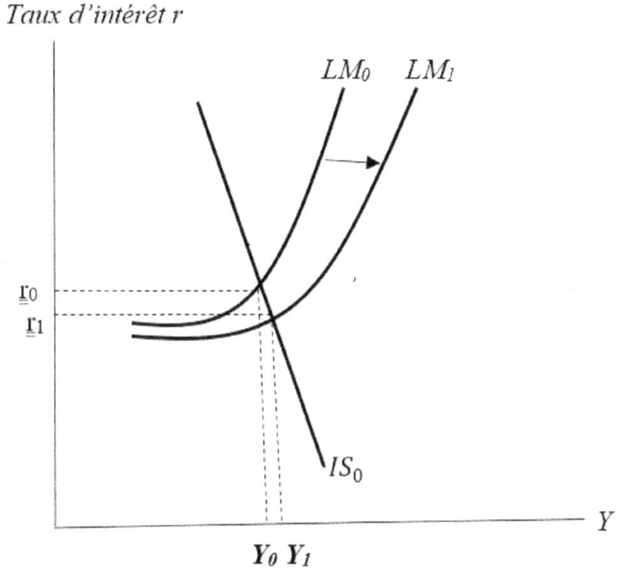

1.2.2 La reformulation de la théorie quantitative de la monnaie par Milton Friedman

Contrairement à la position des premiers keynésiens, Friedman soutient que la demande de monnaie est stable. Contrairement à la presque caractérisation de la trappe à liquidité, Friedman maintient que l'élasticité-intérêt de la demande de monnaie n'était certainement pas infinie et était en fait plutôt faible. La quantité de monnaie, loin d'être sans importance, était l'influence dominante sur le niveau de l'activité économique.

Les conclusions de Friedman restent sur la reformulation de la théorie quantitative de la monnaie. La version de Friedman est très proche de l'approche de Cambridge que nous avons utilisée avant. Cette approche s'est focalisée sur la demande de monnaie. La relation centrale est

$$M^d = \bar{k}PY \tag{1.1}$$

Qui exprime une relation linéaire entre la demande de monnaie (M^d) et le niveau du revenu nominal [prix *(P)* multiplié par le revenu réel *(Y)*]. Le facteur de proportionnalité ($\bar{k}$) est constant à court-terme.

Friedman met l'accent sur le fait que la théorie était, comme nous pouvons le constater dans l'équation (1.1), une théorie de la demande de monnaie. Puisque *k* était traité comme constant par les économistes de l'École de Cambridge et l'offre de monnaie nominale (M) était traitée comme déterminée de façon exogène par les autorités monétaires, l'équation de Cambridge peut être transformée en une théorie de revenu nominal,

$$M = M^d = \bar{k}PY$$

$$M\frac{1}{\bar{k}} = PY \qquad (1.2)$$

Ou la forme alternative (où *V*, la vélocité de la monnaie, égale *1/k*)

$$M\bar{V} = PY \qquad (1.3)$$

Dans laquelle la barre sur la lettre *V* indique que ces magnitudes ne varient pas. Friedman examine les changements de la théorie de la demande de monnaie de Cambridge qui sont faits à la lumière de la théorie de la demande de monnaie de Keynes.

La théorie keynésienne de la demande de monnaie met l'accent sur le rôle de la monnaie comme un actif en plus de son rôle dans les transactions. En étudiant les facteurs qui déterminent la quantité de monnaie à détenir, Keynes a considéré les facteurs qui déterminent la désirabilité de la monnaie par rapport aux autres actifs. Il a fait l'hypothèse simple que les autres actifs sont homogènes, et si homogènes qu'ils peuvent être regroupés en un seul groupe dénommé **'' obligations''**. Il a ensuite considéré comment un individu peut allouer sa richesse entre monnaie et obligations. Les facteurs principaux qui, selon Keynes, déterminent cette répartition étaient le niveau de revenu et le niveau du taux d'intérêt. Mis sous la forme de l'équation de Cambridge, Keynes s'est appesanti sur le taux d'intérêt comme déterminant principal de *k*, le montant de revenu qu'un individu détiendra sous forme de monnaie. Une hausse du taux d'intérêt entraine une baisse de *k*, ou de façon équivalente, une baisse du taux d'intérêt entraine une hausse de la vélocité. Puisque *k* est une variable, non pas une constante, l'équation de Cambridge ne peut en elle-même fournir une théorie du revenu nominal.

Friedman a accepté l'argument de Keynes sur le rôle de la monnaie comme un actif. Avec cela comme base, il a mis en place sa propre théorie de la demande de monnaie. Encore le revenu est un déterminant de la demande de monnaie et, comme dans l'analyse de Keynes, nous pouvons voir l'analyse de Friedman fournir une théorie de détermination du k de Cambridge, la détention de la monnaie comme une proportion du revenu. La fonction de demande de monnaie de Friedman peut être écrite comme suit :

$$M^d = L(P, Y, r_B, r_E, r_D) \quad (1.4)$$

Où $P = niveau\ de\ prix$

$Y = revenu\ réel$

$r_B = taux\ d'intérêt\ nominal\ sur\ les\ obligations$

$r_E = rendement\ nominal\ sur\ les\ actions$

$r_D = rendement\ nominal\ sur\ les\ biens\ durables$

La demande de monnaie est supposée dépendre du revenu nominal, le produit des deux premiers arguments dans la fonction de demande. Un accroissement du revenu nominal accroitrait la demande de monnaie. Pour un niveau donné de revenu nominal, Friedman assume, comme l'a fait Keynes, que le montant de monnaie demandé dépend du taux de rendement offert sur les actifs alternatifs. Ce sont des obligations (l'actif sur lequel Keynes a mis l'accent), les actions (les parts dans les entreprises), et les biens durables tels que les biens de consommation durables, les terres et les maisons. Les biens durables ne payent pas de taux d'intérêt explicite. Leur rendement est l'accroissement attendu du prix des biens sur la période au cours de laquelle ils sont détenus. Ainsi, le taux d'inflation attendu est aussi un déterminant de la demande de monnaie. Un accroissement du taux de rendement sur n'importe lequel de ces actifs alternatifs provoque une baisse de la demande de monnaie.

La théorie de Friedman diffère de celle de Keynes de plusieurs façons. D'abord, Friedman voit la fonction de demande de monnaie comme stable. La vue de Keynes était que la demande de monnaie était instable, se déplaçant avec des changements de la confiance du public dans l'économie.

Ensuite, Friedman ne segmente pas la demande de monnaie en des composantes représentant la demande de monnaie pour transactions, spéculation ou précaution. La monnaie, comme tous les autres types de biens, a des attributs qui la rendent utile, mais Friedman ne trouve pas utile de séparer les demandes basées sur chacune des utilisations de la monnaie.

La troisième différence entre les théories de la demande de monnaie de Keynes et Friedman est que Friedman inclut des rendements séparés sur les obligations, les actions et les biens durables. Keynes a mis l'accent sur le choix de la monnaie contre les obligations. Ce n'est pas clair de voir combien cette différence est palpable, puisque ce que Keynes appelle obligation peut être considéré dans l'ensemble comme incluant au moins des actions. Cela n'a pas souvent été le cas, et cependant, l'analyse keynésienne a mis l'accent de façon étroite sur le choix entre monnaie et obligations. Friedman rend explicite la possibilité des autres substitutions et permet aussi le déplacement de la monnaie directement vers les autres commodités (biens durables) comme taux de rendement des changements.

La théorie de la demande de monnaie de Friedman peut être utilisée pour reformuler l'équation de Cambridge comme suit :

$$M^d = k((r_B, r_E, r_D)PY \qquad (1.1')$$

Dans laquelle, au lieu d'avoir un k constant, nous avons k exprimé en fonction des taux de rendement des actifs qui constituent des alternatifs à la détention de la monnaie. Un accroissement du taux de rendement sur tout actif alternatif entrainerait une baisse de k, reflétant la désirabilité accrue de l'actif alternatif. En ces termes, nous voyons que Friedman reformule la théorie quantitative, donnant une explication systématique de k qui prend en compte l'analyse keynésienne du rôle de la monnaie comme un actif.

Si ceci est la théorie quantitative reformulée, comment pourrions-nous caractériser un théoricien de la quantité moderne ? Comment cette sera-t-elle différente d'un keynésien ? Selon Friedman, un théoricien de quantité croit aux éléments suivants :

1. La fonction de demande de monnaie est stable.
2. Cette fonction de demande joue un rôle important dans la détermination du niveau de l'activité économique.
3. La quantité de monnaie est fortement affectée par les facteurs d'offre de monnaie.

Dans la version de Friedman de l'équation de Cambridge, la condition d'équilibre du marché monétaire est :

$$M = M^d = k((r_B r_E, r_D)PY \qquad (1.5)$$

Avec une fonction de demande de monnaie stable, un accroissement exogène de l'offre de monnaie doit soit entrainer une hausse de PY ou causer une baisse de $r_B r_E, r_D$ *(ce qui causera la hausse de k), avec des effets indirects sur PY.* Un théoricien de la théorie quantitative croit que la fonction de demande de monnaie est stable en fait ; que les changements de l'offre de monnaie viennent presque du côté d'offre comme un résultat des politiques de la banque centrale ; et finalement, que les changements de la quantité de monnaie sont importants dans la détermination du revenu nominal (que la plupart des effets d'un changement de M viennent sous la forme de PY).

De quelle façon un théoricien de la quantité est différent d'un keynésien ? La théorie de Friedman est une antithèse de la position des premiers keynésiens. Les premiers keynésiens croient que la fonction de demande de monnaie est instable ; que l'élasticité de la demande de monnaie au taux d'intérêt est extrêmement élevée ; et que, comme conséquence, les changements de la quantité de monnaie n'ont pas d'effets prévisibles importants sur le niveau de l'activité économique. De plus, Friedman croit que, comme nous le verrons sous peu, l'élasticité-intérêt de la demande de monnaie est faible. Et la différence entre la théorie quantitative soulignée et la position moderne keynésienne ? Les keynésiens d'aujourd'hui croient que la politique monétaire est importante. Ils pensent que les innovations dans le secteur financier des années récentes ont jeté le doute sur la stabilité de la fonction de demande de monnaie. Le problème est partiellement une affaire de comment la monnaie est devenue importante au fur et à mesure que de nouveaux types d'actifs sont disponibles. Les monétaristes reconnaissent ces problèmes de définition aussi bien. Sur l'élasticité-intérêt de la demande de monnaie, les estimations récentes faites par les keynésiens sont plus élevées que celles suggérées par les recherches menées par Friedman lui-même, mais certainement pas si élevées pour indiquer la présence de la trappe à liquidité dans la plupart des pays. Dans l'ensemble, si un théoricien quantitatif ou un monétariste a besoin de souscrire aux trois propositions listées par Friedman, les positions modernes keynésiennes et les propositions modernes de la théorie quantitative seront différentes, mais pas si extrêmement loin les unes des autres.

1.2.3 La proposition monétariste de Friedman

Cependant, Friedman a utilisé sa déclaration de la théorie quantitative pour développer une position monétariste forte qui produit des différences prononcées avec la position keynésienne.

La position de Friedman fait une extension de la théorie quantitative de la demande de monnaie à une théorie de revenu nominal. Nous avons vu comment les théoriciens de la quantité de Cambridge ont fait l'extension de la théorie quantitative avec l'hypothèse d'un k constant (Équation 1.1 ou 1.3). Friedman déclare que sa version de la théorie quantitative peut aussi être transformée en une théorie de revenu nominal si les variables dans sa fonction de demande de monnaie (équation

1.4) autre que le revenu nominal (r_B, r_E, r_D) ont peu d'effet sur la demande de monnaie. Cela étant le cas, ces variables auront peu d'effet sur k. Les détentions de monnaie comme une proportion de revenu (k) seront presque constantes. Friedman ne croit pas que la demande de monnaie soit complètement indépendante de ces taux de rendement, donc la théorie du revenu nominal qui résulte de l'hypothèse que k est une constante ne sera qu'une approximation. Mais toute théorie tiendra approximativement. Friedman et autres ont fait des travaux empiriques qui les convainquent qu'une telle position monétariste forte, peut être écrite comme

$$PY = \frac{1}{k} M \qquad (1.6)$$

Est une meilleure approximation que celle donnée par des représentations simples de la vue keynésienne. Il est important de représenter la position monétariste en termes du diagramme *IS-LM* et du cadre de l'offre globale-demande globale utilisés pour expliquer la position keynésienne.

Figure 1.3 Une version monétariste de la Courbe *IS-LM*

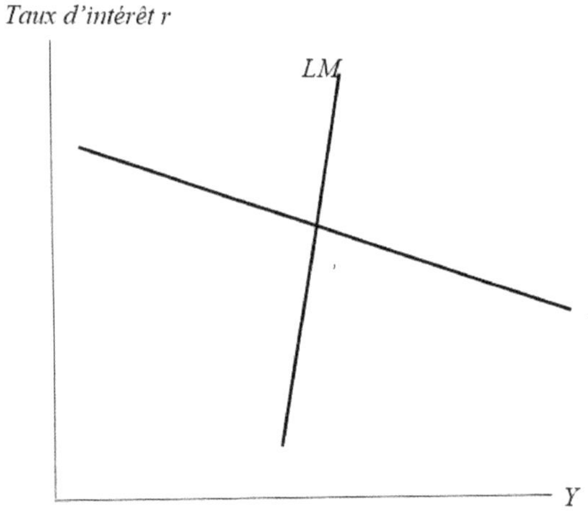

Dans la figure 1.3 ci-dessus, nous avons construit les courbes *IS-LM* selon le souhait des monétaristes. La courbe *LM* est presque verticale, mais tout à fait, verticale, reflétant la vue de Friedman que l'élasticité-intérêt de la demande de monnaie est faible.

Une autre divergence monétariste avec la position keynésienne concerne la pente de la courbe *IS-LM*. Ici, une courbe *IS* plate est consistante avec la position monétariste que la demande globale est sensible aux changements du taux d'intérêt. Les keynésiens modernes croient aussi que le taux d'intérêt affecte la demande globale et ne feront pas l'argument que la courbe *IS* devrait être presque aussi verticale que celle que nous avons tracée pour le modèle des premiers keynésiens (figure 1.2). La différence entre keynésiens et monétaristes sur ce point est ceci : les monétaristes argumentent que les keynésiens restreignent les canaux par lesquels le taux d'intérêt affecte la demande globale à un effet sur l'investissement par les moyens d'un changement du coût d'emprunt des fonds. Les monétaristes argumentent que cela est une interprétation si étroite des effets des taux d'intérêt, résultant de la tendance des keynésiens à penser des ''obligations'' sont comme juste une classe d'actifs financiers plutôt que d'actifs autres que la monnaie.

Dans sa théorie de la demande de monnaie, Friedman n'a pas mis tous les actifs non monétaires dans une seule catégorie. Il a séparément considéré les obligations, les actions et biens durables. Les monétaristes croient que si un changement de taux d'intérêt est réellement un changement de tous ces rendements, ses effets vont au-delà des effets d'un changement du coût d'emprunts aux firmes qui achètent les biens d'investissement. En plus, un changement du taux d'intérêt signifie un changement des prix des actions des entreprises, le rendement prospectif sur le logement, et la détention des biens durables aussi bien. Les monétaristes croient que le taux d'intérêt joue un rôle plus important dans la détermination de la demande globale que le modèle keynésien l'a affirmé.

La figure 1.3 laisse entrevoir plusieurs caractéristiques de la vue monétariste, mais elle est déficiente en un point de vue. Les courbes *IS-LM* montrent en elles-mêmes comment le PIB réel et le taux d'intérêt sont déterminés, avec le niveau de prix constant. Un niveau de prix constant n'est pas une hypothèse faite par les monétaristes. La figure 1.4 suivante montre la vue monétariste dans le cadre de l'offre globale-demande globale.

Figure 1.4 La Vue monétariste de l'Offre Globale-Demande Globale

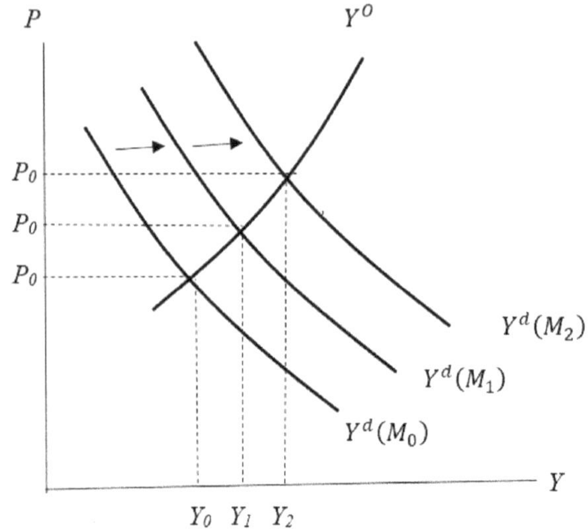

Nous montrons ici trois positions dans le graphe de la demande globale, $Y^d(M_0)$, $Y^d(M_1)$ et $Y^d(M_2)$, correspondant aux trois valeurs de l'offre de monnaie, M_0, M_1 et M_2. La position monétariste peut être représentée en affirmant que les changements de monnaie *M* sont requis pour des changements significatifs de la courbe de demande globale. La monnaie est la seule influence systématique sur la demande globale.

La question non répondue est celle de savoir qu'est-ce qui détermine l'offre globale. Les variables réelles qui déterminent la position de la courbe d'offre détermineront, dans la vue monétariste, le niveau de l'output réel dans le long terme (inspecter la deuxième proposition monétariste). Il y a aussi la question de la pente de la courbe d'offre globale et, en conséquence, les proportions de l'augmentation de la monnaie induites dans le revenu nominal qui vont à l'accroissement de l'output et du prix respectivement. Celles-ci sont des questions centrales du chapitre prochain. Dans la section suivante, nous analysons les vues différentes des keynésiens et des monétaristes sur l'efficacité relative des politiques monétaire et fiscale. La question est l'effet de ces politiques sur la demande globale, et nous nous retournons au graphe *IS-LM* pour illustrer ces différences de politique.

1.3 La politique fiscale et monétaire

Alors que le débat autour du modèle approprié de l'économie et ses fondements microéconomiques continue, les décisions de politique macroéconomique doivent être prises. Les banques doivent décider comment contrôler l'offre de monnaie et les taux d'intérêt (si elles peuvent), fixer le taux de change ou laisser flotter. Les gouvernements doivent décider le moment de dépenses publiques et comment les financer à travers les taxes, l'emprunt ou l'impression de monnaie.
Dans ce chapitre, nous utilisons des modèles macroéconomiques simples pour analyser les questions de politique monétaire et fiscale selon les keynésiens et les monétaristes.

1.3.1 La politique fiscale

Les monétaristes et les keynésiens produisent des vues tout à fait différentes au sujet de l'efficacité des changements de politique fiscale. La position monétariste sur l'efficacité de la politique fiscale a été exprimée par Friedman comme suit : ‘ '*Je suis arrivé à la principale conclusion que, à mon avis, l'état du budget en lui-même n'a pas d'effet significatif sur le cours du revenu nominal, sur la déflation, ou sur les fluctuations cycliques.*'' En référence à la proposition keynésienne que la politique fiscale était effective, Friedman écrit : ''Les monétaristes ont rejeté cette proposition et maintenu que la politique fiscale en elle-même est largement inefficace, que ce qui a un sens est ce qui arrive à la quantité de monnaie.''

Quand Friedman discute les effets indépendants de la politique fiscale, la question est qu'il veut mettre l'accent sur les effets d'un changement du budget du gouvernement en maintenant constante la quantité de monnaie. Considérons un accroissement des dépenses publiques. Si les taux d'impôts ne changent pas, ce qui a été notre hypothèse initiale quand nous prenons en compte un changement de politique, la nouvelle dépense doit être financée par l'impression de monnaie ou la vente de titres au public. De même pour une réduction d'impôts, si la dépense doit être changée, les revenus fiscaux perdus doivent être remplacés par la vente des obligations au public ou la création de monnaie.

Si une réduction d'impôts ou un accroissement de dépenses est financé par l'impression de nouvelle monnaie, nous allons avoir à la fois une action de politique monétaire (*M* augmente) et une action de politique fiscale (*G* augmente ou *T* baisse). Dans le cadre de la courbe *IS-LM*, les deux courbes *IS* et *LM* se déplacent toutes les deux. Les monétaristes ne font pas l'argument que ce type de changement politique sera inefficace. Ils argumentent que l'effet politique viendra certainement parce que l'offre de monnaie change. La controverse porte sur ce que Friedman considère comme effet d'un changement du budget du gouvernement d'un pays en lui-même, signifiant sans changement qui accompagne la quantité de monnaie. Cela signifie que, dans le cas d'une réduction fiscale ou d'un accroissement des dépenses publiques, le déficit créé par ces actions sera entièrement financé par la vente d'obligations au public. La position des monétaristes est que de telle action de politique aura peu d'effet systématique sur le revenu nominal (prix ou output réel). Les raisons qui ont poussé les monétaristes à cette conclusion peuvent être vues sur la figure 1.5.

Figure 1.5 Le Cas Monétariste : Effets d'une Hausse des Dépenses Publiques

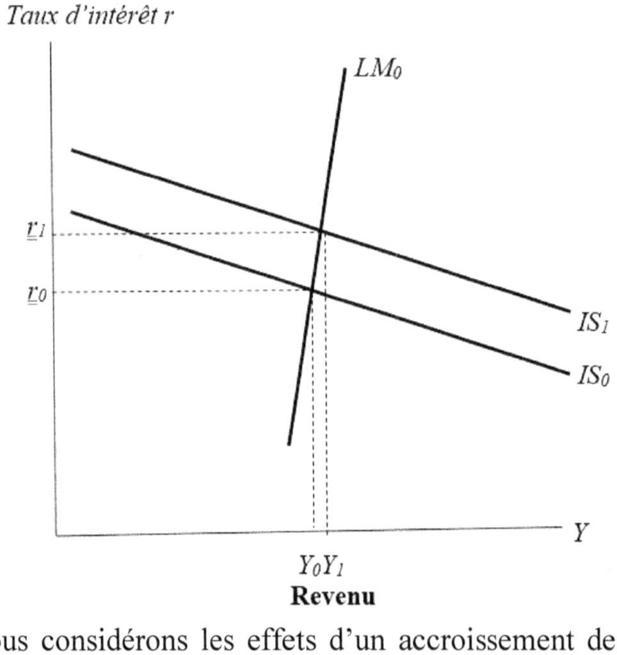

Nous considérons les effets d'un accroissement des dépenses publiques quand nous acceptons les hypothèses monétaristes concernant les pentes des courbes *IS* et *LM*. Un accroissement des dépenses publiques de G_0 à G_1 déplace la courbe IS vers la droite, de IS_0 à IS_1. L'effet d'un accroissement des dépenses gouvernementales dans le cas monétariste est de causer l'augmentation du taux d'intérêt (de r_0 à r_1). Le revenu change seulement de façon légère (de Y_0 à Y_1). Pourquoi ?

Nous avons déjà donné l'explication dans la discussion relative à l'efficacité de la politique monétaire et fiscale sur les pentes des courbes *IS* et *LM*, en particulier sur les magnitudes des élasticités-intérêt de la demande de monnaie et de la demande d'investissement. Les monétaristes assument que l'élasticité de la demande de monnaie au taux d'intérêt est faible ; la courbe *LM* est raide. L'accroissement des dépenses publiques augmente la demande globale initialement. Puisque le revenu commence à augmenter, la demande de monnaie pour transactions augmente. Avec l'offre de monnaie fixe, cet accroissement met une pression à la hausse sur le taux d'intérêt, lequel monte jusqu'à ce que l'offre et la demande de monnaie deviennent égales encore. Si la demande de monnaie est élastique au taux d'intérêt, un large accroissement du taux d'intérêt est requis pour rééquilibrer la demande de monnaie à l'offre de monnaie fixe.

La courbe *IS* est relativement plate dans la vue des monétaristes. La demande d'investissement est hautement sensible aux changements de taux d'intérêt. En conséquence, la hausse du taux d'intérêt requis pour maintenir le marché monétaire en équilibre entrainera le déclin substantiel de la demande globale du secteur privé comme la dépense publique commence à stimuler le revenu. Cette réduction de la demande globale du secteur privé est connue sous le nom de crowding out ou éviction. Dans le modèle monétariste, l'éviction se produit presque pour unité de monnaie avec un accroissement des dépenses gouvernementales.

1.3.2 La politique monétaire et la position monétariste

Les monétaristes et les keynésiens modernes croient que les actions de politique monétaire ont des effets substantiels et soutenus sur le revenu nominal. Les premiers keynésiens ont, comme nous l'avons vu, douté de l'efficacité de la politique monétaire. Aujourd'hui la différence entre keynésiens et monétaristes sur la politique monétaire concerne, non pas que la politique monétaire puisse affecter le revenu, mais plutôt comment la politique monétaire peut être utilisée pour stabiliser le revenu.

Les monétaristes croient que les changements de la quantité de monnaie ont une influence dominante sur les changements du revenu nominal et, pour le court terme, sur les changements du revenu réel aussi bien. Il s'ensuit que la stabilité dans le comportement de l'offre de monnaie ira dans le sens de la production de la stabilité de la croissance du revenu. Friedman attribue l'essentiel de l'instabilité passée de la croissance du revenu à une croissance monétaire instable. À cause de l'importance de la monnaie et de ce que Friedman regarde comme erreurs du passé dans la gestion de la monnaie, sa position sur la politique monétaire a été pour longtemps comme suit :

Ma propre prescription est toujours que l'autorité monétaire évite toujours de telles contraintes en adoptant publiquement la politique d'atteindre un taux de croissance spécifié dans un total monétaire spécifié. Le taux de croissance précis, comme le total monétaire précis, est moins important que l'adoption d'un taux connu et déclaré.

Aujourd'hui certains monétaristes proposent des règles alternatives de politique monétaire qui sont moins inflexibles que la règle du taux de croissance monétaire constante. Les raisons de ces alternatives seront expliquées ultérieurement. L'élément commun dans les propositions monétaristes est que la politique monétaire doit être déterminée par la règle, non pas laissée à la seule discrétion des décideurs politiques.

Si nous acceptons le raisonnement que l'on se portera mieux avec une règle de politique monétaire, alors la question reste toujours posée : pourquoi pas le mieux ? Pourquoi ne pas utiliser la politique monétaire pour compenser les chocs mineurs qui affectent le revenu ? Pourquoi ne pas bien réguler l'économie ? La réponse de Friedman est la suivante : '' *nous ne connaissons pas simplement assez de choses pour être capables de reconnaitre les perturbations mineures quand elles surviennent ou nous ne sommes pas capables de prédire soit quels seront leurs effets avec précision ou quelle politique monétaire est requise pour compenser leurs effets.* '' Friedman et autres monétaristes croient que les changements de l'offre de monnaie auront un effet fort sur le revenu, mais qu'il y a un décalage ou retard, avec le volume de l'effet se produisant seulement sur une période de 6 à 18 mois. Ainsi, pour compenser un choc mineur, nous devons être capables de prédire son ampleur et quand il affecte l'économie plusieurs trimestres à l'avance. Friedman et les monétaristes ne pensent pas que nous avons assez de connaissance pour faire ce travail. Pour citer encore Friedman : '' il y a un dicton qui dit que le meilleur est souvent l'ennemi du bien, qui semble hautement pertinent. Le but d'un degré de stabilité économique extrêmement élevée est certainement splendide : notre capacité à l'atteindre, cependant, est limitée.''

1.3.4 Contraste avec les keynésiens

Les keynésiens croient que la politique monétaire et la politique fiscale doivent être activement ajustées pour compenser les chocs à l'économie. Franco Modigliani, une autorité intellectuelle leader de l'École keynésienne, a exprimé cette position (qu'il appelle non-monétariste) comme suit :

Les non monétaristes acceptent ce que je regarde comme le message pratique fondamental de la théorie générale de l'Emploi, de l'Intérêt et de la Monnaie : que l'économie de l'entreprise privée utilisant une monnaie intangible a besoin d'être stabilisée, peut être stabilisée, et en conséquence, devrait être stabilisée par des politiques monétaires et fiscales appropriées.

Les keynésiens favorisent des actions de politique monétaire et fiscale discrétionnaires actives. Ils s'opposent aux règles de taux de croissance monétaire épousées par Friedman et autres monétaristes.

La première explication de ces différences de vue entre les deux écoles se trouve dans le désaccord entre monétaristes et keynésiens concernant le besoin pour des politiques de stabilisation actives. Alors que les monétaristes voient le secteur privé comme stable et absorbant automatiquement des chocs, les keynésiens le voient produisant des chocs et instable. Ceci n'est pas à dire que les keynésiens croient que sans politiques de stabilisation publiques nous ferons l'expérience constamment des dépressions et des hyperinflations, mais plutôt que les chocs en résulteraient en des déviations substantielles prolongées qui s'écarteraient des conditions de plein-emploi et de stabilité de prix.

Une deuxième source des différences de visions entre monétaristes et keynésiens apparait de façon évidente dans la déclaration de Modigliani. Il croit que nous pouvons stabiliser l'économie. Nous pouvons prévoir les chocs qui frapperont l'économie et concevoir des politiques pour les combattre. Pour être sûr, il y aura des erreurs, mais dans l'ensemble, de telles politiques produiront des performances économiques plus stables que ces simples règles de politique proposées par les monétaristes.

1.4 La vélocité instable et l'influence politique décroissante du Monétarisme

L'influence de la doctrine monétariste sur les politiques économiques a atteint son apogée à la fin des années 1970. En octobre 1979, la Réserve Fédérale américaine a commencé à appliquer ce qu'il est convenu d'appeler l'expérience monétariste, la tentative de contrôler l'offre de monnaie pour régner dans un contexte de taux d'inflation accéléré. Aussi, en 1979, le gouvernement Thatcher arrive au pouvoir au Royaume-Uni et adopte une politique monétaire selon les lignes monétaristes. Après 1980, cependant, l'influence des monétaristes s'est érodée puisque la relation monnaie-revenu a montré une instabilité croissante.

1.4.1 Instabilité de la Relation Monnaie- Revenu

Dans l'analyse des monétaristes, les changements de la vélocité devraient constituer un facteur mineur dans l'explication du comportement cyclique du PIB nominal. Si l'offre de monnaie et le revenu se déplacent étroitement ensemble, alors la vélocité, qui est le ratio des deux *(PY/M)* ; devrait être stable. Mais, la vélocité était sujette à une instabilité considérable après 1980. Spécialement, la baisse notable de la vélocité de 1985 à 1987 et ensuite la hausse prononcée de la vélocité entre 1994 et 2005.

1.4.2 Réactions des monétaristes face à l'instabilité de la relation Monnaie-Revenu

À cause de l'instabilité de la relation entre la monnaie et le revenu, le très réputé magasine britannique *The Economist* a été conduit à poser la question suivante en 1986 '' est-ce que c'est l'année de la fin du monétarisme ?'' Les données de la période post-1980 ont conduit les monétaristes à reconsidérer leur position dans certains domaines, mais pas pour changer leurs vues fondamentales.

Friedman et les autres monétaristes proposent une explication de l'instabilité de la vélocité au cours de la période d'après 1980. Ils croient que les taux d'intérêt faibles et les taux d'inflation faibles des années 1980 ont réduit le coût d'opportunité de détention de la monnaie. Cela a conduit à un accroissement général de la demande de monnaie relative au revenu (baisse de vélocité) durant presque toute cette décennie. Il y avait aussi une dérégulation substantielle des marchés de dépôts dans les années 1980, entrainant des innovations dans les marchés de dépôts qui ont causé de l'instabilité dans la demande de monnaie et en conséquence dans la vélocité. Ces innovations continuent de nos jours.

Encore, comme noté précédemment, l'instabilité de la vélocité a conduit plusieurs monétaristes à favoriser des règles plus flexibles de croissance de monnaie que la règle de croissance constante de monnaie de Friedman. Certains se sont éloignés du soutien aux règles de croissance de la monnaie pour des règles qui ciblent directement le taux d'inflation. De telles règles seront discutées dans le chapitre consacré à la Politique monétaire optimale. De toute façon, les monétaristes continuent à supporter Friedman, qui a conclu ceci : ''je reste convaincu des traits spécifiques du monétarisme : la monnaie est trop importante pour la laisser dans la main des banquiers centraux.'' De sa part, Friedman était convaincu de son soutien à cette règle, écrivant ainsi en 2003 que ''Je crois toujours ...que la croissance constante de la monnaie produirait un chemin de prix hautement satisfaisant, et, si cela vous permet de vous débarrasser du Système de la Réserve fédérale, ce gain compenserait le fait d'avoir sacrifié l'amélioration qu'une règle plus sophistiquée pourrait produire.''

Questions de revue et problèmes

1. Comparez les vues monétaristes et keynésiennes de détermination de la vélocité de la monnaie. Comment leurs différences sur la vélocité affectent leurs conclusions de politique respective ?
2. Pourquoi les premiers économistes keynésiens étaient si pessimistes au sujet de l'efficacité de la politique monétaire ?
3. Comparez la formulation de la fonction de demande de Friedman avec la spécification keynésienne des chapitres précédents.
4. Montrez comment les courbes *IS-LM* se présentent dans la perspective monétariste. Utilisez ces courbes pour illustrer les conclusions monétaristes au sujet de l'efficacité de la politique fiscale et monétaire.
5. Comparez les vues keynésiennes et monétaristes sur la conduite appropriée de la politique fiscale. Pour les monétaristes et les keynésiens, expliquez non pas seulement leurs conclusions concernant la politique fiscale, mais aussi comment ces conclusions sont reliées à leurs théories respectives.
6. Comparez les vues keynésiennes et monétaristes sur la conduite appropriée de la politique monétaire. Pour les monétaristes et les keynésiens, expliquez non pas seulement leurs conclusions concernant la

politique monétaire, mais aussi comment ces conclusions sont reliées à leurs théories respectives.

7. Analysez les effets d'un accroissement des impôts de T_0 à T_1 dans le cadre monétariste. Dans votre réponse, soyez sûrs de prendre en compte le financement du déficit qui résulte des réductions d'impôts. Comment les niveaux d'équilibre du revenu et du taux d'intérêt sont affectés par la réduction des impôts ?

CHAPITRE 2 : Les positions alternatives sur l'output, l'inflation et le chômage

Ce chapitre examine les vues alternatives des différentes écoles sur la relation entre l'output, le chômage et le taux d'inflation. Il y a des périodes où la relation entre le chômage et l'inflation était négative, mais positive ou stable à d'autres périodes. Des explications de ce mouvement seront données dans ce chapitre, commençant par la théorie du taux naturel de chômage de Milton Friedman. Nous examinons aussi le concept keynésien de la transaction entre output et inflation, y compris le concept de taux naturel de Friedman. Enfin, nous considérons comment la réflexion au sujet du taux naturel de chômage a évolué depuis qu'il a été introduit par Friedman et nous évaluons la pertinence du concept.

2.1 La théorie du taux naturel

La théorie du taux naturel de chômage et du taux d'inflation a été développée par Milton Friedman comme une partie intégrante du système monétariste. La théorie a été développée indépendamment par Edmund Phelps en dehors du monétarisme. Aujourd'hui le concept de taux naturel de chômage est central aux questions qui doivent être abordées par le système macroéconomique. Commençons par la formulation de Friedman.

Au chapitre précédent, nous avons analysé la proposition monétariste que les changements de court terme de l'offre de monnaie sont les déterminants primaires des fluctuations de l'output et de l'emploi. Cependant, les monétaristes mettent une limitation aux effets réels des changements de l'offre de monnaie, comme exprimée dans la deuxième proposition monétariste que nous avons donnée dans le chapitre relatif à la révolution monétariste.

Dans le long terme, l'influence de la monnaie est sur le niveau du prix et d'autres magnitudes nominales. À long terme, les variables réelles, telles que l'output et l'emploi, sont déterminées par des facteurs réels, et elles ne sont pas déterminées par des facteurs monétaires.

La base de cette proposition est la **théorie des taux naturels de chômage et de l'output de Friedman.** Selon la théorie du taux naturel, il existe un niveau d'équilibre de l'output et un taux de chômage associé déterminés par l'offre des facteurs de production, la technologie et les institutions de l'économie (i.e., déterminés par les facteurs réels). Ceci est le taux naturel de Friedman. Les changements de la demande globale, dominés, selon Friedman, par des changements de l'offre de monnaie, provoquent des mouvements de l'économie loin du taux naturel. Des politiques monétaires expansionnistes, par exemple, déplacent l'output au-dessus du taux naturel et déplacent le taux de chômage au-dessous du taux naturel pour un moment. La demande croissante résultant d'une telle politique expansionniste causerait l'augmentation des prix. À court terme, l'ajustement de prix ne sera pas entier, comme dans la théorie classique, où les accroissements de la demande entrainent des hausses de prix, mais n'affectent pas l'output.

Friedman croit que les forces d'équilibre causent l'output et l'emploi à retourner à leur taux naturel sur une longue période. Ce n'est pas possible, selon les vues de Friedman, pour le gouvernement d'utiliser la politique monétaire pour maintenir l'économie permanemment à un niveau d'output qui maintienne le taux de chômage au-dessous du taux naturel, au moins ce n'est pas possible pour les décideurs politiques d'en faire autant à moins qu'ils soient volontiers à accepter un taux d'inflation à jamais accéléré. Friedman définit le taux de chômage naturel comme le '' taux qui a la propriété qui est constante avec l'équilibre dans la structure des taux de salaire réel.'' En conséquence, le taux naturel de chômage, ou le taux naturel d'emploi correspondant, sera tel que la demande d'emploi soit égale à l'offre d'emploi à un salaire réel d'équilibre comme illustré dans la Figure 2.1 ci-dessous.

Figure 2.1 Les taux naturels d'emploi et de l'Output

a. Le taux naturel de chômage

a. Le Taux Naturel de Chômage

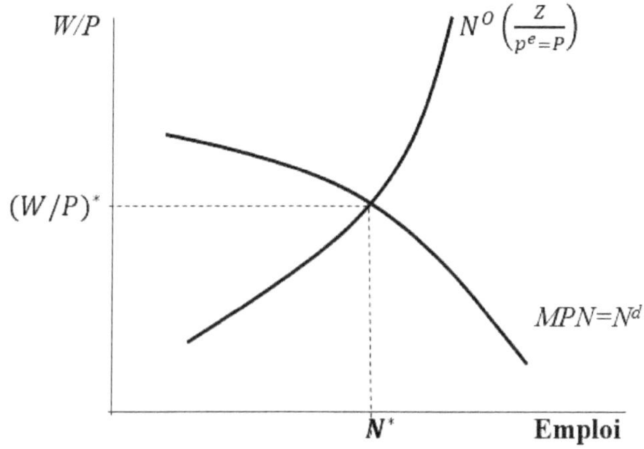

b. Le taux naturel de l'Output

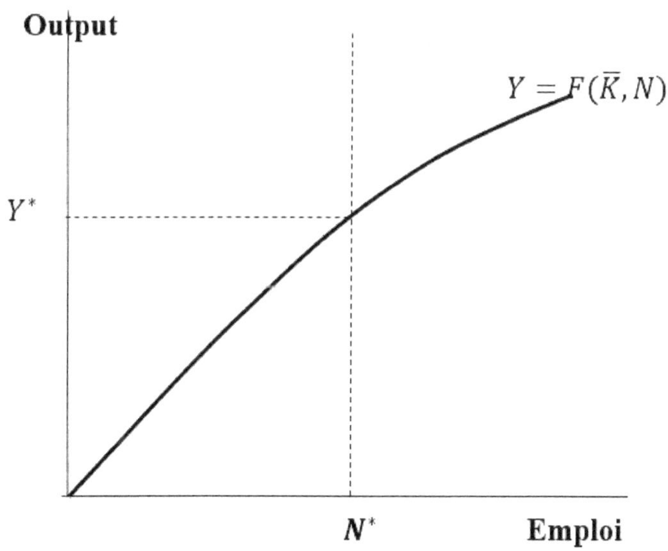

La courbe de demande dans la partie *a* de la figure 2.1 représente la courbe du produit marginal du travail développé dans le chapitre 3 sur le système classique. A N^* le taux naturel de l'emploi, la demande de travail est égale à l'offre de travail, où en dessinant la courbe d'offre de travail $N^O\left[S/\,N^O\left(\frac{Z}{p^e=P}\right)\right]$, nous stipulons que le niveau de prix attendu par les offreurs de travail est égal au niveau de prix actuel $(p^e = P)$. Seulement à ce niveau de l'emploi il y n'a pas de tendance du salaire réel à changer. La demande de travail et l'offre de travail sont égalisées. De plus, les offreurs de travail ont une anticipation correcte du niveau de prix. Si cela n'était pas le cas, l'offre de travail tendrait à changer quand les travailleurs sentiraient que leurs anticipations étaient erronées. Le taux naturel de chômage peut être trouvé en soustrayant simplement ceux qui sont employés de la population active totale et ensuite exprimer ce nombre comme pourcentage de la population active totale. En utilisant la fonction de production de la figure 2.1, nous pouvons trouver le niveau de l'output qui résultera d'un niveau de l'emploi N^*. Ceci est le niveau de l'output naturel, Y^*.

La figure 2.1 montre que les taux naturels de l'output et de l'emploi dépendent de l'offre des facteurs de production et de la technologie de l'économie, c'est-à-dire les facteurs du côté de l'offre. Les taux naturels de l'output et de l'emploi ne dépendent pas de la demande globale. Tout cela est équivalent au système classique, la différence entre les monétaristes et les économistes classiques est que les monétaristes n'assument pas que l'économie est nécessairement à ces niveaux naturels de l'output et de l'emploi à court terme. Comme les keynésiens, les monétaristes assument que les offreurs de travail n'ont pas d'information parfaite au sujet du salaire réel. Ils doivent baser leurs décisions d'offre de travail sur les anticipations du salaire réel (S/P^e). En conséquence, à court terme, l'offre de travail peut ne pas être donnée par la courbe d'offre de la figure 2.1a ; P^e peut ne pas être égal à *P*. Dans ce cas, l'emploi et en conséquence l'output ne seront pas à leurs taux naturels.

2.2 Les Vues de Friedman sur la Politique monétaire, l'output et l'inflation

Pour comprendre pourquoi Friedman croit que l'output et l'emploi divergent de leurs taux naturels temporairement, mais seront ramenés éventuellement à ces taux, nous examinons l'analyse de Friedman des conséquences de court terme et de long terme d'un accroissement du taux de croissance de la monnaie.

2.2.1 La politique monétaire dans le court terme

Commençons avec une situation dans laquelle l'économie est au taux naturel de chômage et de l'output. Supposons aussi que l'offre de monnaie (et en conséquence le revenu nominal) augmente à un taux égal au taux de croissance de l'output réel. Donc, le niveau de prix est supposé stable au cours d'un certain temps. Supposons maintenant que le taux de croissance de l'offre de monnaie augmente au-dessus du taux compatible avec la stabilité de prix. Pour être concret, admettons que le taux de croissance de la monnaie augmente de 3% à 5%.

Cette hausse du taux de croissance de l'offre de monnaie stimulera la demande globale, et comme conséquence, le revenu nominal. Friedman décrit les conséquences à court terme de cet accroissement de la demande globale de court terme comme suit :

La plupart de l'augmentation du revenu prendra la forme d'un accroissement de l'output et de l'emploi plutôt que de prix. Les gens ont espéré que les prix seront stables, et les prix et les salaires ont été fixés pour certains temps sur cette base. Ça prend du temps pour les agents de s'ajuster au nouvel état de la demande. Les producteurs tendront à réagir à l'expansion initiale de la demande globale en augmentant l'output, les employés en travaillant des heures plus longues, et les chômeurs en prenant des emplois maintenant offerts à des salaires nominaux anciens. Ceci est tout à fait une doctrine standard.

La doctrine standard à laquelle Friedman se réfère est connue sous le nom de **Courbe de Phillips**. La courbe de Phillips décrit une relation négative entre le taux de chômage (*U*) et le taux d'inflation (*P*), telle que nous la représentons sur la figure 2.2 suivante. Des taux élevés de croissance de la demande globale stimulent l'output et en conséquence font baisser le taux de chômage. De tels taux élevés de la croissance de la demande causent aussi un accroissement du taux auquel les prix augmentent (c'est-à-dire font augmenter le taux d'inflation). Donc, la courbe de Phillips postule une transaction entre inflation et le chômage ; des taux faibles de chômage peuvent être atteints, mais seulement à des coûts des taux d'inflation plus élevés. Friedman est d'accord avec cette notion d'une transaction entre inflation et chômage à court terme.

Figure 2.2 La Courbe de Phillips (CP)

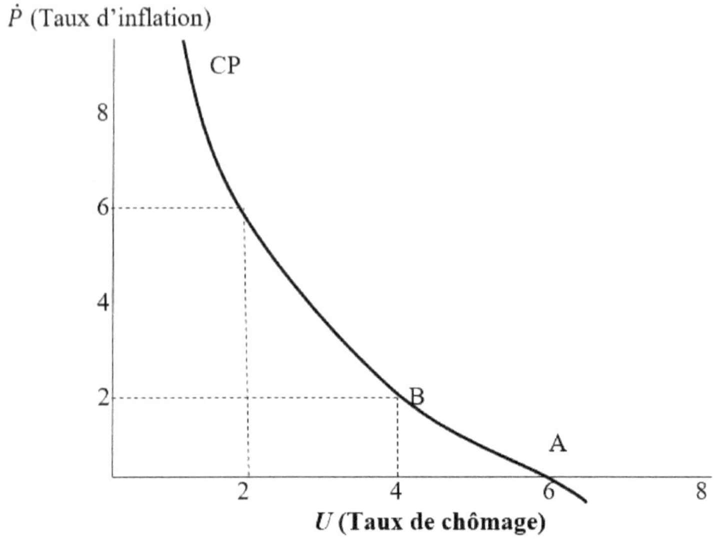

2.2.3. La politique monétaire dans le long terme

L'élément distinctif dans l'analyse de Friedman est sa vue des effets de long terme de la politique monétaire. Ici, la notion du taux naturel de chômage s'infiltre dans le jeu. Nous avons juste pris en compte les effets de court terme d'un accroissement du taux de croissance de l'offre de monnaie de 3 à 5%. Au vu de la figure 2.2, l'équilibre original était avec des prix stables ($\dot{P} = 0$) et le taux de chômage égal au taux de chômage naturel assumé se situer à 6% (le point A de la figure 2.2). Nous assumons que, comme résultat de cet accroissement du taux de croissance de l'offre de monnaie, l'économie se déplace à un équilibre de court terme avec le chômage réduit à 4% et un taux d'inflation à 2% (point B sur la figure 2.2). La politique expansionniste de la demande globale fait baisser le taux de chômage au-dessous du taux naturel.

Friedman ne fait pas l'argument que les travailleurs sont toujours sur la courbe d'offre de travail de la figure 2.1. Cette courbe exprime l'offre de travail comme une fonction du salaire réel, et Friedman n'assume pas que les travailleurs connaissent le salaire réel. À court terme, après une période de prix stables, les travailleurs sont supposés évaluer les offres de salaire nominal au niveau de prix antérieur. Les prix ont augmenté, mais les travailleurs n'ont pas encore constaté cette hausse, et ils accroitront leur offre de travail s'ils reçoivent une offre de salaire monétaire plus élevée même si cette hausse de salaire monétaire est moins que l'accroissement du niveau de prix, même si le salaire réel est plus faible. À court terme, l'offre de travail augmente parce que le salaire réel ex ante (ou anticipé ou attendu) est plus élevé comme résultat d'une augmentation du salaire nominal et une vue inchangée du comportement des prix. La demande de travail augmente à cause de la baisse du salaire réel ex post (actuel) payé par l'employeur. En conséquence, le chômage peut être poussé au-dessous du taux naturel.

Cette situation est temporaire, car les travailleurs observent éventuellement le niveau de prix élevé et demandent des salaires monétaires plus élevés. Vu le graphe 2.1, le salaire réel a été poussé sous $(S/P)^*$, le salaire qui maintient le marché de travail une fois que les offreurs de travail perçoivent avec précision le niveau de prix, et en conséquence, le salaire réel. À un salaire réel plus bas, une demande excédentaire de main-d'œuvre repousse le salaire réel vers son niveau d'équilibre, et cet accroissement du salaire réel cause l'emploi à retourner au taux naturel illustré sur la figure 2.1. Les implications pour la courbe de Phillips de cet ajustement de long terme de retour au taux naturel sont illustrées dans la figure 2.3. La courbe libellée CP $(\dot{P}^e = 0)$ illustre la courbe de Phillips de court terme de la figure 2.2. Ici, la courbe est explicitement représentée pour un taux d'inflation attendu donné de la part des offreurs de travail, dans ce cas des prix stables $\left(\dot{P}^e = 0, \textit{ou } \dot{P}^e \textit{est le taux d'inflation attendu}\right)$. Nous avons déjà analysé le processus par lequel un taux de croissance accru de l'offre de monnaie de 3% à 5% déplace l'économie à court terme du point A vers le point B.

Comme les offreurs de travail anticipent cette hausse de prix, la courbe de Phillips se déplace vers là-haut à droite. Les offreurs de travail demanderont un taux de croissance plus élevé de salaires monétaires et, comme conséquence, un taux d'inflation plus élevé correspondra à n'importe quel niveau du taux de chômage. Si l'offre de monnaie est continue à 5%, l'économie retournera au taux naturel de chômage de 6%, mais maintenant avec un taux d'inflation de 2% au lieu du niveau du prix initial stable. En termes de la figure 2.3, cet ajustement de long terme déplace l'économie de B à C.

Un décideur politique qui n'est pas content avec ce retour à 6% de chômage (le taux naturel de chômage) peut encore poursuivre un taux de chômage cible au-dessous du taux naturel en augmentant encore le taux de croissance de la monnaie. Supposons cette fois-ci que le décideur augmente le taux de croissance de l'offre de monnaie de 5 à 7%.

Figure 2.3 La Courbe de Phillips (CP) de court terme et de long terme

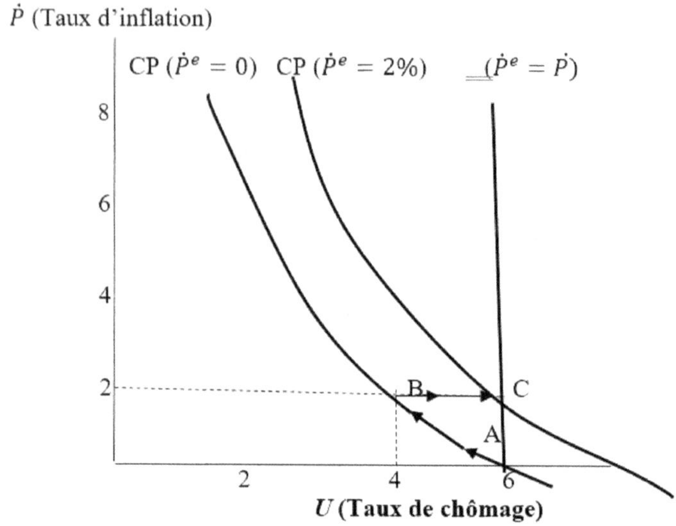

Les effets de cette expansion de la demande globale sont illustrés dans la figure 2.4. Jusqu'à ce que les offreurs de travail viennent à anticiper une augmentation du taux d'inflation, l'emploi augmentera. L'économie se déplacera à un point, tel que D dans la figure 2.4, avec un taux de chômage sous le taux naturel de chômage.

Les offreurs de travail, après un temps, viendront pour anticiper le taux d'inflation élevé qui correspond à 7% de croissance de l'offre de monnaie. La courbe de court terme de Phillips se déplacera à la courbe libellée CP ($\dot{P}^e = 4\%$), et l'économie retournera au taux naturel de chômage, avec un taux d'inflation à 4% (7% de croissance de l'offre de monnaie moins 3% de croissance du revenu réel). En termes de la figure 2.4, nous nous déplacerons de D à E. si les décideurs politiques persistent en essayant d'arrimer le taux de chômage, la croissance de l'offre de monnaie augmentera encore, par exemple, à 9%. Cet accroissement déplacera l'économie à court terme au point F, mais à long terme au point G, avec un taux d'inflation toujours élevé.

Éventuellement, le décideur politique conclura que l'inflation est devenue un problème plus sérieux que le chômage (ou sera remplacé par un décideur politique qui a cette vue en tête), et l'accélération de l'inflation s'arrêtera.

Figure 2.4 Effets d'Une Tentative d'Arrimage du Taux de Chômage

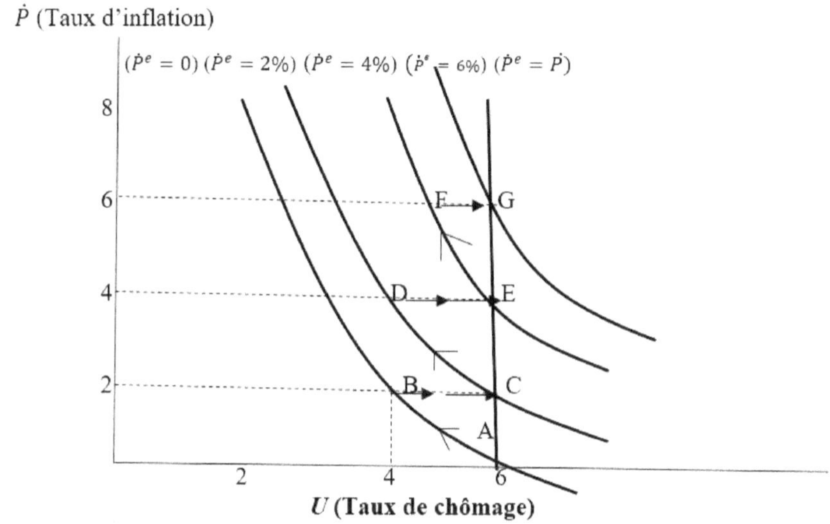

Notons, cependant, que quand l'inflation a persisté sur le long terme, les attentes inflationnistes sont construites dans le système. À un point tel que G de la figure 2.4. Des politiques de demande globale expansionnistes ont accru le taux d'inflation attendu (et actuel) à 6% (9% de croissance de monnaie moins 3% de croissance de revenu réel). Une tentative de faire baisser l'inflation en ralentissant du taux de croissance de l'offre de monnaie, supposons, de retour au taux initial non inflationniste de 3%, ne ramènera pas immédiatement l'économie au point tel que le point initial A. À court terme, nous nous déplacerons tout au long de la courbe de Phillips de courts terme qui correspond à un taux d'inflation anticipé de 6%, au point tel que H sur la figure 2.4, avec l'inflation et le chômage au-dessus du taux naturel. Puisque ça prend du temps pour les offreurs de travail de reconnaitre que le taux d'inflation s'est accru et, en conséquence, de demander un taux de croissance des salaires monétaires élevés, ça prendra du temps pour eux de reconnaitre que l'inflation s'est ralentie, et modifier leurs demandes de salaire monétaire à un niveau compatible avec la stabilité de prix. Pendant ce temps, dans la vue des monétaristes, l'économie doit souffrir de l'inflation élevée et du chômage élevé.

Friedman croit qu'une politique monétaire expansionniste peut seulement déplacer le taux de chômage sous le taux naturel temporairement. Il y a un compromis à faire entre le chômage et l'inflation seulement à court terme. Vu les figures 2.3 et 2.4, la pente descendante des courbes de Phillips qui sont illustrées pour des taux d'inflation attendus donnés, illustre le compromis de court terme entre inflation et chômage. La courbe de Phillips de long terme montrant la relation entre inflation et chômage quand l'inflation anticipée a le temps de s'ajuster au taux d'inflation actuel ($\dot{P} = \dot{P}^e$), quand l'inflation est entièrement anticipée, est verticale comme on peut le voir sur les figures 2.3 et 2.4.

La théorie du taux naturel de chômage et de l'output de Friedman est la fondation théorique de la croissance monétariste que dans le long terme, l'influence de l'offre de monnaie s'exerce essentiellement sur le niveau de prix et d'autres les variables nominales. Des variables réelles telles que l'output et l'emploi ont le temps de s'ajuster à leurs taux naturels à long terme. Ces taux naturels de l'output et de l'emploi dépendent des variables réelles telles que les offres de facteurs (le travail et le capital) et la technologie.

2.3 La position keynésienne de la relation output-inflation

La théorie du taux naturel de l'emploi et de l'output de Friedman explique à la fois les relations de court et de long terme entre l'inflation et le chômage. Quelle est la vue keynésienne de la courbe de Phillips, et comment se différencie-t-elle de celle du taux naturel ? Comment les keynésiens peuvent défendre des politiques activistes pour affecter l'output et l'emploi si la théorie du taux naturel est correcte et de telles politiques ont un effet temporaire sur l'output et l'emploi ? Ces questions sont prises en compte ici.

Pour anticiper nos conclusions, nous trouvons les observations suivantes :

1. Les modèles traditionnels keynésiens, comme ceux que nous avons déjà vus dans les chapitres précédents, impliquent aussi que, une fois que l'économie s'est entièrement ajustée à un changement de l'inflation (causé, par exemple, par un changement de la croissance de monnaie), l'output et l'emploi ne seront pas affectés. Ces modèles keynésiens impliquent aussi une courbe de Phillips de long terme.

2. Les keynésiens, cependant, tirent des conclusions politiques différentes de l'absence d'un compromis de long terme entre inflation et chômage.

2.3.1 L'interprétation keynésienne de la courbe de Phillips

La vue keynésienne de la relation entre le taux d'inflation et les niveaux de l'emploi et du chômage viennent directement de la théorie qui explique comment le prix et l'output sont déterminés. Ici nous relions cette théorie à la courbe de Phillips.

2.3.1.1 La courbe de Phillips de court-terme

Figure 2.5 Les Effets de court terme des accroissements de la demande globale du modèle keynésien

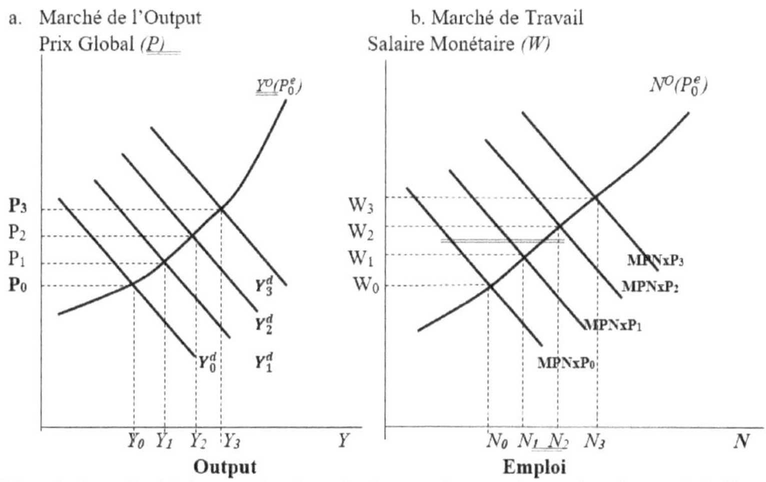

Une politique de demande globale expansionniste, tel qu'un accroissement du taux de croissance de l'offre de monnaie, causera une série de déplacements de la courbe de demande globale (de Y_0^d à Y_1^d, à Y_2^d puis à Y_3^d). À court terme, le niveau de prix et l'emploi augmentent tous les deux.

La figure ci-dessus illustre les effets sur le prix, l'output et l'emploi d'une séquence d'actions de politique expansionniste accroissant la demande globale. La version du modèle keynésien utilisé est identique à celle utilisée précédemment. Le salaire monétaire est flexible, et l'offre de travail est supposée dépendre du salaire réel attendu (W/P^e) , le salaire monétaire divisé par le niveau de prix attendu.

Dans le système keynésien, une politique expansionniste de demande globale pourrait être une action de politique monétaire, comme un accroissement du taux de croissance de l'offre de monnaie analysée dans la section précédente, ou elle pourrait être une action de politique fiscale, comme une série d'accroissements des dépenses publiques. Dans chacun des deux cas, la politique produira une série de déplacements de la courbe de demande globale comme nous pouvons le constater dans la figure 2.5a. Comme nous pouvons le voir, ces accroissements de la demande globale accroitront l'output (de Y_0^d à Y_1^d, à Y_2^d puis à Y_3^d) et l'emploi (de N_0 à N_1, à N_2 puis à N_3) aussi bien que le niveau de prix (de P_0 **à** P_1, à P_2 puis à P_3). Puisque l'emploi augmente, le taux de chômage décline. Le niveau du salaire nominal augmente.

Ces résultats peuvent être interprétés en termes d'une relation de la courbe de Phillips. Plus la demande globale augmente rapidement, plus le déplacement vers la droite de la courbe de demande globale, et toutes choses égales par ailleurs, plus rapide sera le taux de croissance de l'output et de l'emploi. Pour une croissance donnée de la population active, cela signifie que le taux de chômage sera plus faible plus le taux de croissance de la demande globale sera rapide. Comme nous pouvons le voir sur notre figure, les hausses de la demande globale causent une hausse du niveau de prix, donc encore, ceteris paribus, plus le taux de croissance de la demande globale est rapide, plus le taux d'inflation sera élevé.

Le modèle implique une transaction entre inflation et chômage. Des taux de croissance élevés de la demande correspondent à de niveaux plus faibles du chômage et des taux d'inflation élevés. Une croissance plus faible de la demande globale signifie un taux d'inflation plus faible, mais un taux de chômage plus élevé. La courbe de Phillips impliquée par le modèle keynésien est descendante.

Mais cela est-il une relation de court terme ou de long terme ? Notons que jusqu'ici nous avons maintenu le niveau de prix constant. Nous prenons en compte les effets des accroissements de la demande à court terme. Comme nous le savons, les keynésiens voient le niveau de prix attendu comme dépendant essentiellement du comportement passé des prix. Ainsi, comme les périodes se succèdent avec des accroissements du niveau de prix actuel, le niveau de prix attendu augmentera. À long terme, nous devons tenir compte des effets de tels accroissements du niveau de prix attendu. Puisque nous n'avons pas fait cela dans la figure 2.5, nos résultats là-bas, et la courbe de Phillips qui en est dérivée, sont relatifs au court terme. Pour mettre l'accent sur leur pertinence de court terme, nous avons libellé la courbe d'offre de travail $N^O(P_0^e)$ et la courbe d'offre globale $Y^O(P_0^e)$ pour indiquer que ces courbes sont dessinées pour la valeur initiale du niveau de prix attendu. Dans la figure 10.6, nous avons libellé la valeur Phillips impliquée par l'exemple de la figure 2.5 comme étant la courbe de Phillips de court-terme, $CP_{court-terme}$.

2.3.1.2 La courbe de Phillips de long-terme

À long terme, le prix attendu s'ajuste au prix actuel. Les offreurs de travail perçoivent l'inflation née de la politique de demande globale expansionniste.

L'ajustement de long terme de l'output et de l'emploi suite à un accroissement de la demande globale est illustré dans la figure 2.6. Nous avons dit dans le modèle keynésien que l'offre de travail dépend du salaire réel attendu, soit :

$$N^O = t\left(\frac{W}{P^e}\right) \tag{2.1}$$

Où l'effet du salaire nominal sur l'offre de travail est positif et l'effet d'un accroissement du prix attendu est négatif. Puisque le prix attendu augmente, la courbe d'offre globale décale vers la gauche. Moins de travail sera offert à n'importe quel salaire monétaire (W) puisqu'à un salaire nominal donné correspond un salaire réel attendu plus faible (W/P^e) après un accroissement du niveau de prix attendu. Ce décalage de la courbe d'offre est montré sur la figure 2.7b.

Au fur et à mesure que la courbe d'offre décale vers la gauche, le niveau de l'emploi pour tout niveau de prix baisse. Les décalages successifs de la courbe de la courbe d'offre sont illustrés dans la figure 2.7a.

Figure 2.6 La Courbe de Phillips : La Perspective Keynésienne

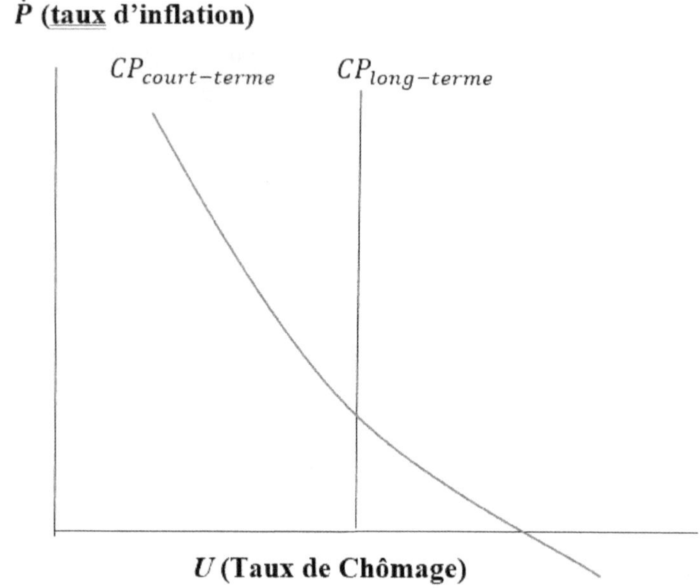

Figure 2.7 Les Effets de court terme des accroissements de la demande globale du modèle keynésien

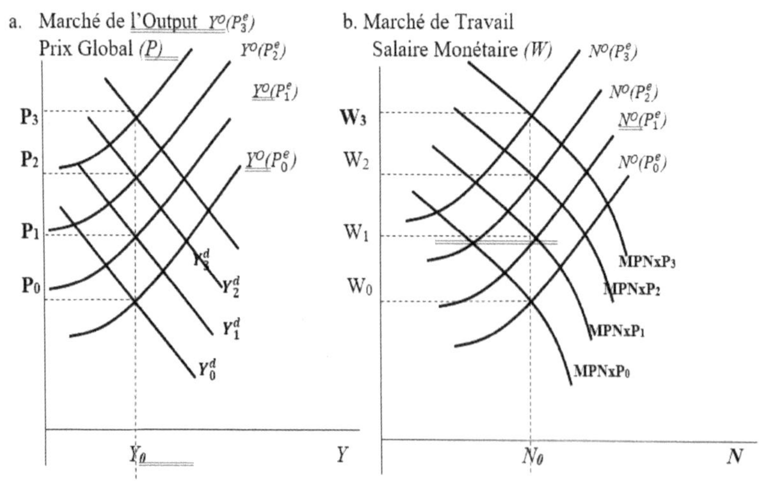

Les courbes d'offre de travail et d'offre globale continuent de décaler vers la gauche jusqu'à ce que le prix attendu et le prix actuel s'égalisent. La position d'équilibre de long terme est illustrée sur la figure 2.7, dans laquelle la courbe d'offre de travail est $N^O(P_3^e = P_3)$ et la courbe de demande globale $Y^O(P_3^e = P_3)$. Notons qu'à ce niveau le revenu et l'emploi se sont retournés à leurs niveaux initiaux, Y_0 et N_0. Cela doit être le cas, car l'output et l'emploi peuvent être maintenus au sujet de Y_0 et N_0 seulement aussi longtemps que le prix anticipé reste au-dessous du prix actuel, c'est-à-dire aussi longtemps que les offreurs de travail sous-estiment l'inflation. Une fois que les offreurs de travail perçoivent des hausses du niveau de prix, ils demanderont des accroissements du salaire nominal proportionnels à l'accroissement du niveau de prix. À ce point, le salaire réel se serait retourné à son niveau initial ($W_3/P_3 = W_0/P_0$). À la fois l'offre de travail et la demande de travail se seraient retournées à leurs niveaux initiaux. En conséquence, l'emploi et le chômage seront à leurs niveaux initiaux de N_0 et Y_0. Un accroissement de la demande globale accroit l'output et l'emploi et, comme conséquence, abaisse le taux de chômage seulement à court terme. Comme illustré dans la figure 10.6, la courbe de Phillips de longs termes est verticale selon la vue keynésienne aussi bien que dans la vue monétariste.

2.3.2 Vues keynésiennes des politiques de stabilisation de l'output et de l'emploi

Pourquoi l'absence d'un effet de long terme de la demande globale sur l'output et l'emploi ne conduit pas les keynésiens à accepter la position de politique monétariste non interventionniste ? La raison est que selon les keynésiens, les politiques de demande globale sont destinées à stabiliser l'output et l'emploi à court terme.

L'objectif de telles politiques de stabilisation est de garder l'économie à son niveau d'équilibre face à des chocs d'offre et de demande. En d'autres mots, l'objectif d'une politique de stabilisation, comme son nom l'indique, est de compenser ce qui pourrait être des influences déstabilisatrices sur l'output et l'emploi.

La conclusion de politique monétariste non interventionniste est basée, en grande partie, sur les propositions discutées dans le chapitre précédent. Le secteur privé est fondamentalement stable si on l'abandonne à lui seul. Donc, nous n'espérons pas de grands chocs déstabilisateurs à la demande de l'output par le secteur privé. Même si des décalages de la demande du secteur privé (décalages indésirables de la courbe *IS*) arrivaient, ils auraient peu d'effets sur l'output si l'offre de monnaie était maintenue constante à cause de la raideur de la courbe *LM.* Des petits chocs peuvent causer l'output et l'emploi à dévier quelque peu du taux naturel, mais Friedman et les autres monétaristes ne croient pas que notre connaissance de l'économie nous permette de prédire de tels chocs et de concevoir des politiques avec une précision suffisante pour les compenser.

Nous pouvons toujours argumenter que, abandonné à lui seul, le secteur privé produit des niveaux d'output et de l'emploi qui sont ''indésirables.'' Le chômage sera ''trop élevé.'' On pourrait ensuite être sûr que le rôle de la politique monétaire est de s'assurer l'output et l'emploi étaient à des niveaux ''désirables.'' La théorie du taux naturel de chômage montre que la politique monétaire ne peut remplir ce rôle et indique que les tentatives pour atteindre de tels objectifs de chômage arbitraires auront des effets déstabilisateurs sur le niveau de prix à long terme.

Si nous n'acceptons pas les autres propositions des monétaristes, et les keynésiens ne le font pas, il y a un rôle de court terme pour les politiques de stabilisation, qu'elles soient monétaires ou fiscales. Les keynésiens croient que la demande globale du secteur privé est instable, d'abord à cause de l'instabilité de la demande d'investissement. Les keynésiens croient que même pour une offre de monnaie, de tels changements de la demande globale du secteur privé peuvent causer des fluctuations larges et prolongées du revenu. En conséquence, ils croient que les politiques monétaires et fiscales devraient être utilisées pour neutraliser les changements indésirables de la demande globale et stabiliser le revenu.

2.4 Les déterminants du taux naturel de chômage

L'objectif de Milton Friedman en avançant le concept des taux naturels de l'emploi et de l'output était d'illustrer une limitation de la politique monétaire. La politique monétaire ne pourrait pas en permanence faire baisser le chômage sous le taux naturel, sans causer une accélération de l'inflation. Lorsque Friedman a introduit le concept, une attention particulière a été placée sur ce qui détermine le taux naturel et quelle est sa valeur pour les différents pays. Si, par exemple, c'est important pour les décideurs politiques d'éviter de conduire le taux de chômage sous le taux naturel et donc par lequel déclencher des pressions inflationnistes, comment savent-ils de combien ils peuvent en toute sécurité réduire le taux de chômage ?

Friedman a posé la question de ce qui détermine le taux naturel de chômage. Comme nous l'avons vu, le taux naturel est le taux qui est consistant avec le salaire réel d'équilibre. Dans notre modèle, c'est simplement un équilibre entre l'offre de travail et la demande de travail sujet à la condition que les offreurs de travail estiment correctement le niveau de prix. Friedman argumente que, le taux naturel sera le taux né du processus d'équilibre qui sera affecté aussi par les ''caractéristiques structurelles actuelles des marchés de travail et de commodité, y compris des imperfections de marchés, la variabilité stochastique des demandes et des offres, les coûts de rassembler des informations au sujet des vacances d'emplois et des disponibilités de travail, le coût de mobilité, etc. ces caractéristiques additionnelles sont celles que nous considérons comme déterminants des niveaux de chômage frictionnel et structurel. La mobilité faible de la main-d'œuvre dans un pays, par exemple, pourrait entrainer un taux naturel de chômage plus élevé parce que, comme la demande se déplace d'une région vers une autre, les travailleurs ne seront pas rapides à suivre. Une information insuffisante au sujet des vacances d'emploi pourrait aussi entrainer un taux de chômage plus élevé, puisque les travailleurs prennent du temps à trouver des emplois initiaux ou de se mouvoir entre emplois. Dans la vue de Friedman, alors, le taux naturel dans chaque pays sera déterminé par les caractéristiques structurelles des marchés de produits et de l'emploi de ce pays.

Questions de revue et problèmes

1. Expliquez le concept du taux naturel de chômage. Quelles sont les implications de la théorie de Friedman du taux naturel de chômage pour l'efficacité des politiques de stabilisation économiques ?

2. Expliquez pourquoi les monétaristes croient que la politique monétaire affecte l'output et l'emploi à court terme, mais pas dans le long terme. Quelle est la différence cruciale entre le court et le long terme ?

3. Contrastez les vues monétaristes et keynésiennes de la relation entre l'output réel (ou l'emploi) et la demande globale à la fois à court et long terme. Contrastez les conclusions que Friedman et les keynésiens tirent de l'analyse de la relation de la demande globale-output pour l'utilité des politiques activistes pour stabiliser l'output et le chômage. À quel degré les différences de l'analyse théorique expliquent les différences de conclusions politiques ?

4. Expliquez le concept de la courbe de Phillips. Y a-t-il une différence entre les vues monétaristes et keynésiennes de la courbe de Phillips ?

5. Contrastez les vues monétaristes et classiques sur les effets de court terme d'un accroissement de la quantité de monnaie ?

CHAPITRE 3 : L'économie néoclassique

Le système théorique sous analyse ici, l'économie néoclassique, s'est développé contre l'inflation et le chômage élevés des années 1970 et l'insatisfaction accompagnant l'orthodoxie keynésienne qui prévalait. À la fois le monétarisme et la nouvelle économie classique tirent leurs origines de l'économie classique, et les deux écoles d'économistes ont atteint des conclusions de politique non-interventionniste similaires.

Robert Lucas, la figure emblématique du développement de la nouvelle économie classique, s'accorde avec la proposition de Milton Friedman des règles de politique non-interventionniste. En fait, les économistes néoclassiques sont mêmes plus sceptiques que les monétaristes au sujet de l'utilité des politiques de stabilisation activistes.

La nouvelle économie classique, cependant, formule des critiques plus véhémentes contre système théorique keynésien que le monétarisme. Les monétaristes et les keynésiens ont atteint des conclusions de politique différentes et ils diffèrent sur un certain nombre de questions empiriques. Les néoclassiques ont été motivés par la croyance que la structure keynésienne est fondamentalement imparfaite. Ils ont attaqué non pas juste l'utilité de l'analyse keynésienne pour comprendre les évènements économiques et concevoir des politiques utiles, mais aussi sa consistance interne. La voie alternative que les économistes néoclassiques proposent pour aborder les questions macroéconomiques est importante non seulement pour leur propre théorie, comme mise en place dans ce chapitre, mais aussi au cycle économique réel et pour l'analyse néokeynésienne que nous étudierons dans le chapitre suivant.

Nous présentons successivement dans ce chapitre, la critique des économistes néo-classiques contre la macroéconomie keynésienne en se concentrant spécialement sur les différences de conclusions des deux groupes d'économistes ; une plus grande vue de l'économie néoclassique ; la réponse keynésienne à la nouvelle école classique. Et nous verrons aussi des remarques sur l'état de la controverse entre les économistes keynésiens et néoclassiques.

3.1 La position néoclassique

Nous avons déjà entendu la vue keynésienne de Franco Modigliani que l'économie de l'entreprise privée a besoin d'être, elle peut être, et elle devrait être stabilisée par la gestion active de la demande globale par le gouvernement.

Le dogme central de la politique de l'économie néo-classique est que la stabilisation des variables réelles, telles que l'output et l'emploi, ne peut être acquise par la gestion de la demande globale. Les valeurs de telles variables à la fois à court et long terme sont insensibles aux politiques de gestions systématiques de la demande globale. En d'autres mots, selon l'école néoclassique, des actions systématiques de politique monétaire et fiscale qui changent la demande globale n'affecteront pas l'output et l'emploi, même à court terme. Ce qui a été appelé la **proposition de l'inefficacité de la politique néoclassique.**

3.1.1 Une revue de la position keynésienne

Pour voir la base de cette proposition néoclassique, considérons d'abord la critique des économistes néoclassiques de la macroéconomie keynésienne. Le bon point de départ sera un examen de l'analyse keynésienne de la relation entre l'output, l'emploi et la demande globale, comme nous l'avons discuté auparavant. Considérons les effets d'une action de politique expansionniste dans le modèle keynésien, par exemple, un accroissement de l'offre de monnaie. À court terme, une telle action de politique augmenterait la demande globale. La courbe de demande globale décalera vers la droite tout au long de la courbe d'offre globale (comme illustré dans la figure 2.5). Le niveau de prix et le niveau de l'output augmenteront. Parallèlement à cet accroissement de l'output, il y a un accroissement de l'emploi puisque la demande de travail augmente, avec l'accroissement des prix décalant la courbe de demande globale vers la droite au long de la courbe d'offre globale de travail (représentée contre le salaire monétaire, voir figure 2.b). Le point crucial de ces résultats est que les positions de la courbe d'offre globale et de la courbe d'offre de travail sont fixes à court terme. La position de ces deux courbes dépend de la valeur du niveau de prix attendu(P^e), qui est supposée dépendre des prix passés et ne pas changer avec des actions de politique courantes.

À long terme, le niveau de prix anticipé converge vers le niveau de prix actuel, et la courbe d'offre globale et la courbe d'offre de travail et décalent vers la gauche. Les niveaux initiaux de l'emploi et de l'output sont restaurés, avec seulement le niveau de prix et de salaire nominal laissés élevés en permanence comme résultat de l'accroissement de l'offre de monnaie (voir figure 2.7). L'output et l'emploi restent au-dessus des niveaux d'équilibre de long terme seulement aussi longtemps que ça prendra pour les offreurs de travail de percevoir correctement le changement du niveau de prix qui résulte de l'action de politique expansionniste. Aussi longtemps que notre attention est confinée aux actions de politiques monétaires expansionnistes, les monétaristes seront d'accord avec l'analyse qui est faite.

3.1.2 Concept des attentes rationnelles et ses implications

Les économistes néoclassiques n'acceptent pas. En particulier, ils n'acceptent pas la différence entre les résultats de court terme et de long terme de l'analyse keynésienne ou monétariste des effets de la demande globale sur l'output et l'emploi. Le point focal de leur critique est l'hypothèse keynésienne (et monétariste) concernant les attentes ou anticipations de prix. Cette formulation suppose que les offreurs de travail forment les anticipations du niveau du prix général courant (ou taux d'inflation) sur la base du comportement des prix passés. En pratique, les keynésiens et les monétaristes présument que de telles anticipations de prix s'ajustent lentement et peuvent être fixées pour l'analyse des effets de politique sur des périodes courtes. Les économistes néoclassiques critiquent de telles formulations des anticipations comme naïves à l'extrême. Pourquoi, demandent-ils, les agents économiques rationnels formant une anticipation du niveau de prix se baseront sur les valeurs passées du niveau de prix ? Pourquoi spécialement le feront-ils quand, en général, un tel comportement est systématiquement incorrect quand la demande globale décale ? Nous avons supposé que, après des changements de la demande globale, par exemple, une hausse de l'offre de monnaie vue dans la section précédente, les offreurs de travail échouent à percevoir que le décalage de la demande affectera le prix.

Les économistes néoclassiques proposent que les agents économiques forment des **anticipations rationnelles** ; rationnelles en ce sens qu'ils ne feront pas d'erreurs systématiques. Selon l'hypothèse des anticipations rationnelles, les anticipations sont formulées sur la base des informations pertinentes disponibles concernant la variable à prédire. Par ailleurs, l'hypothèse maintient que les individus utilisent des informations disponibles intelligemment ; c'est-à-dire ils comprennent les manières par lesquelles les variables qu'ils observent affectent les variables qu'ils essaient de prédire. Donc, selon l'hypothèse des anticipations rationnelles, les anticipations sont, comme le créateur du concept, John Muth, a suggéré, ''essentiellement les mêmes que les prédictions de la théorie économique pertinente,'' basée sur l'information disponible. Si les anticipations sont rationnelles, donc en formant une prévision de la valeur du niveau de prix général, les offreurs de travail utiliseront toutes les informations pertinentes passées, non pas que le comportement passé des prix. En plus, ils utiliseront toutes informations qu'ils ont concernant les valeurs actuelles ou courantes des variables qui jouent un rôle dans le niveau de prix. Le plus important dans la gestion de la demande globale, les offreurs de travail tiendront compte de toutes les actions de politique anticipées (espérées). De plus, ils sont supposés comprendre la relation entre de telles politiques et le niveau de prix.

Nous pouvons faire un contraste intéressant entre la nature **rétrospective** des anticipations du modèle keynésien et la nature **prospective** des anticipations rationnelles. Dans le modèle keynésien, les anticipations sont rétrospectives. L'anticipation d'une variable telle que le niveau de prix s'ajuste (lentement) au comportement passé de la variable. Selon l'hypothèse des anticipations rationnelles, les agents économiques utilisent plutôt toutes les informations pertinentes disponibles et évaluent intelligemment l'implication de cette information pour le comportement futur d'une variable. Si les offreurs de travail font des prévisions rationnelles de type prospectif du niveau de prix, alors l'analyse précédente doit être modifiée. Pour faire cette modification, nous analysons les effets d'une action de politique expansionniste : une hausse de l'offre de monnaie. Pour analyser ce changement avec l'hypothèse que les anticipations sont rationnelles, nous devons commencer par spécifier que le changement de politique était anticipé. Des changements anticipés et non-anticipés de politiques ont des effets très différents quand les anticipations sont supposées rationnelles.

D'abord, nous supposons que le changement de politique est anticipé, peut-être parce que le décideur politique a annoncé le changement de politique. Alternativement, le public peut anticiper le changement parce qu'il sait comment le décideur politique peut agir d'une certaine façon. Par exemple, si le décideur politique répond systématiquement à un accroissement du chômage au cours d'une période en augmentant l'offre de monnaie dans la période suivante (pour contrecarrer le chômage), le public viendra anticiper une hausse de l'offre de monnaie pour la période t quand ils observent une hausse du taux de chômage de la période t-1. Pour commencer, considérons la caractérisation de l'output et de l'emploi d'équilibre dans l'analyse néoclassique, comme illustrée dans la figure 3.1. Considérons aussi l'effet d'une hausse anticipée de l'offre de monnaie de M_0 à M_1 dans la figure 3.2.

Figure 3.1 Output et Emploi dans le Modèle néoclassique

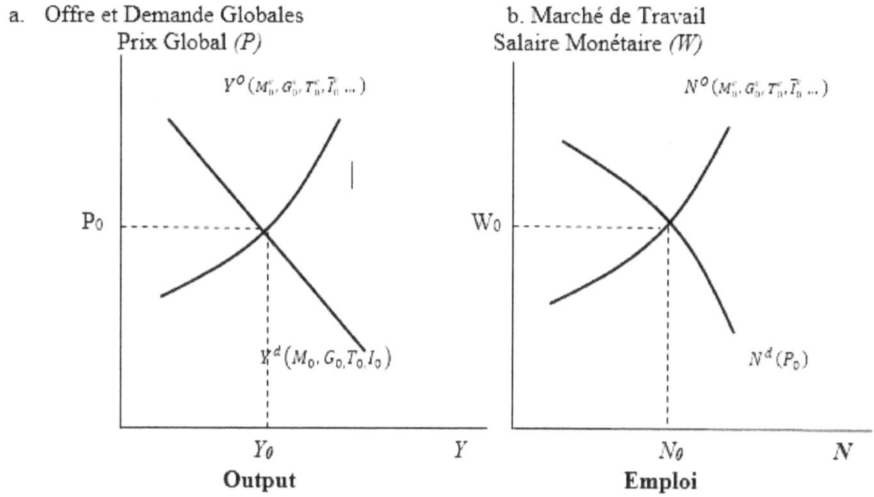

L'analyse néoclassique diffère de l'analyse keynésienne ou monétariste en ce sens que les offreurs de travail sont supposés percevoir correctement la hausse de prix qui résultera de l'accroissement de l'offre de monnaie. Ils demanderont proportionnellement des salaires monétaires plus élevés. Le marché de travail retournera à l'équilibre seulement après que le salaire monétaire et le niveau de prix aient augmenté dans la même proportion, le salaire réel est inchangé, et en conséquence l'output et l'emploi sont de retour à leurs niveaux initiaux. Dit différemment, dans l'analyse keynésienne ou monétariste, la hausse de l'offre de monnaie entraine un accroissement de l'emploi et de l'output à court terme, c'est-à-dire, jusqu'à ce que les offreurs de travail perçoivent correctement la hausse du niveau de prix qui résulte de l'action de politique monétaire expansionniste. Dans la perspective keynésienne ou monétariste, puisque les anticipations au sujet des prix sont rétrospectives, cette période de court terme dans laquelle la hausse de l'offre de monnaie est supposée considérable. Si les anticipations sont rationnellement formées, les actions de politique de la demande globale n'affecteront pas l'output réel ou l'emploi réel, même à court terme. Notons que, puisque le public apprendra toutes les règles systématiques de l'action politique, telle qu'une réponse hypothétique de l'offre de monnaie au chômage mentionnée précédemment, toutes actions de politique systématiques seront anticipées et n'affecteront pas le comportement de l'output ou de l'emploi. Les valeurs des variables réelles telles que l'output et l'emploi seront insensibles aux changements systématiques des politiques de gestion de la demande globale.

Jusque-là nous avons supposé que l'accroissement de l'offre de monnaie était anticipé soit parce qu'elle était annoncée ou parce qu'elle était une réponse de politique systématique qui pouvait être prédite. Considérons maintenant les effets d'une hausse non anticipée de la demande globale d'une autre source. Les effets de court terme d'une hausse non anticipée de l'offre de monnaie, que nous pouvons appeler surprise monétaire, peut aussi être expliquée avec une référence à la figure 3.2. si la hausse de l'offre de monnaie n'est pas anticipée, ces courbes décalent à court terme. Quand la hausse de l'offre de monnaie est non anticipée, le modèle néoclassique indique que l'output et l'emploi seront affectés, ainsi l'output va augmenter de Y_0 à Y_1' et l'emploi va augmenter de N_0 à N_1', résultats identiques à ceux des keynésiens et monétaristes d'un tel accroissement de la demande globale. À court terme, les offreurs de travail ne voient pas l'effet inflationniste de la hausse de la demande globale. C'était l'hypothèse des vues à la fois keynésienne et monétaristes pour tout changement de la demande globale. Les économistes néoclassiques nient le fait que les changements anticipés de la demande globale puissent affecter l'output et l'emploi, mais leurs vues des effets des changements non anticipés de la demande globale ne diffèrent pas de celles des keynésiens et des monétaristes.

Cette analyse des effets de l'action de politique monétaire non anticipée illustre une différence importante entre la théorie néoclassique et la théorie classique que nous avons expliquée dans les chapitres précédents. Dans le modèle néoclassique, les agents économiques forment des anticipations rationnelles, mais ils n'ont pas l'information parfaite ; ils font des erreurs en faisant la prévision du niveau de prix, et de telles erreurs créent des déviations de court terme de l'output et de l'emploi de leurs taux d'équilibre de long terme. Dans le modèle classique, les agents économiques étaient supposés avoir une information parfaite. Les offreurs de travail connaissaient le salaire réel ; il n'y avait pas de surprises monétaires ou autres et pas de déviations des taux de l'output et de l'emploi déterminés du côté de l'offre.

Figure 3.2 Effets d'une Hausse de l'Offre de Monnaie : La vue néo-classique

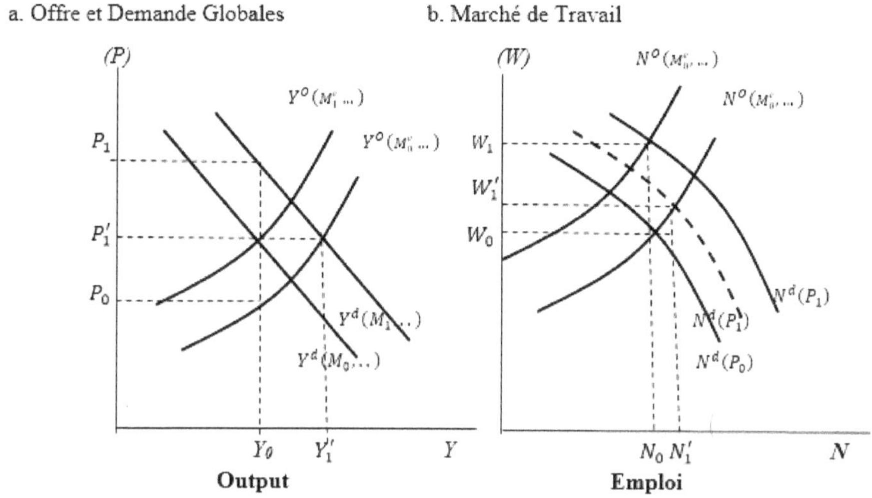

3.1.3 Les conclusions de politique néoclassique

La vue néoclassique que les changements non anticipés de la demande globale affectent l'output et l'emploi ne fournit toujours pas un rôle significatif de la politique de stabilisation macroéconomique. Pour voir cela, considérons la vue des économistes néoclassiques sur la réponse de politique propre à un déclin de la demande du secteur privé, par exemple, une baisse autonome de l'investissement. Nous avons déjà analysé la vue keynésienne de la réponse de politique aux chocs de ce type. Keynes argumente qu'un déclin de la demande du secteur privé devrait être compensé par une action de politique monétaire ou fiscale expansionniste pour stabiliser la demande globale, l'output et l'emploi.

Les effets du déclin de l'investissement sont illustrés dans la figure 3.3. Le déclin de la demande d'investissement déplace la courbe de demande globale de $Y^d(\bar{I}_0)$ à $Y^d(\bar{I}_1)$ dans la figure 3.3a. Ce déplacement cause l'output à décliner de Y_0 à Y_1'. Le niveau de prix baissera de P_0 à P_1' et comme résultat, la courbe de demande de travail dans la figure 11.3b décalera vers le bas de $N^O(P_0)$ à $N^O(P_1')$. Qu'il y ait ou non des effets additionnels du déclin de l'investissement, cela dépend, dans le modèle néoclassique, du fait que le déclin était anticipé ou non anticipé. Pour commencer, supposons que le déclin était anticipé.

Dans ce cas, les offreurs de travail anticiperont le déclin du niveau des prix qui résultera du déclin de la demande globale. Les offreurs de travail, maintenant espérant le niveau de prix plus bas, offrira plus de travail à un montant donné de salaire nominal ou monétaire, parce qu'avec le niveau de prix bas attendu, un salaire monétaire donné correspond à un salaire réel attendu plus élevé. Cette baisse du niveau de prix attendu fait décaler la courbe d'offre de travail vers la droite dans la figure 11.3b de $N^O(\bar{I}_0^e)$ à $N^O(\bar{I}_1^e)$. Comme conséquence, la courbe d'offre globale décale vers la droite dans la figure 11.3a de $Y^O(\bar{I}_0^e)$ à $Y^O(\bar{I}_1^e)$. Il y a davantage de déclin du niveau de prix à P_0 et en conséquence, davantage de décalage vers le bas de la courbe de demande de travail à $N^O(P_1)$. Au nouvel équilibre de court terme, le salaire monétaire et le niveau de prix ont baissé suffisamment pour restaurer l'emploi et l'output à leurs niveaux initiaux, N_0 et Y_0.

Cette analyse est juste l'opposé d'un accroissement anticipé de la demande globale résultant d'une hausse de l'offre de monnaie. Dans le système néoclassique, l'output et l'emploi ne sont pas affectés par des changements anticipés de la demande globale, même à court terme. En conséquence, il n'y a pas besoin d'une réponse de politique de stabilisation à un changement anticipé de la demande telle qu'un déclin de l'investissement.

Mais que se passerait-il si un déclin de l'investissement n'était pas anticipé ? Dans ce cas, les offreurs de travail n'auront pas vu le déclin du prix qui a résulté du déclin de la demande globale. La courbe d'offre de travail de la figure 11.3b et la courbe d'offre globale de la figure 3.3a resteraient respectivement à $N^O(\bar{I}_0^e)$ et $Y^O(\bar{I}_0^e)$. Le déclin de l'investissement entrainera la baisse de l'output et de l'emploi donnée par Y_1' et N_1'. Est-ce qu'une action politique compensatrice pour restaurer la demande globale à son niveau initial serait recommandée ?

La réponse est qu'une telle politique serait désirable, mais pas faisable. Le déclin de l'investissement était par définition non anticipé ? C'est-à-dire, en admettant les anticipations rationnelles, le déclin n'aurait pas été prévisible sur la base de l'information disponible. Les décideurs politiques, comme tous les autres économiques, auraient été incapables de prévoir le déclin de l'investissement à l'avance. Ils n'auraient pas agi pour augmenter la demande globale pour compenser le déclin. Une fois que la baisse de l'investissement a lieu et a produit ses effets sur l'output, les décideurs pourraient agir pour augmenter la demande globale si le niveau bas de l'investissement était supposé se répéter dans le futur. Si le niveau bas de l'investissement était supposé continuer, cependant, il n'y aurait aucun besoin pour une réponse politique puisque les agents du secteur privé détiendraient aussi cette anticipation. À ce niveau, le décalage des courbes d'offre de travail et de l'offre globale aura lieu. En d'autres termes, aussi longtemps que le choc n'est pas anticipé, les décideurs politiques manquent de connaissance nécessaire pour neutraliser le choc. Une fois que le choc est anticipé par les décideurs, il est aussi anticipé par les autres agents économiques, y compris les offreurs de travail, et il n'y a pas besoin de compenser le choc.

L'analyse précédente indique que la théorie néoclassique n'introduit pas de rôle utile pour les politiques de demande globale destinées à stabiliser l'output et l'emploi. Les conclusions de politique des économistes néoclassiques sont non-interventionnistes, juste comme celles des classiques. À cet égard, les économistes néoclassiques s'accordent avec les monétaristes. Concernant la politique monétaire, plusieurs économistes néoclassiques favorisent une règle de politique. Une règle de politique ciblant la croissance de la monnaie ou l'inflation réduirait les changements de politique non-anticipée ; qui n'ont pas de valeur de stabilisation et cause les agents économiques à faire des erreurs de prévisions de prix.

Dans le cas de la politique fiscale, les économistes néoclassiques favorisent la stabilité et des efforts pour éviter des incitations excessives et inflationnistes. Les économistes néoclassiques, Thomas Sargent et Neil Wallace étaient très critiques des déficits abyssaux résultant de la politique fiscale de l'administration Reagan des années 1980.

L'instabilité de la politique fiscale crée l'incertitude, la rendant difficile pour des agents qui forment des anticipations rationnelles pour anticiper correctement le cours de l'économie. De plus, Sargent et autres économistes néoclassiques croient qu'une politique monétaire non-inflationniste crédible ne peut coexister avec une politique fiscale qui génère de larges déficits. De larges déficits mettent une pression énorme sur les autorités monétaires pour accroitre l'offre de monnaie en vue d'aider à financer le déficit. Sargent et autres économistes néoclassiques croient que le contrôle du déficit du budget du gouvernement est nécessaire pour une politique monétaire non-inflationniste, crédible.

Figure 3.3 Effets d'une Baisse de l'Investissement Autonome : La Vue Néoclassique

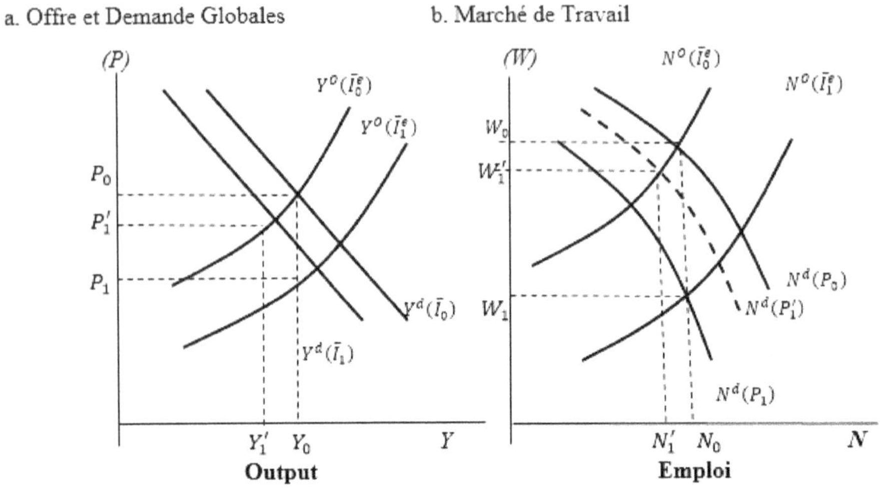

3.2 Une vue plus grande de la position de l'École Néoclassique

Les économistes néoclassiques sont très critiques de l'économie keynésienne dans l'ensemble. Les économistes néoclassiques comme Robert Lucas et Thomas Sargent utilisent des termes tels que ''fondamentalement imparfait, '' débris,'' ''échec,'' et ''de sans valeur'' pour décrire les aspects de l'analyse et de la politique keynésiennes. Lucas, Sargent, et autres économistes néoclassiques formulent des critiques très acerbes contre les fondations théoriques du système keynésien. Ils donnent l'argument que les règles de thumb de Keynes, telles que la fonction de consommation et la fonction de demande de monnaie keynésienne, ont remplacé les fonctions classiques basées sur le comportement d'optimisation individuelle. Le modèle keynésien est, dans leurs vues, fait d'éléments ad hoc, qui étaient des tentatives ayant échoué à expliquer le comportement observé de l'économie dans l'ensemble. Un bon exemple de cet échec du système keynésien est l'entretien des anticipations. Le système keynésien utilise la règle de thumb par laquelle le prix courant attendu est exprimé comme une fonction du comportement passé des prix. Une telle hypothèse n'est pas basée sur l'utilisation optimale de l'information par les individus et implique, en général, que les agents économiques choisissent d'ignorer l'information utile en faisant leurs prévisions de prix.

Les économistes néoclassiques sont aussi très critiques envers l'hypothèse keynésienne selon laquelle les prix sont **rigides**, signifiant, comme ils interprètent cette hypothèse, que les salaires sont fixés à un niveau ou par un processus qui pourrait être pris comme non-influencé par les forces macroéconomiques qu'il propose d'analyser. Nous avons déjà pris en compte les arguments que Keynes avance pour supporter l'hypothèse de la rigidité de salaires. Les économistes néoclassiques ne trouvent pas ces arguments convaincants. Ils favorisent la vue classique que les marchés, y compris le marché de travail, s'équilibrent ; que les prix, y compris le taux de salaire monétaire, se déplacent pour égaliser l'offre et la demande.

Les économistes néoclassiques font l'argumentation selon laquelle les modèles macroéconomiques fructueux devraient rectifier les échecs de l'économie keynésienne en adhérant de façon consistante aux hypothèses suivantes :

1. Les agents optimisent ; c'est-à-dire ils agissent dans leur propre intérêt.
2. Les marchés répondent.

Pourquoi, alors, Keynes se dispense de ses hypothèses ? L'économie keynésienne était la réponse à l'échec du système classique à expliquer le problème de chômage et la relation entre le chômage et la demande globale. Rappelons la courbe d'offre globale classique était verticale. Avec la courbe d'offre, l'output global était totalement dépendant des facteurs d'offre. Le modèle classique a été abandonné par Keynes parce il n'a pas expliqué les déviations prolongées de l'output et de l'emploi de leurs niveaux d'équilibre de plein-emploi.

Les économistes néoclassiques soutiennent l'argumentation qu'un modèle dans la tradition classique peut expliquer les déviations des niveaux de plein-emploi si l'hypothèse des anticipations rationnelles est incorporée dans le système classique. Rappelons que la théorie néoclassique du marché de travail, qui était la base de la fonction d'offre globale verticale classique, suppose que les offreurs de travail connaissaient le salaire réel, impliquant que les offreurs de travail avaient une information parfaite au sujet de la valeur que le niveau de prix global prendra sur le court terme. Les économistes néoclassiques substituent l'hypothèse que les offreurs de travail font une prévision rationnelle du niveau de prix général. Dans ce cas, comme nous l'avons vu, des changements systématiques, et en conséquence, anticipés de la demande globale n'affecteront pas l'output et l'emploi, mais des changements non-anticipés les affecteront. De tels changements non-anticipés de la demande globale peuvent expliquer les déviations de plein-emploi.

Cette substitution de l'hypothèse des anticipations rationnelles par l'hypothèse classique de l'information parfaite ne requiert pas de changements substantifs dans les conclusions de politique classique non-interventionniste, car comme nous l'avons vu dans ce chapitre, les politiques de gestions significatives de la demande globale impliquent des variations de la demande globale, et celles-ci n'ont pas d'effet sur l'output et l'emploi dans la vue classique.

3.3 La contre-critique keynésienne

Le thème qui court à travers la réponse keynésienne aux critiques néoclassiques est que, même s'ils soulèvent des points valides, spécialement concernant la faiblesse du traitement keynésien de la formation des anticipations, il est encore, comme le keynésien Robert Solow le dit, ''trop tôt de mettre en pièces les chapitres sur le modèle IS-LM dans les livres académiques.'' Les keynésiens continuent de croire que Keynes a fourni la base d'un cadre utile dans lequel nous pouvons analyser les déterminants de l'output et de l'emploi. Ils croient fermement dans l'utilité et l'importance des politiques activistes pour stabiliser l'output et l'emploi. Des domaines majeurs dans lesquels les keynésiens ont soulevé des objections à la théorie néoclassique sont expliqués ci-dessous.

3.3.1 La question de Persistance

Dans la section précédente, nous avons vu que le modèle néoclassique, avec le concept des anticipations rationnelles, peut expliquer les déviations de l'output et de l'emploi au-dessous de leurs niveaux potentiels. Des baisses non-anticipées de la demande globale placeraient l'output et l'emploi au-dessous de leurs niveaux potentiels. Les keynésiens soutiennent que, bien qu'une telle explication soit plausible pour des éloignements brefs de l'output et de l'emploi potentiels, il n'est pas adéquat pour expliquer les déviations persistantes et substantielles que nous avons vues. Un déclin non-anticipé de l'investissement, comme celui que nous avons considéré dans la figure 3.3, pourrait bien causer un déclin de l'output et de l'emploi sur une courte période, disons un an. Mais l'année suivante, cependant, ce déclin de la demande globale serait bien apparent ; il ne pourrait plus être non-anticipé. Les offreurs de travail reconnaitront que le niveau de prix a baissé. Conséquemment, les décalages à droite de la courbe d'offre de travail et de la courbe d'offre globale discutés précédemment (voir figure 3.3) restaureront l'output et l'emploi à leurs niveaux initiaux.

Ceci étant le cas, comment le modèle néoclassique peut expliquer les taux de chômage de 10% ou plus en Grande-Bretagne pour toute la période de 1923-39 et durant la grande dépression des années aux États-Unis, quand le taux de chômage excédait 14% pour 10 années consécutives ? Comment le modèle peut-il expliquer le mouvement du taux de chômage durant la récession profonde et prolongée des années 1970 et du début des années 1980 ? La crise financière en Asie du Sud-est durant les années 1990 et la crise financière et immobilière aux États-Unis et dans le monde en 2008 ?

À la première série de questions, les économistes néoclassiques répondent que la source du chômage, le changement non-anticipé de la demande globale, sera de courte durée, les effets du choc persisteront. Considérons, par exemple, la réponse à une baisse non-anticipée de la demande. Supposons qu'après un an ou plus, tout le monde reconnait que la demande a baissé, donc le changement n'est plus non-anticipé. Les déclins de l'output et de l'emploi se seront produits. Les économistes néoclassiques argumentent que ça prendra de temps avant que de tels déclins soient inversés. Les firmes qui avaient déjà réduit leur output ne trouveront pas optimal de restaurer leur production immédiatement à des niveaux d'avant le choc à cause des coûts de l'ajustement de l'output. De plus, les firmes auront accumulé des stocks d'inventaires en excès au cours de la période durant laquelle l'output était en déclin. Ça prendra du temps de neutraliser les effets de tels chocs ; en attendant, la production et l'emploi seront déprimés. Du côté de l'offre de travail, les travailleurs qui ont été au chômage ne trouveront pas optimal d'accepter la première offre d'emploi qui apparait avec la recherche de la meilleure opportunité. Les économistes néoclassiques argumentent que, comme conséquences de ces ajustements retardés, des déviations longues du plein-emploi, comme celles expérimentées par les États-Unis au cours des années 1979 et 1980 peuvent être expliquées même si les chocs qui causent de telles déviations sont vécus sur une courte période.

Et la dépression en Grande-Bretagne et aux États-Unis dans les années 1930 ? Un adepte de la théorie néoclassique, Robert Barro, a expliqué la sévérité de l'expérience des États-Unis par l'étendue de l'effondrement monétaire non-anticipé durant les premières années de la dépression, quand l'offre de monnaie a baissé d'un tiers. La reprise lente est vue comme un résultat de l'intervention gouvernementale massive durant de New Deal. D'autres économistes néoclassiques, tels que Sargent et Lucas, sont d'accord avec Keynes que la Grande Crise n'est pas bien expliquée par leur théorie, mais ils ne trouvent pas l'explication keynésienne convaincante non plus.

Sur cette question de persistance, les keynésiens restent non convaincus que les décalages d'ajustements expliquent suffisamment le chômage prolongé et sévère. Ils croient qu'en acceptant le cadre classique et néoclassique peut expliquer des épisodes tels que la Grande Dépression seulement comme un résultat des facteurs du côté de l'offre, qui dans leurs vues sont les seuls facteurs dans ces modèles qui pourraient causer un chômage prolongé. Si les marchés règlent et il n'y a pas de chômage involontaire, alors, comme Modigliani le dit, aux économistes classiques et néoclassiques, ''ce qui se passe aux États-Unis dans les années 1930 était une attaque sévère de la paresse contagieuse.''

3.3.2 Les hypothèses extrêmes de l'information des Anticipations rationnelles

Les keynésiens acceptent la critique formulée par les économistes néoclassiques sur les formulations des anticipations de prix basées seulement sur l'information au sujet des prix. De telles règles sont naïves parce qu'elles supposent que les agents économiques négligent des informations disponibles et potentiellement utiles en faisant leurs prévisions. De telles hypothèses naïves au sujet des anticipations ont commencé à être utilisées dans les années 1950 et au début des années 1960, quand le taux d'inflation était à la fois faible et stable. Dans ces circonstances, de telles règles pourraient avoir été des approximations raisonnables de la manière dont les gens faisaient les prévisions, parce qu'une bonne prévision pouvait, en fait, être basée sur le comportement passé des prix. Avec des taux d'inflation volatiles et souvent élevés des années 1970, il est difficile de croire que les agents économiques n'ont pas trouvé important de faire des prévisions plus sophistiquées.

Plusieurs économistes keynésiens argumentent que l'hypothèse des anticipations rationnelles a fait une erreur en admettant que les agents économiques sont des prévisionnistes sophistiqués de façon irréaliste, spécialement quand les anticipations rationnelles sont supposées pour des offreurs individuels de travail. Les keynésiens critiquent l'hypothèse que les individus utilisent toutes les informations pertinentes disponibles en faisant leurs prévisions. Une telle hypothèse ignore les coûts de collection des informations.

La théorie des anticipations rationnelles présume aussi que les individus utilisent les informations intelligemment. Ils connaissent les relations qui lient les variables observées aux variables qu'ils essaient de prédire. Ils sont aussi capables de comprendre la réponse systématique des décideurs politiques. Par exemple, si les décideurs de politique monétaire répondent typiquement au chômage croissant en augmentant l'offre de monnaie, le public anticipera de telles actions politiques. De plus, ils seront capables de prédire les effets de telles actions de politique monétaire anticipées. Si l'économie, y compris le comportement des décideurs politiques, a été sujette à un petit changement pour une longue période de temps, les keynésiens croient, c'est peut-être raisonnable de croire que les agents économiques connaitront la relation qui gouverne les variables politiques et les agrégats économiques. L'hypothèse des anticipations rationnelles pourrait être réaliste dans le modèle d'équilibre de long terme, mais les keynésiens argumentent qu'il n'est pas réaliste dans le court terme. À court terme, le coût de la collection et de traitement de l'information peut être élevé que les offreurs de travail faisant des prévisions du niveau de prix général ou du taux d'inflation ne trouvent pas la peine d'utiliser assez d'information au-delà du comportement passé des prix.

Si les anticipations ne sont pas rationnelles, il n'y a pas de rôle de stabilisation de l'output et de l'emploi pour la demande globale. Même des changements systématiques de la demande globale n'affecteront l'output et l'emploi parce qu'ils ne seront pas prédits par les agents économiques. Si la demande globale du secteur privé est instable, comme le croient les keynésiens, la politique de stabilisation doit être appliquée et conduite. De plus, les autorités monétaires et fiscales devraient être capables de faire des prévisions des changements systématiques de la demande globale du secteur privé. Ces autorités de prise de décisions collectent ce qu'ils considèrent comme information disponible et importante sur des variables qu'ils souhaitent prédire et contrôler. Ils investissent aussi des ressources considérables en essayant d'estimer la relation entre qui caractérise l'économie. Les keynésiens regardent l'hypothèse des anticipations rationnelles comme raisonnablement correcte quand elle est appliquée aux décideurs politiques. Les décideurs politiques peuvent concevoir des changements pour compenser pour le public les changements non-anticipés de la demande globale du secteur privé. En essence, ce rôle de stabilisation de la politique vient d'un avantage d'information de la part du décideur politique.

Les keynésiens concluent en disant ceci : ''les modèles macroéconomiques basés sur l'hypothèse des anticipations rationnelles ne démontrent pas l'inefficacité de la politique dans le court terme, en conséquence, parce qu'ils ne sont pas réellement des modèles de court terme. L'hypothèse d'information disponible de l'hypothèse des anticipations rationnelles place de tels modèles dans un contexte d'équilibre de long terme dans lequel les propriétés classiques ne sont pas surprenantes.''

Les économistes néoclassiques défendent les hypothèses des attentes rationnelles. Ils admettent que l'hypothèse des attentes rationnelles est irréaliste, mais comme l'affirme Bennett McCallum ''toutes les théories ou les modèles sont irréalistes en ce sens que les descriptions de la réalité sont extrêmement simplifiées… Donc le vrai problème est : de toutes les hypothèses des anticipations concevables, laquelle devra être incorporée dans un modèle macroéconomique pour être utilisée pour une analyse de stabilisation ? Les économistes néoclassiques favorisent l'hypothèse des anticipations rationnelles à l'hypothèse que les individus forment des anticipations de prix basées seulement sur l'histoire passée des prix.

3.3.3 Le marché des enchères VS les vues contractuelles du marché de travail

Dans le modèle néoclassique tout comme dans la théorie classique traditionnelle, le salaire monétaire est supposé s'ajuster rapidement pour corriger le marché de travail, égaliser l'offre et la demande. Par contre, dans la bue contractuelle keynésienne du marché de travail, ''les salaires ne sont pas fixés pour corriger les marchés à court terme, mais sont fortement conditionnés par des considérations de long terme… impliquant les relations employeur- travailleur.'' Le salaire monétaire est rigide à la baisse. Dans la phrase d'Arthur Okun, le marché de travail fonctionne plus par les poignées de main invisible que par la main invisible d'un marché d'un mécanisme de marché compétitif. La plupart des réponses au déclin de la demande globale et, en conséquence, la demande de travail vient sous la forme d'une réduction de l'emploi plutôt que dans la forme d'une baisse du salaire monétaire.

Les keynésiens voient le marché de travail comme un marché dans lequel les arrangements de long terme sont faits entre les acheteurs et les vendeurs. En général, de telles relations fixent le salaire nominal en laissant l'employé libre d'ajuster les heures travaillées au cours du contrat explicite ou implicite. Les licenciements et heures réduites sont considérés comme une réponse acceptable de la part de l'employé à une baisse de la demande. En faisant des pressions pour des réductions de salaire ou en remplaçant les travailleurs actuels avec des chômeurs qui travailleront pour des salaires plus bas n'est pas acceptable. Cette vue keynésienne contractuelle explique la rigidité du salaire sur la base des mécanismes institutionnels qui caractérisent le marché de travail. La plupart du travail est en cours pour investiguer les fondations théoriques du développement des institutions de travail. Même sans ces fondations théoriques, les keynésiens argumentent que les mécanismes institutionnels de cette nature existent, et ils critiquent les économistes d'ignorer ces éléments de la réalité que leur modèle ne peut pas expliquer.

Les économistes néoclassiques acceptent le fait que le marché de travail est, au moins, caractérisé par des contrats de long terme. Ils nient, cependant, que l'existence de tels contrats soit une implication sur le fait que le marché résout, c'est-à-dire s'il y aura le chômage involontaire. Ils nient le fait que les termes du contrat soient si rigides que les employés et les employeurs ne puissent effectuer des changements désirables pour les deux parties. Par exemple, si le salaire monétaire ou salaire nominal spécifié est trop élevé pour maintenir le niveau de l'emploi du marché, les travailleurs pourraient abandonner les autres provisions du contrat, accroitre le temps de travail, ou dans des cas extrêmes permettre une révision de salaire d'une certaine façon. Les économistes néoclassiques ne nient pas que les contrats de travail causent certaines déviations de l'emploi des niveaux d'emploi du marché, mais ils ne croient pas que cette déviation soit significative.

Questions de revue et problèmes

1. Commentez la déclaration suivante. Êtes-vous d'accord ou non avec cette position concernant l'efficacité des actions de politique fiscale systématiques ou non-anticipées dans un cadre de l'économie néoclassique ? Expliquez :

L'économie néoclassique ou la théorie des anticipations rationnelles fournit une explication convaincante de l'incapacité de la politique monétaire systématique à affecter le revenu réel ou l'emploi réel. La situation est tout à fait différente, cependant, avec les actions de politique fiscale tel qu'un accroissement de la dépense gouvernementale, qui affectera l'output et l'emploi réels qu'ils soient anticipés ou non ; la différence entre la politique monétaire et la politique fiscale étant que la politique monétaire affecte la demande globale et, donc, l'output en incitant les agents économiques privés à changer leurs demandes d'output. Avec des anticipations rationnelles, cet effet sera compensé. Un accroissement des dépenses publiques affecte la demande globale directement, et il n'y a aucun moyen pour le secteur privé de compenser ses effets sur le revenu et l'emploi.

2. Pourquoi ajouter l'adjectif néo à classique pour le modèle de ce chapitre ? Comment cette analyse diffère-t-elle de celle relative à l'économie classique ?

3. Expliquez le concept des anticipations rationnelles. Comment les anticipations formées sont différentes de celles formulées dans les chapitres passés concernant le fait que les travailleurs forment les attentes des niveaux de prix actuels et passés sur la base des informations passées au sujet des prix ?

4. Expliquez les implications de l'hypothèse des anticipations rationnelles pour l'efficacité des politiques de stabilisation économique.

5. Contrastez les positions keynésienne et néoclassique du fonctionnement du marché de travail.

6. Comparez les positions classique et monétariste concernant l'efficacité des politiques de gestion de la demande globale pour stabiliser l'output.

7. Comment un choc d'offre, tel que la hausse du prix du carburant à la pompe, affecterait la demande globale directement et le niveau général de prix et celui de l'output réel dans le modèle néoclassique ?

8. Même dans le modèle néoclassique, les actions anticipées de politique économique telle qu'une hausse de l'offre de monnaie affecteront le revenu nominal. Expliquez pourquoi l'ajustement des anticipations des agents, compense les effets réels d'un tel changement de politique, ne compense pas les effets nominaux.

CHAPITRE 4 : Real business cycles et l'économie néokeynésienne

Concernant le débat entre les keynésiens et les économistes néoclassiques, un observateur a commenté que la caractéristique la plus impressionnante de la position de chaque partie est la critique de l'autre. Que cela soit le cas ou non, le débat laisse certains dans chaque camp sentir que les recherches doivent continuer pour renforcer leur position fondamentale. Ces sentiments ont donné naissance à deux nouvelles directions dans la recherche macroéconomique. Une, foncièrement enracinée dans la tradition classique, est appelée la théorie du cycle économique réel (real business cycle, RBC). La seconde, la théorie néokeynésienne, comme son nom suggère, suit dans la tradition keynésienne. Nous discutons la théorie du real business cycle dans la section 4.1 et la théorie néokeynésienne dans la section 4.2.

4.1 Les modèles du cycle économique réel

La théorie du cycle économique réel est une excroissance de la théorie néoclassique. En fait, les modèles du real business cycle sont connus sous le nom de la seconde génération des modèles néoclassiques.

4.1.1 Les caractéristiques centrales des modèles du Real Business Cycle

Rappelons que les économistes néoclassiques croient que les modèles macroéconomiques doivent avoir deux caractéristiques :

1. Les Agents Optimisent.
2. Les Marchés Règlent.

Les théoriciens du business cycle sont d'avis. Un des repères des modèles du business cycle est l'attention qu'ils accordent aux fondations microéconomiques : les décisions d'optimisation des individus. Les théoriciens du real business cycle croient aussi que le cycle économique est un phénomène d'équilibre en ce sens que tous les marchés règlent. Le modèle keynésien inclut le chômage involontaire. Dans les modèles du business cycle réel, comme dans les modèles néoclassiques, tout chômage est volontaire. Les théoriciens du cycle économique réel voient les fluctuations de l'output et de l'emploi comme nées des variations dans les opportunités réelles de l'économie privée. Les facteurs qui causent de tels changements incluent les chocs de technologie, les variations des conditions environnementales, les changements des prix réels (relatifs) des matières premières importées, et les changements des taux d'imposition. Les fluctuations de l'output se produisent aussi avec des changements des préférences individuelles, par exemple, un changement de préférences pour les biens au lieu du loisir. Ceux sont les mêmes facteurs qui ont déterminé l'output dans le modèle classique. Mais les économistes classiques croyaient que dans la plupart des cas, ces facteurs changeaient seulement lentement au fil du temps. À court terme, ils ont été considérés comme des données. Ils étaient des facteurs qui détermineraient la croissance de long terme. Les théoriciens du real business cycle argumentent que les variables du côté de l'offre sont aussi la source des fluctuations de court terme de l'output et de l'emploi.

Cette vue distingue les théoriciens du cycle économique réel des économistes néoclassiques, qui ont regardé les changements non-anticipés de la demande globale, résultant, par exemple, des ''surprises monétaires,'' comme la source principale des fluctuations de l'output et de l'emploi. Les changements non-anticipés de la demande étaient vus comme la source principale des fluctuations cycliques de l'output. Des facteurs comme les chocs technologiques ou des changements de préférences individuelles ont reçu moins d'attention.

La considération que les changements des facteurs réels de l'offre déterminent les fluctuations de court terme de l'output et de l'emploi différencie aussi les modèles du real cycle business des modèles keynésiens. Comme nous l'avons vu dans le chapitre 8, les modèles keynésiens peuvent incorporer les effets des chocs d'offre, mais un principe central de la théorie keynésienne est l'importance de la demande globale dans la détermination de l'output et de l'emploi à court terme.

Avant de considérer un modèle du cycle économique, il y a deux points généraux à faire. Le premier point est la question de savoir pourquoi les théoriciens du real business cycle rejettent l'explication néoclassique de la source des fluctuations de court terme de l'output, alors que, à bien d'autres égards, les deux approches sont similaires. Une raison est que l'évidence empirique sur le rôle des changements non-anticipés de la demande globale dans la détermination de l'output est mixe.

Probablement plus important, les théoriciens du real cycle business croient que la vue que les erreurs de prévisions peuvent expliquer des fluctuations plus grandes et coûteuses de l'output viole le postulat selon lequel les agents économiques optimisent.

Enfin, notons qu'il y a deux interprétations possibles de la théorie du real business cycle. Une interprétation propose que les facteurs d'offre soient simplement plus importantes influences nominales du côté de la demande. Selon cette interprétation, les modèles du real business cycle sont juste une version du modèle néoclassique que, comme expliqué dans le précédent, ils affirment une position plus forte, c'est-à-dire, les chocs monétaires et autres n'ont pas d'effet significatif sur l'output et l'emploi.

4.1.2 Un modèle simple du Real Business Cycle

Les modèles du cycle économique réel, selon les mots de l'un des constructeurs, voient les variables économiques globales comme les résultats des décisions prises par plusieurs agents économiques individuels agissant pour maximiser leur utilité sujette aux possibilités de production et aux contraintes de ressources. Comme tels, les modèles ont une fondation explicite et ferme en microéconomie.

Dans cette partie, nous construisons un modèle simple du cycle économique réel. Après avoir construit le modèle, nous considérerons comment les agents économiques qui maximisent répondent aux changements des conditions économiques et des implications de leurs réponses pour les variables économiques globales.

Une hypothèse usuelle des modèles de ce type est que l'économie est peuplée par un groupe d'individus identiques. Le comportement du groupe peut alors être expliqué en termes de comportement d'un seul individu, appelé individu représentatif. Nous appellerons l'agent Mountaga.

L'objectif de Mountaga est de maximiser son utilité à chaque période de sa vie. Cette utilité vient de deux sources : la consommation et le loisir. Nous supposons qu'il a la fonction d'utilité (U) suivante :

$$U_t = U(C_t, lo_t) \tag{4.1}$$

Où C est la consommation et lo est le loisir. Pour consommer, Mountaga doit d'abord produire de l'output. En le faisant, il renonce au loisir ? Donc, comme dans les modèles passés, il y a un compromis entre le travail et le loisir. L'output dans le modèle est généré par la fonction de production

$$Y_t = z_t F(K_t, N_t) \tag{4.2}$$

L'équation (4.2) est identique à la fonction de production globale du modèle classique. La fonction de production spécifie le montant de l'output qui résultera de l'emploi des quantités données de capital (*K*) et de travail (*L*) à la période *t*.

Il y a deux différences fondamentales entre l'équation (4.2) et notre fonction de production précédente. L'équation (4.2) contient le terme additionnel z_t, qui représente les chocs au processus de production. Par chocs, nous entendons des évènements qui changent le niveau de l'output pour des niveaux donnés de capital et de travail. Les théoriciens du cycle économique réel incluent un certain nombre de facteurs dans cette catégorie. Parmi les facteurs les plus importants, nous trouvons les chocs à la technologie, les facteurs environnementaux, les changements des règlementations du gouvernement qui affectent la productivité et les changements de disponibilité des matières premières.

La seconde différence entre l'équation (4.2) et la version précédente de notre fonction de production est l'absence de barre sur la variable *K* dans l'équation (4.2). Dans le cycle économique réel, le stock de capital n'est pas pris comme une donnée, mais plutôt il est choisi pour chaque période par l'agent représentatif. Mountaga n'a pas à consommer tout l'output qu'il produit à chaque période. Le jeune Mountaga voudrait épargner pour la période où il sera vieux ou une génération future des Mountaga Juniors. Ce qui est requis est que

$$Y_t = C_t + S_t \qquad (4.3)$$

L'épargne (S) plus la consommation (C) doit être égal au revenu, ignorant l'existence des impôts. L'équation (4.3) indique que, en plus du compromis travail-loisir, l'agent représentatif fait face à une transaction entre la consommation présente et l'épargne contre la consommation future. L'épargne d'aujourd'hui accroitra la consommation dans le futur parce qu'elle est supposée être investie pour accroitre le stock de capital dans la période suivante :

$$K_{t+1} = S_t + (1 - \delta)K_t \qquad (4.4)$$

Le stock de capital à la période t+1 est égal à l'épargne à la période t plus la portion du stock de capital $(1 - \delta)$ disponible à la période *t*, où δ est le taux de dépréciation du capital (la fraction du stock de capital qui est amortie à chaque période).

Dans le cadre de cet agent représentatif, le comportement de l'output global, de l'emploi, et la consommation, et de l'épargne décrit en termes de choix faits par Mountaga. Nous pouvons considérer maintenant comment les choix sont affectés par un changement économique auquel Mountaga est confronté.

4.1.3 Les effets d'un choc positif de technologie

Supposons qu'il existe, à une période donnée, un choc favorable à la technologie. Supposons maintenant que le choc est temporaire, au cours d'une période seulement ; plus tard nous considérerons des chocs qui durent plus longtemps. Ce choc est supposé se produire de façon exogène et est représenté dans notre modèle par une hausse du terme z_t de l'équation (4.2), à partir d'un niveau initial z_{0t}, à une valeur plus élevée z_{1t}. Vu K_t et N_t, il y a une hausse exogène de Y_t.

L'effet de ce choc est illustré dans la figure 12.1 ci-dessous.

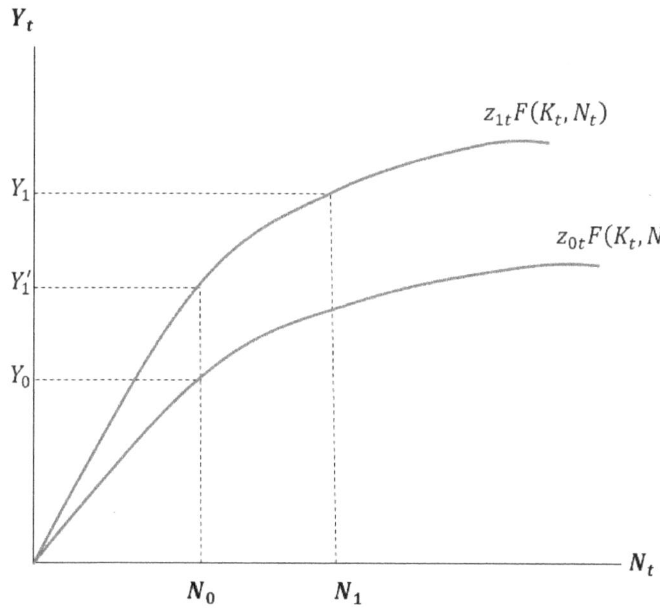

Supposons qu'en face de ces possibilités de production, Mountaga choisisse N_0 comme le montant optimal de travail à effectuer, et comme résultat, l'output se situe à Y_0. Le choc technologique positif décale la fonction de production en haut à $z_{1t}F(K_t, N_t)$. En plus de ce décalage, la nature du choc est supposée être telle que la fonction de production devienne plus raide pour tout niveau de l'input travail. Nous avons observé au niveau du chapitre 3 que la pente de la fonction de production est égale au produit marginal du travail. Nous sommes en train de supposer que le choc accroit la productivité marginale de Mountaga.

Même au même niveau de N_0, cet accroissement de la productivité causerait une hausse de l'output à Y_1'dans la figure 4.1. Le choc favorable a changé des possibilités de production de Mountaga. S'il observe le changement, nous supposons que c'est exactement le cas ici, il réagira. Dans le graphique, nous supposons qu'il réagit à la hausse de sa productivité en travaillant plus. Donc le niveau de son offre de travail augmente à N_1 et l'output augmente à Y_1.

Mountaga doit décider ce qu'il doit faire avec cet output accru. L'équation 4.3 nous dit que l'accroissement de l'output ira à la consommation ou à l'épargne. Il pourrait juste tout consommer. Mais, en particulier dans le cas d'un choc temporaire, il est vraisemblable qu'il épargnera une portion de cet accroissement de l'output pour permettre à la consommation d'être plus grande aussi dans le futur. Si c'est le cas, alors l'équation 4.4 nous dit qu'une épargne plus élevée, qui signifie en retour un investissement plus élevé, causera un stock de capital plus élevé la période suivante qu'il ne serait autrement. À cause d'un stock de capital plus élevé, l'output de la prochaine période et celui d'autres périodes futures seront aussi plus élevés qu'il ne le serait en l'absence de choc technologique. Cela est d'autant vrai que l'effet direct du choc a duré pour seulement une période.

Si le choc a duré au cours de plusieurs périodes, ou il a été permanent, les réponses de Mountaga auraient été quelque peu différentes. Il saurait que l'output serait élevé au cours d'une longue période, donc son intérêt à épargner serait réduit et son incitation à consommer élevée. Puisqu'il saurait que cette productivité serait élevée pour plusieurs périodes, à cause de l'effet direct du choc, il pourrait accroitre son effort de travail au cours de chaque période de moins. Les chocs de productivité vécus de longue période résulteront aussi des changements de l'output, du stock de capital et de l'emploi qui persisteront pour plusieurs périodes.

Il est important de savoir que les effets des chocs de technologie durent pour plusieurs périodes. Une critique clé du modèle néoclassique formulée par les keynésiens, qui partage l'approche de l'équilibre pris par les théoriciens du real business cycle, est qu'il ne peut pas expliquer la persistance des cycles économiques du monde réel. Les théoriciens du cycle économique réel argumentent que les réponses dynamiques d'optimisation des agents aux changements dans des conditions économiques auront ; comme nous l'avons juste expliqué, des effets qui dureront long temps. Ces réponses peuvent expliquer des périodes d'activité économique forte ou faible.

Nous pouvons nous accentuer sur les chocs technologiques parce qu'ils sont centraux dans les explications des fluctuations économiques des théoriciens du cycle économique réel. Cependant, d'autres facteurs incluent les changements des conditions environnementales, les prix relatifs des matières premières, les variations des taux d'impôts, et les changements de préférence. Tous ces chocs sont des causes potentielles additionnelles des mouvements cycliques de l'output et de l'emploi.

4.1.4 La politique macroéconomique dans un modèle du Real Business Cycle (RBC)

Dans un modèle du cycle économique réel, les fluctuations viennent des réponses individuelles aux changements dans l'environnement économique. Ces réponses sont-elles le résultat du comportement d'optimisation ? Dans ces modèles, il serait sous-estimé pour les décideurs politiques d'éliminer le cycle économique s'ils peuvent le faire réellement. Quel est le rôle de la politique macroéconomique dans un modèle de real business cycle ? Commençons donc avec la politique monétaire et ensuite la politique fiscale.

4.1.4.1 Politique monétaire

La caractéristique principale des modèles du real business cycle est que ce sont les facteurs réels, non pas les facteurs monétaires, qui sont responsables des fluctuations de l'output et de l'emploi. Dans ces modèles, le rôle de la monnaie est de déterminer le niveau de prix, de même que dans le modèle classique original. Les changements de la quantité de monnaie entrainent des changements proportionnels du niveau de prix sans changement de l'output et de l'emploi. Il s'en suit alors que la politique monétaire doit se focaliser sur le contrôle du niveau de prix. Une politique monétaire désirable aboutirait à une croissance stable, mais faible de l'offre de monnaie et, donc, de prix stables, ou au moins un taux d'inflation faible. Quand nous considérons la politique fiscale, cependant, nous verrons qu'une vue alternative de la conduite optimale de la politique monétaire émerge de la théorie du cycle économique réel. Dans tous les cas, il n'y a certainement pas de rôle pour une politique activiste de stabilisation monétaire de type keynésien. La politique monétaire ne peut pas affecter l'output et l'emploi, et même si elle pouvait, ce serait sous-optimal d'essayer d'éliminer le cycle économique.

4.1.4.2 Politique fiscale

Plusieurs actions de politique fiscale affecteront l'output et l'emploi dans un modèle du real business cycle. L'effet ne sera pas causé par un effet sur la demande globale, comme dans le modèle keynésien, mais par les effets du côté de l'offre. Les changements des taux d'imposition sur le revenu du travail ou le rendement du capital affecteront les choix des agents rationnels qui optimisent. De plus, ces effets sont des distorsions. Un impôt sur le revenu, par exemple, causera un individu à choisir plus de loisirs par rapport au travail (avec une consommation plus faible). Même un impôt fixe affectera le comportement individuel en affectant la richesse à l'horizon de la planification.

Le rôle de la politique fiscale dans le cadre du cycle économique réel est de minimiser ces distorsions fiscales sujettes à fournir des services du gouvernement (i.e. la défense). C'est là où le rôle actif de la politique monétaire émerge (alternatifs à maintenir simplement l'inflation faible et lente, une croissance de monnaie stable). Rappelons que dans notre discussion passée de la contrainte du budget du gouvernement qu'une alternative à financer la dépense publique par la taxation est de la financer par la création monétaire. Les décideurs politiques peuvent réduire la distorsion due à la taxation en finançant une portion de la dépense publique par la monnaie nouvellement créée. Le terme que les économistes utilisent pour cette pratique dans laquelle le gouvernement obtient des ressources réelles à travers la création monétaire s'appelle **seigneuriage.**

Cependant, le seigneuriage a aussi des coûts parce que plus vite l'offre de monnaie augmente, plus grand sera le taux d'inflation. Dans le modèle du cycle économique réel, il s'en suit que l'utilisation optimale des politiques monétaire et fiscale est de les combiner en vue de minimiser les coûts totaux de l'inflation et des distorsions fiscales. Cela est d'autant différent de la vue keynésienne de la politique monétaire optimale et de la politique de stabilisation fiscale optimale.

4.2 L'Économie Néokeynésienne

Keynes a cherché à expliquer le chômage involontaire (souvent le chômage involontaire massif). Il montre comment la demande globale a affecté l'output et l'emploi. Les modèles keynésiens peuvent expliquer le chômage et un rôle pour la demande globale dans la détermination de l'output et de l'emploi. Un élément clé de ces modèles est la rigidité du salaire monétaire. Une baisse de la demande globale des biens de commodité, par exemple, entraine une baisse de la demande de travail. Comme résultat des contrats de travail de salaire fixe et des attentes des travailleurs sur les prix, le salaire monétaire ne baissera pas suffisamment à court terme pour maintenir le niveau de l'emploi initial. L'emploi et l'output baisseront. Le chômage augmentera.

Depuis plusieurs décennies, les économistes qui travaillent dans la tradition keynésienne ont poursuivi des explications additionnelles du chômage involontaire. Les modèles qui ont résulté de cet effort de recherche sont appelés *modèles néokeynésiens*. En partie, cette nouvelle recherche est une réponse à la critique néoclassique des modèles keynésiens plus anciens. Les économistes Gregory Mankiw et David Romer, qui ont fait tous les deux des contributions importantes à la nouvelle économie keynésienne, disent que ''les économistes néoclassiques argumentent de manière persuasive que l'économie keynésienne était théoriquement inadéquate, que la macroéconomie doit être construite sur une fondation microéconomique ferme.'' Tous les néokeynésiens ne sont pas critiques des premiers modèles keynésiens, mais leur tâche principale a été d'améliorer les fondations microéconomiques du système keynésien. Puisqu'ils voient les rigidités de prix et de salaire comme centrales à l'explication du chômage involontaire chez Keynes, assez d'effort est fait pour montrer que ces rigidités peuvent naitre des comportements des agents qui optimisent.

Les économistes néokeynésiens n'ont pas essayé de développer un raisonnement sur les rigidités de prix et de salaire. Plutôt, ils croient qu'un certain nombre de caractéristiques du processus de fixation de salaire et de prix expliquent de telles rigidités. En fait, la littérature néokeynésienne est caractérisée par ce qui a été appelé ''diversité vertigineuse'' d'approches. Ces approches ont, cependant, les éléments communs suivants :

1. Dans les modèles néokeynésiens, la compétition imparfaite est supposée pour le marché de produit. Cette hypothèse contraste avec les premiers modèles keynésiens qui adoptent la compétition parfaite.
2. Alors que la rigidité nominale clé dans les premiers modèles keynésiens était le salaire nominal, les modèles néokeynésiens se focalisent aussi sur la rigidité du prix du produit.
3. En plus des facteurs qui causent les variables nominales (le salaire nominal) à être rigides, les modèles néokeynésiens introduisent des rigidités réelles (les facteurs qui rendent le salaire réel ou le prix relatif de la firme rigide en face des changements de la demande globale.

Nous considérons tour à tour ces trois types des modèles néokeynésiens : modèles de prix rigide (menu coût), modèles de salaire d'efficacité, et insider-outsider modèles.

4.2.1 Les modèles de prix rigides (ou modèles de menu coût)

Les modèles keynésiens voient le salaire monétaire comme une variable qui a échoué à s'ajuster aux changements de la demande globale ; l'output et l'emploi doivent s'ajuster. Le marché de produits dans ces modèles était caractérisé par la compétition parfaite. Les économistes keynésiens ne croyaient pas que la plupart des marchés de produit du monde réel étaient parfaitement compétitifs. L'hypothèse de compétition parfaite a été faite pour des raisons de simplicité et elle a reflété la vue selon laquelle la rigidité du salaire monétaire était le principal responsable pour expliquer le chômage.

Un élément crucial des modèles keynésiens de prix rigides est que la firme ne doit pas être un compétiteur parfait. Avec la compétition parfaite, les prix sont fixés par les forces de l'offre et de la demande. Les firmes individuelles n'ont pas de pouvoir sur le prix de leurs produits ; elles sont confrontées aux courbes de demande horizontales. La firme parfaitement compétitive, par exemple, une entreprise de chaussures peut vendre toutes les chaussures qu'elle veut au prix en cours sur le marché, disons GNF 120.000. Si, à cause d'une baisse de la demande globale, le prix du marché baissait à GNF 100.000 par unité de paire de chaussures, la firme peut vendre tout ce qu'elle veut à ce nouveau prix. Si, en face d'une baisse de la demande la firme parfaitement compétitive maintenait son prix initial, elle ne vendrait aucun produit. Il n'y a aucune possibilité de prix rigides sur ce marché. Si elle n'abaisse pas le prix, elle pourrait perdre des clients.

Cependant, en cas de firmes monopolistes ou d'oligopoles, la situation est différente. Les compétiteurs monopolistes et les oligopoles ont un certain contrôle sur le prix de leurs produits. En fait, l'intérêt à baisser les prix peut être petit pour ces types de firmes. Si elles tiennent à leur prix initial quand la demande baisse, elles perdront des ventes, mais les ventes qu'elles retiennent seront relativement à leur prix initial. Aussi, si toutes les firmes tiennent à leur prix initial, aucune firme individuelle ne perdra des ventes au profit de ses concurrents.

Toujours, en face d'une baisse de la demande, le prix de maximisation de profits baissera même pour une firme dans un environnement de compétition imparfaite. Donc les gains de profits de la baisse des prix seront faibles, il y a quelques gains. Pourquoi, alors, les firmes ne pourraient pas encore baisser les prix ? Les firmes maintiendraient les prix des produits constants même quand la demande fléchit s'il y avait un coût perçu aux prix changeants qui surclassent le bénéfice de prix réduit. De tels coûts des changements de prix sont connus sous le de **menus coûts**. Le terme se réfère à tout type de coût qu'une firme supporte si elle change le prix du produit. Le nom vient du fait que si les restaurants modifient les prix, elles supportent des coûts directs et indirects de tout type. Les coûts managériaux sont une des formes de ces coûts. Ils comprennent les coûts d'assemblage de l'information requise pour décider sur le changement de prix optimal, le coût de communiquer aux consommateurs la logique du changement, et peut-être négocier avec les consommateurs qui résistent au changement. Chacune de ces activités prend du temps pour l'équipe de gestion de s'occuper d'autres activités. Un deuxième coût est représenté par la perte de la bonne volonté du consommateur. La bonne volonté du consommateur sera perdue seulement à travers les accroissements de prix, mais les firmes qui réduisent les prix en période de récession doivent les augmenter en période de reprise. Les firmes trouveront optimal de changer les prix quand leurs coûts changent, dont les consommateurs comprendront la nécessité, mais ne pas varier les prix avec des changements de la demande. Un autre coût possible perçu d'une réduction de prix dans une récession est qu'il pourrait engager des réductions compétitives de prix ou même entrainer une guerre de prix puisque les autres firmes répondent. Ce coût potentiel est pertinent pour les marchés d'oligopoles, où les firmes sont compétentes pour comprendre la réaction des autres firmes à leurs décisions de prix.

Si ces coûts perçus de changements de prix sont si élevés, la rigidité de prix existera. Les déclins de la demande globale résulteront en des baisses d'output et de l'emploi, pas de réductions de prix. Évidemment tous les prix n'ont pas besoin d'être rigides. Aussi longtemps que le nombre d'industries dans lequel les prix sont rigides constitue un segment important de l'économic, les baisses de l'output et de l'emploi seront substantielles.

4.3 Les modèles de salaire d'efficience

Dans les années 1914, Henry Ford a institué un salaire de $5 par jour pour ses employés. À cette époque, le taux de salaire compétitif se situait entre $2 et $3-jour. Ford a décidé de rémunérer ses employés à un taux de salaire au-dessus de celui du marché parce qu'il pensait que cela découragerait l'absentéisme au travail, réduirait la rotation de la main d'œuvre de Ford, et améliorerait la morale de l'employé ; la productivité augmenterait en conséquence. Les modèles de salaire d'efficience modernes ont le même argument : l'efficacité des employés dépend positivement du salaire réel qu'ils perçoivent. L'idée de salaire d'efficacité peut être formalisée en définissant un index d'efficacité du travailleur, ou productivité (e), tel que :

$$e = e\left(\frac{W}{P}\right) \tag{4.5}$$

L'efficacité de l'employé est une fonction positive du salaire réel. Ceci étant le cas, nous pouvons écrire maintenant la fonction de production globale comme suit :

$$Y = F[\bar{K}, eN] \tag{4.6}$$

Comme précédemment, l'output (Y)dépend du montant du capital (K). L'output dépend aussi du montant de l'input travail, que nous mesurons maintenant par les unités d'efficacité (e). Le nombre des unités d'efficacité du travail est égal au nombre des unités physiques(N), mesuré en unités d'homme-jour par période, par exemple, multiplié par l'indice d'efficacité. L'output augmente soit quand on recrute plus d'employés (N augmente) ou quand l'efficacité de la main d'œuvre existante s'améliore (e est accru par une hausse de W/P).

Avec la fonction de production exprimée ci-haut, l'objectif de la firme est de fixer le salaire réel de telle sorte qu'une unité d'efficacité de la main soit minimisée ou pour dire la même chose à l'inverse, maximiser le nombre d'unités de main d'œuvre achetée avec chaque unité monétaire du salaire. Cet objectif est accompli en accroissant le salaire réel au point où l'indice d'efficacité $e[W/P]$ par rapport au salaire réel est égal à 1. Par exemple, rappelons que l'élasticité est le pourcentage de variation d'une variable (l'efficacité de travail) par 1 % de changement d'une autre variable (le salaire réel). Donc, nous disons que la condition qui détermine le niveau optimal du salaire réel, que nous appelons le salaire d'efficacité, $(W/P)^*$, est :

$$\frac{changement\ de\ \%\ de\ \left(\frac{W}{P}\right)}{changement\ de\ \%\ de\ \left(\frac{W}{P}\right)} = 1 \tag{4.7}$$

Supposons que, commençant à un niveau faible, 1% d'accroissement du salaire réel entraine 2% d'accroissement de l'efficacité de travail. La firme bénéficiera de cette hausse parce que chaque unité monétaire du salaire achètera plus d'unités de travail d'efficacité (le salaire augmente de 1% et le nombre d'unités d'efficacité de 2%). Au point où 1% d'augmentation du salaire réel produit seulement 1% d'augmentation de l'efficacité, la firme ne trouvera pas optimal non plus d'accroitre le salaire réel.

Les adeptes de la théorie du salaire d'efficacité font l'argument que dans plusieurs industries les salaires réels sont fixes selon un plancher. Les salaires réels ne s'ajustent pas pour équilibrer le marché de travail.

4.4 Insider-Outsider Models

La dernière étude dans la recherche néokeynésienne est celle qui est liée intimement aux taux de chômage élevés persistant dans les pays européens, aux Etats-Unis et certains pays de l'OCDE depuis 1980. Ces tendances contrastent celles des années précédentes au cours desquelles le taux de chômage était bas pour les mêmes pays. Récemment, ces tendances ont conduit à une hystérie que le chômage actuel est fortement influencé par le chômage passé. Les économies peuvent être piégées dans des trappes de chômage dont le terme courant est l'hystérie. Une variable exhibe de l'hystérie si, une fois qu'il y a un choc d'une valeur initiale, elle ne montre pas de tendance à se retourner quand le choc est terminé. En termes de chômage, les modèles d'hystérie essaient d'expliquer pourquoi le chômage persiste même si la cause initiale qui l'a provoqué est passée il y a très longtemps.

Il existe un certain nombre de raisons de l'hystérie dans le processus de chômage. La discussion est limitée ici à un modèle qui a reçu une attention considérable, **insider-outsider model**.

Comme les modèles de prix rigides, les versions de ce modèle requièrent de la compétition imparfaite. Dans le cas d'insider-outsider model, nous supposons que les marchés de produit et du travail sont imparfaitement compétitifs. Donc, nous considérerons une situation avec une union syndicale du côté de l'employé et un certain nombre de firmes comme des employeurs, par exemple Bonagui, Métal Guinée, Ciment de Guinée, etc. Les membres des syndicats, que nous appelons insiders, sont supposés avoir le pouvoir de négociation avec les employeurs parce que c'est coûteux de les remplacer par des outsiders (les non-membres des syndicats, c'est-à-dire ceux qui cherchent de l'emploi). Le coût de remplacement est un coût de formation et de recrutement des nouveaux employés. Les membres des unions syndicales imposent aussi des coûts sur les outsiders qui essaient d'offrir des conditions plus avantageuses d'emplois.

Les insiders sont supposés utiliser leurs pouvoirs de négociations pour pousser le salaire réel au-dessus du niveau de compensation du marché, résultant en un groupe d'outsiders non employés. Les insiders pousseront le salaire réel seulement à un certain point, cependant, parce que plus le salaire réel est élevé, moins les insiders seront employés. Cette relation continue puisque l'emploi est égal à la demande de travail des firmes, qui dépend négativement du salaire réel.

4.5 Que dire des comparaisons entre les théoriciens du cycle économique réel et les nouveaux keynésiens ?

La théorie du real business cycle et l'économie néokeynésienne sont des extensions des deux traditions conflictuelles de la macroéconomie. La théorie du cycle économique réel est une version moderne de l'économie classique. Le cycle économique est un phénomène d'équilibre. Il est le résultat des actions des agents qui optimisent en face de changements dans l'environnement économique (par exemple, les chocs de productivité) ou des préférences. Les politiques de stabilisation macroéconomiques sont contreproductives. Les théoriciens du cycle des affaires atteignent des conclusions de politique non-interventionniste, comme l'ont fait les économistes classiques originaux.

L'économie néokeynésienne est fermement dans la tradition de John Maynard Keynes. Les économistes néokeynésiens croient que dans la plupart des cas, le chômage est involontaire. Ils croient que les déviations de l'output au-dessous de l'output de plein-emploi durant les récessions sont socialement coûteuses. Il y a un rôle potentiel pour la politique de stabilisation dans la prévention de tels manques et dans l'allègement des coûts personnels du chômage involontaire. L'économie néokeynésienne essaie d'expliquer et d'améliorer les fondations microéconomiques des modèles keynésiens traditionnels, non pas défier leurs principes fondamentaux.

Notons que les théoriciens du cycle économique réel et les économistes néokeynésiens partagent un désir de mettre la macroéconomie sur une base microéconomique saine. Ce qui a conduit ces dernières années à une convergence entre ces deux écoles. Comme nous le verrons plus tard dans ce livre, l'analyse moderne de la politique est portée par des modèles qui combinent les éléments de ces deux écoles. Ce sont des modèles dans lesquels les agents optimisent, mais un certain type de rigidité (souvent le menu coût) est incorporé. Un rôle pour la politique est créé, surtout, entrainant l'économie à se comporter comme c'est le cas en l'absence de rigidité. Pour certains keynésiens, ces modèles vont plus loin en incorporant d'autres éléments de la théorie du cycle économique réel (i.e. les anticipations rationnelles), mais pour plusieurs économistes, elles forment un terrain d'entente heureux.

Questions de revue et problèmes

1. Comparez les vues des théoriciens du cycle des affaires sur les causes des fluctuations de l'output et de l'emploi avec celles des économistes néoclassiques.
2. Expliquez les vues des théoriciens du real business cycle de la conduite propre des politiques monétaire et fiscale.
3. Dans un modèle simple du cycle économique réel, analysez l'effet d'un choc négatif à la technologie (un choc négatif à z_t) qui dure une période.
4. Expliquez pourquoi l'hypothèse de compétition imparfaite est importante dans chacun des modèles keynésiens que nous avons considérés dans ce chapitre.
5. Supposons que les réductions d'impôt sur le revenu, les dividendes et gains de capital sont la pièce maitresse de la politique fiscale. Analysez les effets de ces réductions d'impôts dans un modèle de cycle économique réel.
6. Expliquez la relation des modèles néokeynésiens aux modèles keynésiens vus dans les chapitres 5 à 8.
7. Expliquez comment les modèles de type insider-outsider expliquent le chômage élevé des pays européens dans la période post-1980.
8. Les économistes néoclassiques croient que dans les modèles macroéconomiques utiles

a. Les agents économiques optimisent, et

b. Les marchent règlent. Est-ce que les modèles qui émergent de l'effort de recherche néokeynésienne ont l'une ou les deux ces propriétés ? Expliquez.

CHAPITRE 5 : Sommaire des modèles macroéconomiques

Le présent chapitre résume les théories que nous avons considérées dans les études des chapitres précédents et il clarifie en même temps les zones d'accord et de controverses entre ces différentes écoles.

5.1 Les questions théoriques

Il est convenable de centrer notre discussion sur la relation entre Offre agrégée et Demande agrégée utilisée précédemment pour caractériser les modèles économiques. Le premier modèle que nous avons considéré, le modèle classique, voit l'output comme totalement déterminé par les facteurs de l'offre. Cette vue est représentée dans la courbe d'offre agrégée verticale illustrée dans la figure 5.1a ci-dessous.

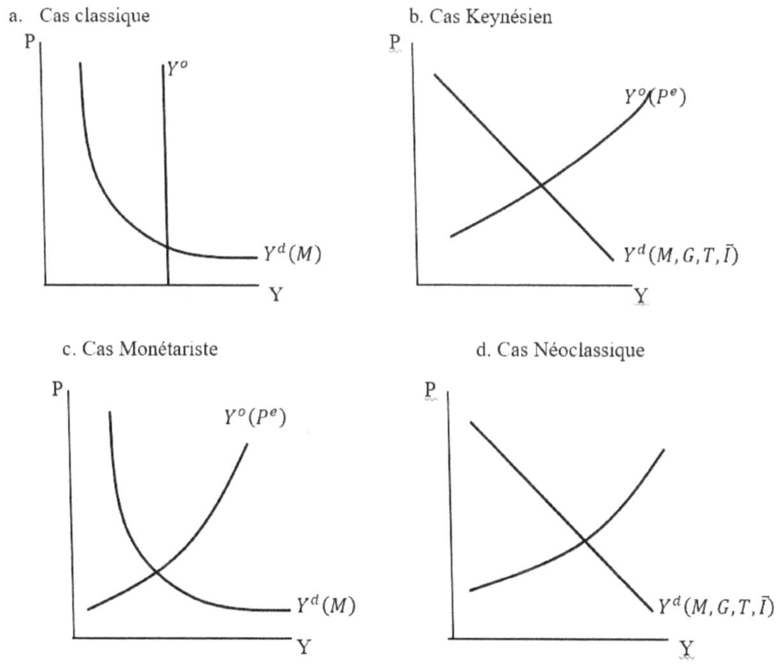

Les hypothèses du marché de travail classique sont centrales à la théorie classique. L'offre et la demande de travail ne dépendent que du salaire réel, connu de tous les participants au marché. Le salaire monétaire est parfaitement flexible et se déplace pour égaliser l'offre et la demande sur le marché du travail. Les accroissements de la demande agrégée causent la hausse du niveau de prix. Le prix, toute chose égale par ailleurs, stimule la production. Pour maintenir le marché de travail, cependant, le salaire nominal doit augmenter proportionnellement avec le niveau de prix. Le salaire réel est alors inchangé, et en conséquence l'emploi et l'output sont inchangés dans le nouvel équilibre.

Dans le système classique, le rôle de la demande globale est de déterminer le niveau du prix. La théorie classique de la demande globale est une théorie implicite basée sur la théorie quantitative de la monnaie. La théorie quantitative donne une relation proportionnelle entre la quantité exogène de la monnaie et le revenu nominal. Dans la forme de Cambridge, cette relation s'écrit comme suit :

$$M = kPY \tag{5.1}$$

Avec k constante, les changements de la quantité de monnaie résultent d'un changement proportionnel du revenu nominal (PY). Avec le revenu réel (Y) fixe, l'ajustement total s'effectue par le prix.

Cette relation fournit la courbe de la demande globale classique de la figure 13.1a. Le processus économique de cette théorie est que si, par exemple, il y a un excès d'offre de monnaie($M > kPY$), un excès correspondant de la demande de commodités fera augmenter le niveau de prix. Le modèle classique a une théorie monétaire de la demande agrégée.

La théorie du real business cycle est une version moderne de la théorie classique. Comme dans la théorie classique, l'output et le chômage dans le modèle du cycle économique réel sont déterminés par des variables réelles. Le marché de travail est toujours en équilibre, tout le chômage est volontaire. Le rôle de la monnaie dans le modèle du cycle réel, comme dans le modèle classique, est de déterminer le niveau de prix.

Dans sa forme la plus simple, le modèle keynésien est une antithèse des théories du modèle classique et du real business cycle. Dans le modèle keynésien simple, l'offre ne joue pas de rôle dans la détermination de l'output. La courbe de l'offre globale des modèles keynésiens simples est horizontale, indiquant que l'offre n'est pas une contrainte sur le niveau de production, une hypothèse appropriée, si jamais, seulement aux situations dans lesquelles la production est en deçà des niveaux de capacité. Du côté de la demande, le modèle keynésien se concentre sur les déterminants de dépenses autonomes : la dépense publique, les taxes, et la demande d'investissement autonome. Les facteurs monétaires sont négligés. Ce simple modèle met en lumière une notion centrale de l'économie keynésienne : l'importance de la demande agrégée dans la détermination de l'output et de l'emploi.

Mais ce modèle keynésien simple est incomplet. La théorie keynésienne a été modifiée et raffinée au cours de la période après la publication par J.M. Keynes de La *théorie générale de l'emploi, de l'intérêt et de la monnaie.* Le modèle keynésien moderne permet à la fois l'influence des facteurs d'offre sur l'output et l'influence des facteurs monétaires sur la demande globale. Le modèle reste encore keynésien en ce sens que la demande globale est importante dans la détermination de l'output.

Du côté de l'offre, la vue keynésienne est illustrée dans la figure 5.1b. Contrairement à la courbe d'offre verticale classique, la courbe d'offre agrégée keynésienne fait une pente en haut vers la droite. Des accroissements de la demande qui déplacent la courbe de la demande globale vers la droite, feront augmenter à la fois l'output et le prix. À court terme, une hausse du niveau de prix poussera les entreprises à offrir un niveau plus élevé d'output parce que le salaire monétaire n'augmentera pas de façon proportionnelle avec le prix.

Le salaire nominal est supposé s'ajuster de façon incomplète comme le résultat des facteurs institutionnels sur le marché de travail, le plus important étant les contrats de salaire monétaire fixes, aussi bien que l'information imparfaite des offreurs de travail au sujet du niveau général de prix et, en conséquence, au sujet du salaire réel. La plupart des recherches effectuées par les économistes keynésiens consistent à fournir des raisonnements additionnels pour le salaire et les prix rigides, en vue d'améliorer la fondation microéconomique de la courbe d'offre globale keynésienne de la figure 5.1b.

Du côté de la demande (la courbe Y^d de la figure 5.1b), le modèle keynésien moderne attribue un rôle aux facteurs monétaires (*M*) aussi bien qu'aux variables de politique fiscale (*G* et *T*) et autres éléments de la demande agrégée (i.e l'investissement autonome, *I*). La théorie keynésienne de la demande agrégée est une théorie explicite, contrairement à la théorie implicite des économistes classiques, en ce que le niveau de la demande globale est déterminé d'abord par le niveau des composantes de la demande agrégée : la consommation, l'investissement et la dépense du gouvernement. Ensuite nous les additionnons pour trouver la demande globale. La monnaie affecte la demande agrégée, principalement la composante ''investissement'', en influençant le taux d'intérêt. Il n'y a pas de raison de croire que de tels effets monétaires sur la demande globale sont petits. Non plus il n'y a pas de raison de croire que les influences monétaires sont dominantes. La monnaie est une des nombreuses influences nombreuses sur la demande globale dans le système keynésien. Il y a, en conséquence, deux différences importantes entre les théories classique et keynésienne :

1. Dans le modèle classique, l'output et l'emploi sont déterminés par l'offre, alors que dans le système keynésien à court terme, l'output et la demande sont conjointement déterminés par l'offre et la demande. Dans le modèle keynésien, la demande agrégée est un déterminant important de l'output et de l'emploi.

2. La demande agrégée dans le modèle classique est déterminée uniquement par la quantité de monnaie. Dans le système keynésien, la monnaie est simplement un des nombreux facteurs qui déterminent la demande globale.

Ces deux questions, le rôle de la demande globale dans la détermination de l'output et de l'emploi et l'importance relative de la monnaie et autres facteurs monétaires comme déterminants de la demande globale, sont aussi des facteurs qui séparent les keynésiens des monétaristes et néoclassiques.

La controverse majeure entre les monétaristes, dont la vue de la demande et de l'offre globales est représentée dans la figure 5.1c, et les keynésiens s'est centrée sur le point 2, le degré auquel les forces monétaires dominent la détermination de la demande agrégée. Les monétaristes ont pris la version de Cambridge de l'équation de quantité (équation 5.1) comme la base de leur vue de la théorie propre de quantité selon laquelle la monnaie est une influence dominante sur la demande globale et, en conséquence, sur le revenu nominal. Du côté de l'offre, il n'y a pas de différence fondamentale entre les théories monétaristes et keynésiennes. À la fois dans les modèles monétaristes et keynésiens, la courbe de l'offre globale a une pente ascendante vers la droite à court terme et s'approche de la formulation classique seulement à long terme. Dans tous les modèles, les changements de la demande globale affectent l'output à court terme.

La vue néoclassique de l'offre agrégée et de la demande agrégée est illustrée dans la figure 5.1d. La question qui divise les économistes classiques et keynésiens concerne le point 1, le degré auquel la demande globale joue un rôle dans la détermination de l'output réel. Les économistes néoclassiques croient que les changements systématiques, et donc prévisibles, de la demande globale n'affecteront pas l'output réel.

De tels changements seront anticipés par des agents économiques rationnels. La courbe de demande agrégée et la courbe de l'offre agrégée se déplaceront symétriquement, changeant le niveau de prix, mais en maintenant intact l'output réel. Pour refléter cette vue de la courbe d'offre globale des changements attendus des déterminants de la demande globale et en conséquence dans l'anticipation rationnelle du niveau de prix, la courbe 13.1d illustre cette dépendance du prix de l'offre de monnaie (M^e) aussi bien que des valeurs attendues des variables de politique fiscale et autres déterminants de la politique de la demande globale $(G^e, T^e, \bar{I}^e \ldots)$.

Des changements non anticipés de la demande globale, par exemple, une hausse de l'offre de monnaie qui ne serait pas prévisible (M^e est inchangé), déplacera la courbe de la demande globale sans déplacer la courbe d'offre globale. Des changements non anticipés de la demande globale amèneront les offreurs de travail à faire des erreurs de prévision et en conséquence affecteront l'output et l'emploi. À cet égard, le modèle néoclassique est une modification du modèle classique original, dans lequel la demande globale n'a pas de rôle dans la détermination de l'output et de l'emploi. La modification est une substitution de l'hypothèse des anticipations rationnelles dans l'analyse néoclassique par l'hypothèse classique de l'information parfaite. Dans l'analyse classique, il n'y avait pas d'erreurs de prévision de prix de la part des offreurs de travail. Les offreurs de travail ont une information parfaite au sujet du niveau de prix. Les changements non anticipés de la demande globale étaient supposés. Du côté de la demande agrégée, il n'y avait pas de différences évidentes entre les positions néoclassiques et keynésiennes. (Comparez les courbes Y^e de la figure 5.1b et 5.1d.). Cela ne veut pas dire pourtant que les économistes néoclassiques sont d'accord avec tous les aspects de l'économie keynésienne de la demande globale. En fait, ils ne croient pas que la plupart de la théorie keynésienne se repose sur des fondations microéconomiques fortes.

Il devrait être clair que la dispute monétaristes-keynésiens et la dispute keynésien-néoclassique tournent autour des mêmes questions qui séparent les keynésiens des classiques et des théoriciens du real business cycle. La révolution keynésienne a attaqué la théorie classique de l'offre et du plein-emploi de l'output et de l'emploi, ainsi que la théorie quantitative de la monnaie. Les économistes néoclassiques et les monétaristes ont modifié ces deux aspects de l'économie classique et utilisé les versions modifiées pour attaquer le système keynésien. Les points 1 et 2, qui en termes de la figure 5.1 concernent la pente de la fonction de l'offre globale de court terme et les déterminants de la fonction de la demande globale, ont été les questions centrales dans les controverses macroéconomiques des 90 dernières années.

5.2 Les questions politiques

Vu les racines classiques théories du real business cycle, monétaristes et néoclassiques, il n'est pas du tout surprenant de voir que ces théories partagent les conclusions de politique non-interventionniste du modèle classique original. A contrario, les keynésiens sont des interventionnistes politiques qui favorisent la gestion de la demande globale pour stabiliser l'output et l'emploi.

Dans le modèle classique, l'output et l'emploi s'ajustent automatiquement au niveau déterminé par l'offre de plein emploi. Il n'y a pas de rôle pour les politiques de stabilisation de la demande globale. C'est aussi le cas dans les modèles du real business cycle, dans lesquels les fluctuations de l'output et de l'emploi résultent en des réponses optimales des agents économiques aux changements qui s'opèrent dans l'environnement économique. Dans le modèle néoclassique, les décalages non anticipés de la demande agrégée affectent l'output et l'emploi. Des politiques de stabilisation sensibles, cependant, consisteront en des réactions systématiques à l'état de l'économie. De tels décalages systématiques de la demande globale seraient anticipés par le public et, par conséquent, n'affecteraient pas l'output ou l'emploi. En conséquence, les économistes néoclassiques voient aussi les politiques de stabilisation de la demande agrégée comme inefficaces.

Les monétaristes croient que les actions de politique monétaire, qu'elles soient anticipées ou non, affectent l'output et l'emploi à court terme. Encore, ils arrivent aux mêmes conclusions de politique non interventionniste comme les économistes classique et néoclassique. Comme les économistes classiques, les monétaristes croient que le secteur privé est stable si on le laisse intact des actions déstabilisatrices de politique gouvernementale. De plus, puisque les monétaristes voient la demande globale comme déterminée de façon prédominante par l'offre de monnaie, la meilleure façon de stabiliser la demande agrégée est de fournir une croissance stable de l'offre de monnaie.

La position keynésienne est contre cette vue non interventionniste et elle soutient que l'économie monétaire d'entreprise privée est instable sans politiques gouvernementales pour réguler la demande globale. Les keynésiens favorisent les politiques monétaire et fiscale pour neutraliser les chocs à la demande agrégée privée.

En conséquence, nous avons considéré plusieurs écoles de théorie macroéconomique, la controverse politique majeure est entre deux positions ; la position non interventionniste avec des racines dans le système classique original, et la position interventionniste keynésienne. Sur cette question, comme avec des questions théoriques discutées précédemment, la controverse est de longue date. Dans la forme moderne, elle remonte à l'attaque keynésienne sur l'orthodoxie classique. Mais il y avait des hérétiques avant Keynes, et les origines de la politique et des controverses théoriques discutées ici datent depuis le début des années 1800.

Comment de telles controverses ont existé si longtemps sans résolution ? En économie, nous n'avons pas de moyen de conduire des expériences de laboratoire contrôlées. Nous ne pouvons pas, par exemple, construire une économie, et laisser l'offre de monnaie croitre au cours de 10 ans à un taux constant, et ensuite voir si les prédictions monétaires sont vérifiées, et ensuite voir si les prédictions monétaristes sont vérifiées. Milton Friedman a écrit sur la question. Comme Friedman le dit, des expériences contrôlées permettant l'isolement d'une ou de quelques forces sont virtuellement impossibles. Nous devons tester nos propositions en observant l'expérience incontrôlée qui implique un grand nombre de personnes, de nombreuses variables économiques, des changements fréquents dans d'autres circonstances, et qui est imparfaitement enregistrée. L'interprétation de l'expérience est compliquée puisque l'expérience affecte directement plusieurs observateurs, en leur donnant souvent raison, sans pertinence des vues scientifiques, préférer une interprétation plutôt qu'une autre du cours complexe des évènements.

Ou selon ce que dit Keynes, ''en économie vous ne pouvez pas condamner votre opposant d'erreur, vous pouvez l'en convaincre.''

5.3 Consensus et controverse

La discussion des théories macroéconomiques alternatives tend à placer un accent sur les différences qui existent entre elles. Cela obscurcit les zones d'accord. Avant de laisser la discussion des théories alternatives, il est bon de regarder quelques zones d'accord, de consensus, entre les différentes écoles.

Au cœur de la théorie quantitative de la monnaie se trouve l'équation d'échange. Cette déclaration de la théorie quantitative de la monnaie a été écrite dans ce chapitre dans la forme des économistes de Cambridge (équation 5.1). Dans cette version de Fisher, elle prend la forme :

$$MV = PY \quad (5.2)$$

Sur la base de l'équation 13.2, nous pouvons définir la théorie de la quantité de monnaie valide : une inflation élevée soutenue requiert une croissance de monnaie élevée soutenue. Les théoriciens à l'origine de la théorie, aussi bien que Milton Friedman, auraient fait une déclaration plus précise concernant la relation entre la croissance de la monnaie et l'inflation, mais comme stipulé juste en haut, la relation n'est pas controversée. La croissance de l'output réel (Y) est limitée étroitement par des contraintes physiques. La vélocité de la monnaie (V) a varié historiquement de façon relativement marginale. En conséquence, si la croissance de la monnaie est très élevée (par exemple avec des taux à deux chiffres pour plusieurs années), l'inflation élevée en résulte également.

Dans un autre domaine, il y a moins de désaccord entre les économistes keynésiens et néoclassiques de nos jours qu'il y en avait dans les années 1980 concernant la spécification des anticipations. Peu d'économistes keynésiens aujourd'hui utiliseraient des formulations rétrospectives des attentes inflationnistes. A contrario, les économistes néoclassiques aujourd'hui explorent des modèles de compréhension qui font des hypothèques informationnelles moins extrêmes que les premières formulations des anticipations rationnelles. De plus, la plupart des économistes keynésiens aujourd'hui reconnaissent que les effets de politique dépendent dans une large mesure du fait que les changements politiques sont prévisibles ou non, et, de plus, de l'environnement dans lequel la politique est formée. Par exemple, comme nous verrons dans notre discussion de la politique monétaire, la crédibilité compte.

Enfin, alors qu'il y a des différences entre les théoriciens du real business cycle et les keynésiens concernant l'importance relative des chocs de productivité et de la demande agrégée dans la détermination de l'output, la plupart des macroéconomistes aujourd'hui acceptent certain rôle pour la demande. Nous pouvons appeler cela le *noyau valide de l'économie de Keynes.*

Questions de revue et problèmes

1. Supposons que la demande d'investissement d'une économie donnée sera faible l'année suivante, disons 10 % en dessous du niveau de cette année, à cause d'un choc exogène. Toutes les autres composantes de la demande sont prévues être à des niveaux comparables à

ceux de cette année. Ces niveaux étaient consistants avec l'emploi élevé et les prix relativement stables. Pour chacun des systèmes macroéconomiques, expliquez les effets de cette baisse exogène de la demande globale et expliquez la réponse politique propre impliquée par le modèle ; c'est-à-dire, quelle action le décideur politique devrait envisager ?

a. Le modèle classique
b. Le modèle keynésien
c. Le modèle néokeynésien

2. Une règle proposée pour la politique fiscale est que le budget du gouvernement doit être équilibré chaque année- aucun déficit budgétaire. Quelle position pensez-vous que chacun des groupes d'économistes prendrait sur cette question ?

a. Les économistes néoclassiques
b. Les keynésiens
c. Les théoriciens du cycle économique réel.

3. Dans les modèles classiques, real business cycle, keynésien, monétariste et néoclassique, analysez les effets d'une baisse autonome du prix du carburant. Expliquez l'effet de ce changement sur l'output, l'emploi et le niveau général du prix dans chaque modèle.

DEUXIÈME PARTIE : LA MACROÉCONOMIE DE L'ÉCONOMIE OUVERTE

Chapitre 6
Le taux de change et le système monétaire international

Chapitre 7
Politique monétaire et fiscale en Économie ouverte

CHAPITRE 6 : Taux de change et système monétaire international

Au début du 21e siècle, les économies nationales sont devenues de plus en plus interconnectées, et la notion de globalisation, nous allons vers une économie globale unique, est de plus en plus acceptée. Les influences économiques de l'extérieur ont des effets puissants sur une économie nationale, développée ou en développement, industrialisée ou non. Des politiques économiques en Chine ont des effets importants sur les économies étrangères. Tout comme celles des États-Unis peuvent avoir une influence capitale sur le reste du monde.

Lorsque l'économie américaine est en récession ou en croissance, cela peut affecter le Mexique ou le Japon, y compris la Guinée aussi d'une manière ou d'une autre, etc. Aussi lorsque les économies industrielles adoptent une politique de stimulation ou de contraction fiscale, cela peut faire une influence sur l'économie américaine. Et une politique monétaire restrictive par exemple aux États-Unis qui fait monter le taux d'intérêt domestique affecte à la fois les taux d'intérêt aux États-Unis et change la valeur du dollar relative aux autres devises, et affecte donc la compétitivité et le PIB du monde entier.

Dans ce chapitre nous présentons les liens clés des économies nationales, des économies qui commercent entre elles, et nous introduirons des éléments d'analyse.

Toute économie est liée au reste du monde à travers deux canaux importants : le commerce (marché de biens et services) et la finance. Le lien commercial signifie que certaines productions d'un pays sont exportées vers les pays étrangers, alors que certains biens qui sont consommés ou investis à domicile sont produits à l'étranger et importés.

Les liens commerciaux sont importants pour un pays. Des dépenses d'importation échappent au flux circulaire du revenu, en ce sens que cette partie du revenu dépensée par les résidents d'un pays n'est pas dépensée sur les biens produits à l'intérieur ; par contre, les exportations apparaissent comme une hausse de la demande des biens produits localement. En conséquence, le modèle basique *IS-LM* de la détermination du revenu doit être amendé pour inclure les effets internationaux.

En plus, les prix des biens domestiques d'un pays par rapport aux biens des pays concurrents ont des impacts directs sur la demande, l'output et l'emploi. Considérons les États-Unis comme notre pays domestique. Une baisse par exemple du prix en dollar des biens concurrents, par rapport aux prix auxquels les firmes américaines vendent, entraine le décalage de la demande loin des biens des États-Unis et pousse vers l'achat des biens produits à l'étranger. Ainsi les importations américaines augmentent et les exportations baissent. En revanche, quand la valeur du dollar baisse par rapport aux autres devises, les biens produits aux États-Unis deviennent relativement moins chers, la demande intérieure aux États-Unis et à l'extérieur décalent vers les biens américains, les exportations augmentent, et les importations baissent.

Il y a aussi des liens internationaux forts dans le domaine de la finance. La rotation journalière sur le marché de change peut atteindre plus de 1,5 billion de dollars, environ 15 pour cent du PIB annuel des États-Unis. Les résidents des États unis, que ce soient les ménages, les banques, les entreprises, peuvent détenir des actifs tels que les bons de trésor ou les actions des compagnies, ou ils peuvent détenir les actifs des pays étrangers. La plupart des ménages américains détiennent exclusivement les actifs des États-Unis, mais cela n'est pas vrai pour les banques ou les grandes corporations. Les gestionnaires de portefeuille cherchent à travers le monde des rendements plus attractifs, et ils peuvent bien conclure que les titres du gouvernement allemand, les titres japonais émis par le gouvernement japonais ou les titres du gouvernement brésilien produisent un meilleur rendement, que ceux des États-Unis.

Puisque les investisseurs internationaux déplacent leurs actifs à travers le monde, ils lient les marchés des actifs à domicile et à l'étranger, et par lequel ils affectent le revenu, les taux de change, et l'habilité de la politique monétaire à affecter les taux d'intérêt. Nous montrerons dans ce chapitre comment la courbe *IS-LM* doit être modifiée pour prendre en compte les effets internationaux des transactions commerciales et de la finance.

Les importations et les exportations de biens et services représentent une part importante du PIB de certains pays développés. Les marchés financiers des pays développés (États-Unis, France, Angleterre, Allemagne, etc.) sont aussi bien liés intimement depuis très longtemps. Les économies des pays développés et des pays en développement sont devenues de plus en plus ouvertes au point d'avoir des transactions commerciales et de capitaux les unes avec les autres.

Ici, nous mettrons l'accent sur les relations entre économies nationales. Nous concentrons l'analyse de cette partie sur la macroéconomie de l'économie ouverte.

Nous commençons par la balance des paiements qui résument les transactions étrangères d'un pays (section 14.1). Ensuite, dans la section 14.2 nous examinons comment sont déterminés les taux de change dans des systèmes de change différents ; un peu d'histoire est bon, non. Dans la section 14.3, nous aborderons les arrangements actuels de taux de change qui déterminent le système monétaire international.

L'étude des taux de change est une question centrale de notre chapitre. Les taux de change entre deux monnaies (le dollar et le franc guinéen, yen et peso par exemple) ont lieu quand les résidents d'un pays veulent acheter les biens ou actifs étrangers de l'autre pays.

6.1 La balance des paiements

Le ministère du Commerce d'un pays enregistre les transactions économiques étrangères dans la balance des paiements. Du côté du crédit, la balance commerciale enregistre tous les gains issus des activités étrangères des résidents nationaux et du gouvernement. Au débit, elle enregistre les dépenses effectuées à l'étranger. Un point à noter est que, par le principe de la comptabilité en partie double, chaque crédit doit correspondre à un montant égal du débit, et vice-versa. Toutes les dépenses effectuées sur les biens étrangers, par exemple, doivent être financées ; la source du financement est enregistrée comme crédit. Une première conclusion, alors, avant de regarder les nombres, est que si toutes les transactions sont comptabilisées, la balance des paiements s'équilibre. Nous voulons cependant prendre en compte les sous-catégories des transactions internationales d'un pays, et pour de telles sous-catégories, il n'y a pas de raisons de croire que les revenus de l'étranger soient égaux aux gains domestiques.

Dans la balance des paiements, la balance commerciale mesure les exportations de biens moins importations de biens. Le déficit commercial est devenu une question d'inquiétude majeure pour les économies développées et sous-développées. Nous en débattrons plus tard. Le Tableau 6 .1 prend en compte les comptes enregistrés dans la balance des paiements.

6.1.1 Le compte courant

Le premier groupe d'éléments dans le tableau est constitué par les **transactions du compte courant**. Parmi ceux-ci, les premiers éléments sont les **exportations et les importations de marchandise**, *auxquelles nous avons fait référence ci-dessus (i.e la balance commerciale). Par exemple les ventes d'huile vénézuélienne, d'ordinateurs coréens, et des produits agricoles de la Guinée aux résidents d'autres pays sont des exemples d'exportations. Les achats de graines russes, de caméras allemandes ou de composantes d'ordinateurs des États-Unis par les résidents d'un pays sont des exemples d'importations.*

La seconde sous-catégorie dans le tableau 6.1 est représentée par les **transactions de services** ; les exportations et importations de services, qui peuvent être enregistrées en termes de valeur nette. Dans cette catégorie, nous pouvons aussi enregistrer les intérêts et les dividendes gagnés par les résidents d'un pays accumulés de leurs actifs placés à l'étranger (un crédit) et les intérêts et les dividendes payés aux résidents étrangers qui détiennent des actifs dans le pays domestique en question (dédit).

La dernière transaction enregistrée dans le compte courant est représentée par les **transferts nets**. Nous y enregistrons les paiements de transfert privés et du gouvernement entre pays. De tels paiements comprennent des paiements de l'aide étrangère d'un pays (débit) et des paiements de pension privée et publique aux personnes vivant à l'étranger (débit). Tous les transferts de ce type effectués et reçus de l'étranger seront enregistrés au crédit sur cette ligne.

Si nous nous arrêtons et traçons la ligne à ce niveau, nous pouvons calculer la balance des comptes courants. Ce compte peut être déficitaire ou excédentaire. Le compte courant est déficitaire si les résidents d'un pays dépensent plus d'argent à l'argent que ce qu'ils gagnent.

6.1.2 Le compte capital

Les prochaines entrées dans le tableau enregistrent les transactions du **compte courant**. Les entrées de capitaux (crédit) sont des achats des actifs du pays domestique par les résidents étrangers. Les entrées de capitaux incluent les achats par les étrangers des titres privés et gouvernementaux, des actions, et des dépôts bancaires du pays domestique. En plus, les investissements directs étrangers, tels que le siège de Coca Cola dans un pays, sont des entrées de capitaux dans la balance de paiement. Les achats par les résidents d'un pays domestique des actifs financiers ou les investissements directs dans les pays étrangers sont des sorties de capitaux (débit) dans la balance des paiements.

6.1.3 Les différences statistiques

L'élément suivant dans le tableau représente la **différence statistique**. Puisque certaines transactions économiques ne sont pas proprement enregistrées, la divergence statistique (ou les termes d'erreurs et d'omissions) est le montant qui doit être ajouté pour équilibrer la balance totale de la balance des paiements.

Tableau 6.1 Analyse des Composantes de la Balance des Paiements

Balance de Paiements d'un Pays Hypothétique	**Débit (-)**	**Crébit (+)**	**Balance** ***Excédent (+)*** ***Déficit (-)***
Compte Courant			
Exportations(+) et importations (-) des marchandises			
Transactions de services (net)			
Transferts nets			
Balance du Compte courant			
Compte Capital			
Entrées (+) et Sortie (-) de capitaux			
Sous-balance du capital			
Différence Statistique			
Transactions des Réserves Officielles			
Réductions des actifs des Réserves Officielle			
Accroissement des actifs des réserves officielles étrangères			
Transactions des réserves officielles Totales			

Source : **Données fictives fournies pour des fins d'illustration uniquement**

6.1.4 Les transactions des réserves officielles

Examinons de près le point que nous avons jusqu'ici atteint dans le cadre des transactions internationales. Supposons que nous traçons une ligne au-dessous de la différence statistique. Tous les éléments au-dessus de la ligne représentent les transactions économiques internationales entreprises par les résidents privés d'un pays ou par le gouvernement dudit pays pour un certain motif d'indépendance. Par ça, nous voulons dire tout motif autre que l'effet que les transactions auront sur la balance des paiements ou, comme nous verrons, sur la valeur de la monnaie nationale relativement aux autres devises. Un résident guinéen achète une voiture japonaise ou une action dans une compagnie allemande de sa préférence sur la contrepartie domestique. Le gouvernement d'un pays donné, par exemple, peut accorder des aides étrangères à un autre gouvernement pour stabiliser la situation politique dans ce pays. Tous les éléments au-dessus, du point de vue de la balance des paiements sont appelés des transactions autonomes, ou des transactions indépendamment motivées. Par contre, les transactions officielles au-dessous de cette ligne sont effectuées par la banque centrale à la recherche des objectifs internationaux de politique économique. Ici nous expliquons simplement la nature de ces transactions. Nous expliquerons leur motivation plus tard.

Le premier élément en bas de la divergence statistique dans le tableau 6.1 est appelé **réduction des actifs des réserves officielles.** Les actifs des réserves obligatoires sont la détention d'or, des droits de tirage spéciaux (un actif de change créé par le Fonds Monétaire International), et la détention des devises étrangères. La réduction des réserves de change est utilisée pour financer les dépenses d'un pays à l'étranger. Les réductions des réserves sont un crédit dans la balance des paiements.

Le dernier élément dans le tableau de la balance des paiements est constitué par l'accroissement des réserves officielles du pays. Les banques centrales étrangères détiennent une portion de leurs avoirs sous forme de dollars des États-Unis. Les dollars constituent une réserve de change importante parce que le dollar est largement utilisé dans les transactions internationales. Si les banques centrales étrangères achètent des dollars, cela constituera un crédit au niveau de la balance des paiements des États-Unis (entrée de capitaux), parce qu'elles sont en train d'investir aux États-Unis.

6.2 Taux de change et marchés de devises étrangères

La demande de monnaies étrangères par les résidents domestiques d'un pays s'appelle demande de devises. Le marché de devises étrangères est le marché sur lequel les monnaies nationales sont échangées les unes contre les autres. C'est dans ce marché, par exemple, que les résidents d'un pays vendent leurs monnaies nationales (le franc guinéen par exemple) en vue d'acheter une devise étrangère. Aux États-Unis, ce marché central des devises étrangères est composé de courtiers et des départements de change à New York City. En Guinée, il est composé des bureaux de change agréés, des banques de second rang et de la Banque centrale. Pour voir le lien entre la balance des paiements et les transactions du marché de change, nous commençons par reconnaitre que toutes les dépenses faites sur les biens, services ou actifs étrangers et tous les paiements de transfert étrangers (débits dans la balance des paiements) représentent aussi des demandes de monnaies étrangères, c'est-à-dire, des demandes de devises étrangères. Un résident guinéen achetant une voiture japonaise paye en dollars, mais l'exportateur japonais espèrera être payé en yen japonais. Donc, les dollars doivent être échangés contre yen sur le marché de change. Un autre exemple : si un résident américain veut acheter des actions sur le London stock exchange, un courtier doit convertir les dollars de l'acheteur en livres britanniques avant de conclure les transactions. Ainsi, la dépense globale des résidents d'un pays à l'extérieur représente une demande de monnaies étrangères. Si nous examinons sous l'angle du dollar des États-Unis, nous pouvons aussi dire que le volume global des dépenses des résidents des États-Unis à l'extérieur représente une offre égale de dollars sur le marché de change. En revanche, tous les gains à l'étranger des résidents des États-Unis reflètent des gains égaux de devises étrangères. Les exportateurs américains, par exemple, espèreront être payés en dollars, et pour acheter les biens américains, les étrangers doivent vendre leurs monnaies et acheter les dollars. Les crédits totaux dans la balance des paiements sont alors égaux à l'offre de devise étrangère, ou ce qui est la même chose, la demande de dollars.

6.2.1 Demande et offre sur le marché de change

Les taux de change entre les monnaies nationales sont déterminés sur le marché de change. Dans notre discussion de ce processus, nous admettons les hypothèses simplifiées suivantes. Initialement, nous excluons les transactions des réserves officielles par la banque centrale. Dans le jargon de l'économie internationale, nous assumons que les banques centrales n'interviennent pas sur le marché de change. Nous assouplirons cette hypothèse plus tard dans cette section. Aussi pour des raisons de simplicité, nous assumons qu'il n'y a que deux pays : les USA dont la monnaie est le dollar, et l'Europe, dont la devise est l'euro. Le taux de change dans cette situation est le prix relatif des deux monnaies, qui est illustré par le prix de l'euro en termes dollars. Par exemple, si le prix de l'euro est $1, alors 1€ se vend pour $1 ; à 1,25 dollar, le taux de change (le prix de l'euro) est plus élevé, et 1 euro égal 1,25 dollar (0,80 euro=1 dollar). Il est important de rappeler qu'avec le taux de change exprimé de cette façon, un taux de change élevé signifie que le prix de la monnaie étrangère (ou la devise étrangère) s'est accru. Quand le taux de change augmente, nous disons que la monnaie étrangère s'est appréciée ou le dollar s'est déprécié. En revanche, une baisse du taux de change signifie que le prix de la monnaie étrangère s'est déprécié (prix du dollar ici). L'euro s'est déprécié alors que le dollar s'est apprécié. La figure 6.1 montre les courbes de demande et d'offre de devises représentées contre le taux de change (π).

Figure 6.1 Marché de Change

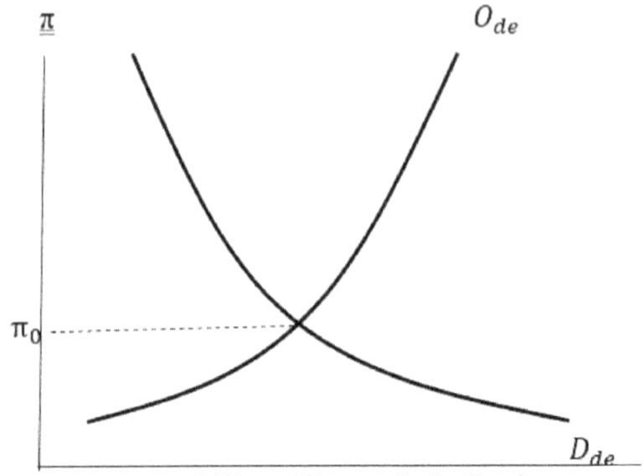

Comme nous l'avons expliqué, les dépenses des résidents des États-Unis (importations, achats d'actifs étrangers et des transferts) constituent les demandes de devises étrangères. Comment cette demande de devise étrangère varie avec le prix de la devise étrangère ? Dans la figure 6.1, la courbe de demande D_{de} est descendante, indiquant que, au fur et à mesure que le prix de la monnaie étrangère augmente, la demande de cette devise diminue. La raison est qu'une hausse du prix de la devise étrangère augmentera le coût d'achat des biens étrangers en termes de dollars. Les importations baisseront en conséquence, et moins de devises étrangères seront demandées. Notons ici que nous maintenons tous les autres prix constants sauf le taux de change. Supposons que nous voulons acheter une caméra allemande qui coûte 250 euros. Si le taux de change, le prix de l'euro en termes de dollars, est égal à 1, la caméra coûtera $200 (200 euros= $200 à 1 euro pour le dollar). Si le taux de change monte à 1,28, la caméra coûtera $256 (à 0,8 euro pour $1). Plus le taux de change est élevé, plus le coût des biens importés en dollar sera élevé et la demande de la devise étrangère plus faible.

Qu'adviendra-t-il alors de la demande de devise pour l'achat des actifs étrangers et des transferts étrangers ? Eu égard aux derniers (les transferts), il n'y a pas de raison pour une relation définitive entre le montant des transferts étrangers et le taux de change. Il n'est pas clair de voir l'effet que peut avoir le changement de taux de change sur les programmes d'aide étrangère, les paiements de pensions aux personnes vivant à l'étranger, ou des cadeaux faits aux étrangers. Dans le cas de l'achat des actifs étrangers, une hausse du taux de change, comme dans le cas des produits importés, poussera à la hausse le prix en dollars des actifs étrangers ou des obligations étrangères. La hausse du taux de change, cependant, résultera en un accroissement proportionnel du paiement de taux d'intérêt ou du dividende sur les titres étrangers ou obligations étrangères, encore mesurés en dollars.

La courbe d'offre des devises est illustrée avec une pente positive dans la figure 6.1, qui reflète l'hypothèse que l'offre de devise augmente quand le taux de change augmente. Au fur et à mesure que le taux de change (prix des euros) augmente, les biens d'exportation des États-Unis deviennent moins chers aux Européens en termes d'euros. Encore, nous maintenons constants tous les autres prix, y compris le prix en dollar des exportations des États-Unis. Par exemple, le blé des États-Unis vendu pour $5 le boisseau couterait à une Européenne 5 euros par boisseau à un taux de change de 1, mais seulement 4 euros à un taux de change de 1,25.

La demande des exportations américaines devrait alors augmenter, en conséquence, au fur et à mesure que le taux de change augmente. Notons cependant que, un volume donné de dollars gagne moins de devises à un taux de change élevé. Par exemple, si le taux de change augmente de 10% et comme résultat qui en résulte, le volume en dollar des exportations augmente de 10%, les gains de devise seront inchangés. Les États-Unis vendront 10% de plus, mais gagneront 10% de moins d'euros sur chaque vente.

Pour que l'offre de devise augmente quand le taux de change augmente, la demande étrangère des exportations de biens Américains doit être plus qu'élastique, c'est-à-dire 1% de hausse de taux de change (qui résulte en 1% de baisse du prix des exportations de biens aux Européens) doit aboutir à un accroissement de la demande de plus de 1%. Si cette condition est remplie, le volume en dollar des exportations des États-Unis augmentera plus que dans la proportion à la hausse du taux de change, et les gains d'euros (l'offre de devise) augmenteront puisque le taux de change augmente. Cela constitue l'hypothèse faite dans la figure 6.1. Notre analyse continue dans la section suivante.

6.2.2 Détermination du Taux de Change : Taux de Change flexibles

Jusqu'ici nous avons exclu l'intervention (transactions de réserves officielles) de la banque centrale. Les courbes de demande et d'offre de la figure 6.1 sont seulement pour les transactions autonomes dans la balance des paiements. Continuons avec cette hypothèse et voyons comment le taux de change est déterminé en l'absence d'intervention. Dans ce cas, nous espérons le taux de change se déplacer pour équilibrer le marché, égaliser la demande et l'offre de devises étrangères. Dans la figure 6.1, le taux de change d'équilibre est π_0. Les éléments autonomes de la balance de paiements, ceux au-dessus des lignes où les transactions des réserves officielles de change sont enregistrées, sont égalisées par l'ajustement du taux de change. Un tel système de détermination de taux de change, dans lequel il n'y a pas d'intervention de la banque centrale, est connu sous le nom de *système de change flexible* ou, comme on l'appelle souvent, un *système de taux de change flottant*. Un système ou un régime de taux de change est un ensemble de règles qui gouvernent la fixation de taux de change. Un système de taux de change flottant ou flexible est un ensemble de règles particulièrement simples à suivre par les banques centrales ; elles ne font rien pour affecter directement le niveau de leur taux de change. Le taux de change est déterminé par le marché.

Pour mieux comprendre le fonctionnement d'un système de taux de change flottant, nous examinons les effets d'un choc qui accroit la demande de devises étrangères. Par exemple, supposons qu'une hausse des prix du carburant amène les consommateurs à abandonner les grosses cylindrées au profit des petites voitures étrangères plus économes en carburant. L'effet de cette hausse de la demande d'importation se fera sentir sur le marché de change comme un déplacement vers la droite de la courbe de demande de devise étrangère, par exemple de D_{de}^0 à D_{de}^1 comme nous pouvons le voir sur la figure 6.2.

À un taux de change donné, il y a une demande plus grande d'importations aux États-Unis et, donc, une demande plus grande de devise étrangère. Au taux de change d'équilibre initial π_0, il y a maintenant un excès de demande de devise (montré comme XD_{de} dans la figure 6.2.

Pour équilibrer le marché, le taux de change doit monter au niveau du nouvel équilibre, π_1. La hausse du taux de change entrainera la baisse de la quantité des importations demandées, parce que le prix en dollar des biens importés augmente avec le taux de change. Aussi, la quantité des exportations demandées augmentera parce que la hausse du taux de change rendra les biens américains moins chers pour les étrangers.

Figure 6.2 Effet sur le Marché de Change d'une Hausse de la Demande d'Importations

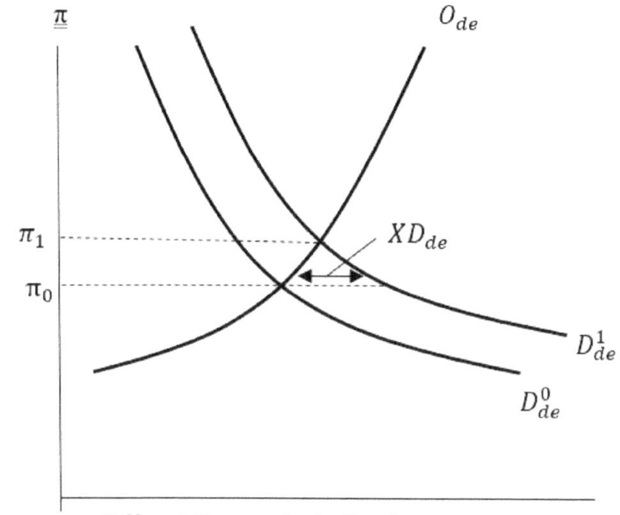

Au nouvel équilibre avec le taux de change plus élevé (π_1), l'offre et la demande de devise sont encore égales. La hausse de la demande d'importation entrainera une dépréciation du dollar.

6.2.3 Détermination du taux de change : taux de change fixes

Un système monétaire international est un ensemble de règles qui organise la détermination du taux de change et s'accorde sur les actifs qui doivent être considérés comme réserves officielles. Un exemple du système de taux de change fixe est le **Système de Bretton Woods** de la période post-deuxième guerre mondiale. Les accords monétaires internationaux qui ont permis ce système ont été négociés vers la fin de la guerre (à Bretton Woods, New Hampshire). Le Fonds Monétaire International (FMI) a été créé pour administrer le système de Bretton Woods. Selon les règles du FMI, les États-Unis devaient établir une parité ou valeur nominale (par value) du dollar en termes d'or. Les autres nations devaient établir des parités de leurs monnaies en termes de dollars, avec lesquelles, le dollar attaché à l'or a aussi fixé la valeur en or de ces monnaies. Les États-Unis se sont accordés à maintenir la convertibilité entre le dollar et l'or au prix fixé ($35 par once d'or). Les autres pays se sont accordés à maintenir la convertibilité (après la période d'ajustement post-guerre) avec le dollar et d'autres monnaies, mais pas avec l'or. Les autres pays ont accepté de maintenir leurs taux de change vis-à-vis du dollar dans une frange de 1% de fluctuation du niveau de parité. La responsabilité différentielle des États-Unis comparée aux autres membres du FMI concernant la convertibilité en or semblait sensible parce que, en ce moment, les États-Unis possédaient approximativement les deux tiers des réserves mondiales de l'or.

6.2.4 Indexation du taux de change

Pour comprendre comment un système de taux de change fixes fonctionne, nous examinons la voie par laquelle un pays peut ''indexer'' ou fixer le niveau de son taux de change. Pour le faire, prenons deux grands pays industrialisés, et nous admettons que les États-Unis veulent indexer ou arrimer leur taux de change contre l'euro, que nous utilisons pour représenter les monnaies du reste du monde. Nous ignorons la marge de fluctuation admise de 1% et nous assumons que la banque centrale américaine souhaite fixer une parité exacte du dollar, disons à un taux de change de 1 euro égal 1 dollar. Le fonctionnement du marché de change avec ce système de taux de change fixe est illustré dans la figure 6.3.

Nous assumons que ce taux de change fixe officiel, *1.0*, est en bas du taux de change d'équilibre dans un système de change flexible, le taux d'équilibre dans la figure 6.3 étant 1,25 (0,80 euro=$1). Au taux de change fixe dans une telle situation, on dira que le dollar est *surévalué* et l'euro *sous-évalué*. Cette terminologie signifie que, si le taux de change était déterminé par le marché, le prix de l'euro par rapport au dollar (taux de change) aurait augmenté pour équilibrer le marché. Qu'est-ce qui empêche cela ?

Rappelons que les courbes d'offre et de demande que nous avons construites pour le marché de change mesurent seulement les transactions autonomes ; elles ne prennent pas en compte les transactions accommodantes entreprises par les banques centrales pour financer les déséquilibres de paiement. C'est précisément une telle intervention des banques centrales qui est requise pour indexer le taux de change à une valeur hors équilibre comme 1 dollar dans la figure 6.3. Pour maintenir le taux à 1, les États-Unis doivent se tenir prêts à acheter et vendre le dollar à ce taux de change. Si la banque centrale achète des euros à 1 dollar, le taux de change ne baissera pas en dessous de ce point parce que personne ne vendra pour moins. De même, le taux de change ne peut pas monter au-dessus de 1 dollar parce que la banque centrale serait volontiers à vendre des euros à ce prix.

Figure 6.3 Marché de Change avec un Taux de Change Fixe

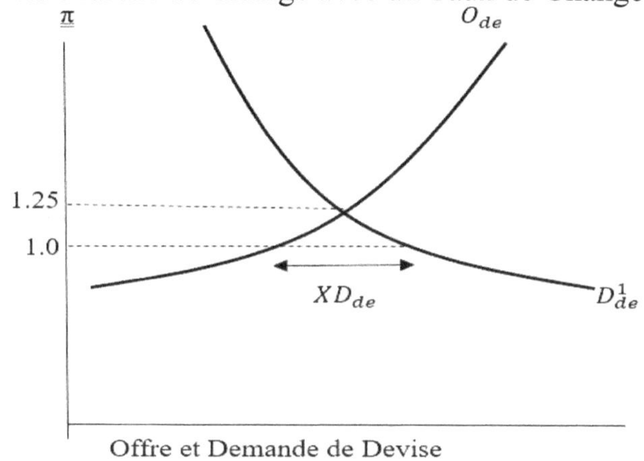

Dans la situation peinte dans la figure 6.3, avec le taux de change au-dessous du taux d'équilibre, il y a un excès de demande de devise étrangère (euros) montrée comme XD_{de} dans la figure. Pour empêcher le taux de change de monter, la banque centrale américaine peut offrir de la devise étrangère ; c'est-à-dire, peut échanger l'euro contre le dollar sur le marché de change. Alternativement, la Banque Centrale européenne (BCE) serait celle qui doit intervenir. Cette banque offrira des euros (vendra des euros et achètera des dollars) pour satisfaire l'excès de demande des euros et maintenir le prix de l'euro au taux de change officiel.

6.2.5 Implications de l'intervention

Il y a deux points majeurs à noter concernant l'intervention de la banque centrale. Le premier point concerne l'effet sur la balance des paiements comme résultat de l'intervention sur le marché de change. Supposons que la banque centrale américaine intervienne. Où elle obtient les euros qu'elle vend pour empêcher le taux de monter ? Elle doit utiliser ses réserves de change internationales pour acheter des euros de la Banque Centrale européenne en vue de les vendre sur le marché de change. Cette action est une réduction des réserves officielles internationales des États-Unis.

Alternativement, si la Banque Centrale européenne offre des euros directement sur le marché des changes pour satisfaire l'excès de demande de devise des États-Unis, elle s'en trouvera avec des détentions accrues des dollars. Dans la balance des paiements du tableau 6.1, cette opération apparaitra comme un accroissement des réserves de change officielles pour les États-Unis. La somme de ces deux éléments (la réduction des réserves officielles et la hausse des réserves officielles aux États-Unis) est égale au déficit de la balance des paiements si l'écart est négatif. Autrement nous parlerons d'un surplus ou excédent. Ceci est un déficit parce que c'est le montant par lequel les dépenses des États-Unis à l'extérieur (demande de devise) excèdent les gains des États-Unis à l'extérieur (offre de devise étrangère), prenant seulement en compte les transactions autonomes (celles qui sont reflétées par les courbes D_{de} et O_{de}). Ce déficit doit être financé par l'intervention de la banque centrale si le taux de change officiel doit être maintenu.

En revanche, si, au taux de change officiel, l'offre de devise excède la demande (il y a un excès d'offre de devise), un pays aura un surplus de la balance des paiements. Dans ce cas, les gains obtenus des ventes aux résidents de l'étranger qui produisent l'offre de devise excèdent les dépenses des résidents domestiques à l'étranger. Quand cela se produit aux États-Unis, les réserves officielles détenues par les États-Unis augmentent, ou les réserves officielles détenues par les étrangers diminuent.

Le second point à noter concerne l'intervention de la banque centrale est que les pays qui doivent intervenir continuellement pour financer les déficits manquent de réserves de change officielles. Dans notre exemple, il est clair que si les États-Unis ont financé leurs déficits en réduisant leurs actifs officiels, ils mettront une pression énorme sur leurs détentions de devise étrangère. Mais que se passe-t-il si le déficit était financé par la Banque Centrale européenne (ou par d'autres banques centrales), accroissant les réserves aux États-Unis par l'achat des dollars ? Si les banques centrales européennes continuent de détenir des dollars, les réserves de la banque centrale américaine ne seront pas affectées. Sous les accords de Bretton Woods, cependant, si elles souhaitent, les banques centrales étrangères peuvent demander que les États-Unis rachètent des dollars, en utilisant des réserves de change officielles (or et les DTS, Droits de Tirages Spéciaux). Si elles le font, les réserves des États-Unis baisseront.

Dans une certaine mesure, les États-Unis étaient capables de subir des déficits continus de la balance des paiements durant toute la période de Bretton Woods parce que les banques centrales n'ont pas demandé aux États-Unis de racheter des dollars qu'elles ont acquis dans les interventions sur le marché de change. D'abord, elles n'en ont pas demandé parce qu'elles voulaient des dollars, qui ont servi comme actif de réserve pour elles. (Rappelons qu'elles s'étaient engagées à maintenir la convertibilité entre leurs monnaies et le dollar.) Plus tard, elles n'ont pas demandé aux États-Unis de racheter ses dollars parce qu'elles savaient que les États-Unis ne le feraient pas, les détentions étrangères de dollars ont excédé de loin les réserves américaines. Cette situation a grandement contribué à l'effondrement du système, comme nous verrons plus tard. Des pays autres que les États-Unis, la Guinée par exemple, ne pouvaient se permettre des déficits persistants sans perdre des réserves de change rapidement. Leur monnaie, la couronne danoise, n'était pas utilisée comme une réserve de change, donc les autres banques centrales ne pouvaient espérer que la banque centrale danoise rachète la couronne danoise qu'elles ont obtenue dans leurs interventions sur le marché de change. Pour le faire, le Danemark doit utiliser ses réserves officielles (or, DTS, et USD).

6.3 Le système actuel du taux de change

Le système de Bretton s'est effondré en 1971. Le système international actuel de détermination de taux de change est mieux décrit comme un système de change flottant géré (*managed float*) pour les pays industrialisés majeurs (ou dans le cas des pays appartenant à un espace monétaire unique, comme l'Union européenne). Les économies en développement ont aussi des régimes de change fixes, bien que certaines d'entre elles permettent une flexibilité de taux de change à des degrés différents. Un tel système contient des éléments d'un système de change flexible (la partie float, ou flexible) et d'un système de change fixe (la partie managed, ou gérée). Pour un pays avec un système de flottant géré, le taux de change peut se mouvoir en réponse aux forces du marché. Cependant, la banque centrale peut intervenir pour empêcher les mouvements indésirables ou destructeurs du taux de change. La question de comment un mouvement indésirable ou destructeur du taux de change a été défini en pratique, et en conséquence quand les banques centrales ont choisi d'intervenir sur les marchés de change, sera prise en compte ici et maintenant. Les facteurs qui ont conduit à l'effondrement du système de Breton Woods sont aussi analysés.

6.3.1 Les arrangements du taux de change

Selon le FMI, les pays membres ont adhéré à une forme ou l'autre des arrangements du système de taux de change. Comme dit, il n'y a pas de système de détermination de taux de change. Certains pays indexent leur taux de change à une seule monnaie ou un ensemble de monnaies avec une marge étroite de 1% ou moins. Ce groupe est constitué par ce qu'on appelle *''fixed pegged arrangements''*, c'est-à-dire les arrangements d'indexation fixes. Le groupe dénommé *pegged arrangements within bands*, c'est-à-dire des arrangements indexés dans des intervalles, permettent aussi une politique de taux de change fixe, mais avec une bande plus grande. Le groupe de monnaies dénommé *crawling pegs* ajuste la valeur de leur monnaie relativement au taux central en réponse à un ensemble d'indicateurs économiques (i.e l'inflation domestique contre l'inflation étrangère) et donc se situe à mi-chemin entre les taux fixes et flexibles. Le groupe appelé ''participe dans un mécanisme de taux de change'' comprend les nations européennes qui ont adopté une monnaie commune, l'euro, mais flottent comme un groupe par rapport aux autres monnaies. Le groupe suivant a des systèmes de taux de change flottant, donc certains sont des *managed floats*. Le Japon, le Canada, le Royaume Uni, et les États-Unis sont parmi les pays qui ont les taux de change flottants.

6.3.2 L'Effondrement du système de Bretton Woods

Le système monétaire actuel est actuellement désorganisé. Comment un tel système (ou manque de système) a pu se produire ? Quel est le processus qui a conduit à l'effondrement du système de taux de change de Bretton Woods ? Le point central du système de Bretton Woods était constitué par la détermination du système des taux de change fixes et le rôle monétaire clé assigné au dollar américain. Les valeurs nominales déterminées pour les monnaies n'étaient pas fixées pour tout le temps ; le système de Bretton Woods devait être une des indexations ajustables. Un pays devait être capable de changer son taux de change si l'on trouve un déséquilibre fondamental dans la balance des paiements. De tels changements étaient faits en consultation avec le FMI. Des pays avec des déficits chroniques *dévalueraient* leurs monnaies, ce qui signifie abaisser la parité (par-value) de leur monnaie en termes du dollar, et puisque la valeur en dollar en termes d'or était fixée, d'abaisser aussi la valeur de la monnaie en termes d'or. Des pays avec des excédents persistants *réévalueraient* leurs monnaies aux parités plus élevées en termes de dollar et d'or.

Au fait, les ajustements se sont avérés extrêmement difficiles. Des pays avec des surplus persistants n'étaient pas sous pression pour réévaluer leurs monnaies. Les gouvernements des pays ayant des déficits persistants ont trouvé politiquement difficile de dévaluer, parce qu'un déclin de la valeur de la monnaie était vu comme un signe de la politique économique d'un gouvernement qui a échoué. De plus, des rumeurs qu'une monnaie devait être dévaluée ont conduit aux vagues de spéculation contre la monnaie, comme les spéculateurs ont vendu la monnaie avec un œil sur le rachat après qu'elle ait été dévaluée. À cause de ces difficultés d'ajustement des par-values de monnaies, durant la période de Bretton Woods certains pays, comme la Grande-Bretagne, ont connu des déficits chroniques de la balance des paiements, et d'autres, comme l'Allemagne, ont connu des surplus chroniques. L'effet le plus dévastateur au système a été que les États-Unis se sont avérés comme pays à déficit chronique, une indication que le dollar était dévalué. Dévaluer le dollar signifiait une hausse du prix du dollar parce que le dollar était convertible à la par value fixe. Cela a présenté des difficultés spéciales à cause du rôle clé joué par le dollar dans le système. Mais les déficits croissants de la balance des paiements des États-Unis créaient un encombrement de dollars sur le marché.

Dans les années 1960, la position de la balance de paiements des États-Unis se détériorait. Une pression inflationniste sévère s'est développée aux États-Unis comme résultat des dépenses de la guerre au Vietnam du gouvernement américain. Cette inflation accrue a détérioré la balance des paiements des États-Unis. Les prix aux États-Unis ont augmenté plus vite que dans les autres pays industriels. Avec le taux de change fixe, les exportations de biens américains sont devenues plus chères pour les étrangers, alors que les prix des biens importés ont baissé par rapport aux prix des produits domestiques américains. Comme conséquence, la demande des exportations de biens américains a baissé et la demande américaine des importations de biens étrangers a augmenté ; le déficit de la balance de paiements des États-Unis s'est accru.

En 1972, le dollar a été dévalué, et le prix de l'once d'or a augmenté à $38. Un nouveau modèle de parité pour les monnaies des autres pays membres du FMI a été établi. Cependant, les tentatives de défendre la nouvelle parité ont échoué en 1973. Encore une poussée inflationniste aux États-Unis et la perte de confiance dans le dollar ont été les causes principales du problème dans le maintien des valeurs fixes de la monnaie. Aussi, commençant en 1973-74, des hausses énormes des prix du pétrole ont entrainé des déficits énormes de la balance des paiements des pays industriels consommateurs de pétrole et des surplus pour les pays producteurs. Des ajustements de taux de change étaient requis pour restaurer l'équilibre. Le système de flottement géré, *managed float*, qui a émergé dans les années 1970 a été le mécanisme par lequel les ajustements de taux de change nécessités par la force décroissante du dollar et les prix du pétrole croissants ont été acquis.

6.4 Avantages des régimes de change alternatifs

Dans la forme courante de la détermination des taux de change, chaque pays ou groupe de pays choisit un régime de taux de change. Un élément clé dans cette décision est le choix du degré de flexibilité du taux de change. Un pays choisit en fonction d'un spectre qui, d'une part, spécifie la flexibilité complète du taux de change, et d'autre part, une indexation rigide. Il y a d'autres aspects du choix d'un régime de taux de change tel que le choix de la monnaie pour indexation ou arrimage si une monnaie est indexée à une autre et le niveau et le type de réserves de change à détenir. Encore, le choix du degré de flexibilité est au centre du régime de taux de change.

6.4.1 Avantages de la flexibilité du taux de change

Commençons par les arguments développés en faveur de la flexibilité des taux de change. Il existe deux avantages en faveur d'une plus grande flexibilité des taux de change :

1. Les taux de change flexibles permettent aux décideurs politiques de se concentrer sur les objectifs domestiques, exempts de l'inquiétude concernant les déficits de la balance des paiements. Ils enlèvent les conflits potentiels qui naissent entre l'équilibre interne (objectifs domestiques) et l'équilibre externe (équilibre de la balance des paiements).
2. Les taux de change flexibles isoleront l'économie domestique des chocs économiques qui naissent à l'étranger.

6.4.2 Indépendance politique et flexibilité du Taux de Change

Notre analyse précédente a montré que si la banque centrale d'une nation intervient dans le marché de change pour financer le déficit de la balance des paiements, elle perdra des réserves officielles. Des déficits continus conduiront alors, éventuellement, la banque centrale à manquer de réserves de change. Avant que la banque centrale manque de réserves officielles, elle doit prendre des actions de politique économique destinées à éliminer les déficits de la balance de paiements. C'est là où des conflits naissent entre les objectifs domestiques et l'équilibre de la balance des paiements. Pour voir clairement la nature des conflits, nous examinons comment les principaux éléments de la balance des paiements sont reliés au niveau de l'activité économique domestique.

6.4.3 La balance des paiements et le niveau de l'activité économique

La figure 4.4 représente les importations *(Z)* et les exportations *(X)* sur l'axe vertical et le revenu domestique sur l'axe horizontal. La courbe des importations est croissante parce que la demande d'importation dépend positivement du revenu. Cette relation suit parce que la consommation dépend positivement du revenu. Au fur et à mesure que le revenu croît, la consommation des biens importés et exportés croît. Aussi, quand le revenu national domestique augmente, de plus en plus d'inputs importés seront utilisés (par exemple, l'importation du pétrole brut).

Par contre, la courbe des exportations est horizontale. La demande des exportations américaines est une part importante de la demande étrangère des importations. La demande étrangère des importations dépend du revenu étranger. Du point de vue par exemple des États-Unis, les revenus étrangers, et donc la demande des exportations, sont exogènes.

Des variables additionnelles qui influencent à la fois la demande américaine des importations de biens étrangers et la demande étrangère des exportations américaines sont les niveaux de prix relatifs dans les deux pays et le niveau de taux de change. Ces variables déterminent les coûts relatifs des produits des deux pays pour les citoyens de chacun des pays. Maintenant, supposons que les niveaux de prix et du taux de change soient fixes.

Comme nous pouvons le voir sur la figure 6.4, les exportations et les importations seront égales si le revenu est à $Y_{BC} = 0$ (où la balance commerciale, BC, est égale à zéro). À ce niveau de revenu, la demande d'importation est égale au niveau exogène des exportations. Mais il n'y a pas de raison d'espérer que $Y_{BC} = 0$ sera un niveau d'équilibre de revenu. Le revenu d'équilibre sera déterminé par la demande et l'offre agrégées dans l'ensemble de l'économie, non pas par le seul secteur étranger. Par exemple, dans la figure 6.4, supposons que le revenu est à $\bar{Y}_0$ au-dessus de $Y_{BC} = 0$. A $\bar{Y}_0$, les importations sont supérieures aux exportations et il y a un déficit commercial.

Figure 6.4 Balance commerciale (BC) et Niveau de l'Activité économique

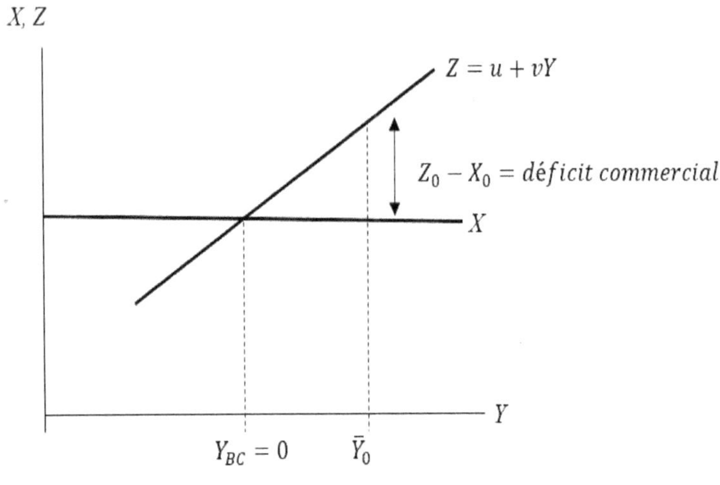

Nous avons vu dans les chapitres sur le système keynésien comment la gestion de la demande globale peut, au moins selon la révolution keynésienne, affecter le revenu d'équilibre. De telles politiques pourraient être utilisées pour déplacer le revenu d'équilibre au niveau $Y_{BC} = 0$, où les importations sont égales aux exportations. Si les autres éléments du compte courant et du compte capital étaient en équilibre, cela serait une position d'équilibre externe de l'économie, qui dans un régime de change fixe, signifie l'équilibre de la balance des paiements (le déficit des transactions des réserves officielles égale zéro). Selon la figure 6.4, le décideur politique peut, par exemple, utiliser une politique fiscale restrictive comme une hausse de taxes pour réduire le revenu de $\bar{Y}_0$ à Y_{BC}.

Mais les décideurs politiques ont aussi des objectifs domestiques. Dans le cadre keynésien, les politiques de gestion de la demande agrégée doivent être utilisées pour poursuivre les objectifs de chômage et d'inflation, c'est-à-dire, pour atteindre l'équilibre interne. Le problème est qu'il n'y a pas de raisons de croire que le niveau de revenu qui produit l'équilibre extérieur est le niveau optimal au regard des objectifs domestiques. Supposons, par exemple, que dans la figure 6.4 le niveau optimal de revenu du point de vue des objectifs de la politique domestique soit $\bar{Y}_0$. Si une politique fiscale restrictive était utilisée pour faire baisser le revenu à $Y_{BC} = 0$, un taux de chômage indésirable en résulterait, l'équilibre interne serait perturbé. Mais si le revenu est maintenu à $\bar{Y}_0$, il y aura un déficit commercial ; l'économie n'aura pas d'équilibre extérieur.

6.4.4 Les flux de capitaux et le niveau de l'activité économique

Les taux attendus des rendements sur actifs dans chacun des pays sont les déterminants primaires du flux de capitaux entre nations. Avec un système de taux de change fixe, les effets des mouvements des taux de change attendus sur les rendements des actifs peuvent être ignorés (excepté quand il y a spéculation que le taux de change officiel va changer). Les taux d'intérêt des pays seront des mesures des taux de rendement relatifs. Si nous prenons le taux de rendement dans les autres pays comme une donnée, le niveau de flux de capitaux dans un pays particulier dépendra positivement du niveau de son taux d'intérêt (r); c'est-à-dire

$$F = F(r) \tag{6.1}$$

Où F est le flux net de capitaux (une valeur négative de F représente une sortie nette ou un déficit du compte capital). Les changements de l'activité économique qui affectent la balance du compte capital, dépendront en conséquence de comment le taux d'intérêt varie avec le changement qui s'opère dans l'activité économique.

D'abord, considérons un accroissement de l'activité économique causée par des politiques monétaires expansionnistes. Une politique monétaire expansionniste stimulera la demande globale en baissant le taux d'intérêt. L'effet d'un taux d'intérêt faible sera défavorable à la balance du compte capital. Le montant des investissements étrangers dans le pays baissera, et les investissements du pays à l'extérieur augmenteront puisque les actifs étrangers deviennent relativement plus attractifs. Nous savons, dans la section précédente, que les hausses de revenu pour n'importe quelle raison font augmenter les importations alors que les exportations restent inchangées et en conséquence détériorent la balance commerciale. Si le revenu accru résulte d'une politique monétaire expansionniste, il s'ensuit que la balance commerciale et le compte capital se détérioreront.

Supposons maintenant que, alternativement, un accroissement de l'activité est le résultat d'une politique fiscale expansionniste. Puisque le revenu augmente, il y a un accroissement conséquent de la demande de monnaie, et avec une offre de monnaie fixe, le taux d'intérêt montera. Dans ce cas, l'accroissement du revenu est accompagné d'un accroissement de taux d'intérêt. En conséquence, alors que la balance commerciale se détériore, la hausse du taux d'intérêt stimulera une entrée de capitaux. Que l'effet total sur la balance des paiements soit favorable ou défavorable dépend de la force relative de ces deux effets de l'expansion induite par la politique économique : l'effet favorable sur le compte capital ou l'effet défavorable sur la balance commerciale.

Nous trouvons en conséquence que dans un système de taux de change fixe, les conflits arrivent entre les objectifs domestiques tels que le chômage faible et l'objectif de l'équilibre extérieur mesuré par l'équilibre de la balance commerciale. Le conflit est particulièrement sévère au regard de la politique monétaire, dans laquelle les actions de politique expansionniste ont des effets défavorables sur la balance commerciale et le compte courant à la fois. Un lien final entre la balance des paiements et l'activité économique s'établit à travers le niveau de prix. À moins que l'économie soit loin du plein-emploi, les politiques expansionnistes de la demande agrégée, qu'elles soient monétaires ou fiscales, entraineront une hausse du niveau de prix. Avec un système de change fixe, une hausse du niveau de prix domestique entrainera, pour un niveau constant de prix étranger, une hausse des importations et une baisse des exportations. Les biens étrangers seront relativement moins chers pour les citoyens du pays domestique (les États-Unis dans notre étude), et les exportations américaines seront plus chères pour les acheteurs étrangers. Cet *effet prix* sur la balance commerciale renforce l'effet direct défavorable qu'une expansion économique exerce sur la balance commerciale à la fois pour les politiques monétaire et fiscale.

6.4.5 La flexibilité du taux de change et l'isolement contre des chocs étrangers

Un deuxième avantage que les adeptes du taux de change flexible suggèrent est que ce système isolera l'économie de certains chocs. Pour comprendre le raisonnement derrière cela, considérons un pays qui est initialement dans un état d'équilibre macroéconomique, avec un niveau optimal de chômage, un niveau optimal de prix, et un niveau optimal de l'équilibre de la balance des paiements. Supposons maintenant qu'il y a récession à l'étranger et le revenu étranger baisse. Puisque la demande d'importations par les étrangers, qui est la demande pour les exportations du pays domestique, dépend du revenu étranger, elle baissera avec la récession à l'étranger. Sur le marché de change, ce déclin de la demande des exportations apparaitra comme décalage vers la gauche dans l'offre de la courbe de change. Comme illustré sur la figure 6.5, la courbe d'offre se déplacera de O_{de}^{0}à O_{de}^{1} comme étant la résultante de la récession à l'étranger.

Dans un régime de taux de change fixe, le pays se retrouvera avec un déficit de la balance des paiements égal à la distance *AB* dans la figure 6.5. Aussi, puisque la demande d'exportation est une portion de la demande agrégée (la demande étrangère de l'output domestique), la récession à l'étranger aura des effets de contraction sur l'économie domestique ; la demande globale baissera et le revenu aussi.

Dans un système de taux de change flexibles, l'excès de la demande de devise étrangère (égal au déficit de la balance des paiements *AB*), qui a résulté de la récession à l'étranger, causera une hausse du taux de change. Le nouvel équilibre sera au point *C*, avec le taux de change plus élevé π_1. La hausse du taux de change éliminera le déficit de la balance des paiements. Notons un autre aspect de l'ajustement au nouvel équilibre. Au fur et à mesure que nous approchons du point *C*, la hausse du taux de change stimule la demande d'exportations et abaisse la demande d'importation. Cette hausse des exportations induite par l'augmentation du taux de change aura un effet expansionniste sur la demande agrégée. La réduction des importations causée par la hausse du taux de change, sera aussi expansionniste ; la demande agrégée domestique augmentera puisque les résidents préféreront acheter moins de biens importés, et achèteront des produits domestiques. Dans le cas des taux de change flexibles, nous voyons que l'ajustement des taux de change compense l'effet contradictoire sur l'économie domestique qui résulte d'une récession étrangère. En ce sens, un système de taux de change flexibles travaille à isoler l'économie de certains chocs externes.

Figure 6.5 Isolement de l'Économie domestique dans un Système de Change flexible

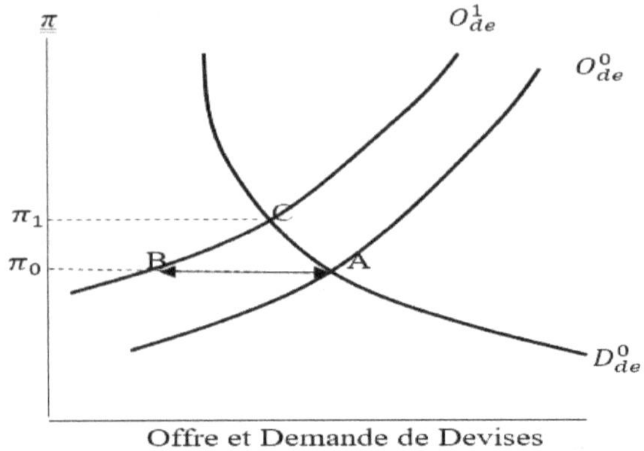

6.5 Arguments pour les taux de change fixes

Les adeptes des taux de change fixes croient qu'un tel système fournira un environnement plus stable pour la croissance du commerce mondial et l'investissement international. Ils argumentent aussi que la combinaison d'un système de taux de change et une coordination accrue de politique parmi les pays industrialisés conduiront à une stabilité macroéconomique accrue.

Après l'effondrement d'un système de change fixe précédemment au début des années 1930, l'économie mondiale a connu une période de taux de change librement fluctuants. Sur la base de cette expérience, l'économiste norvégien Ragnar Nurkse s'est opposé aux taux de change fluctuants puisqu'ils impliquent trois désavantages sérieux. En premier lieu ils créent un élément de risque qui tend à décourager le commerce international. Le risque peut être couvert par des opérations de **hedging** dans lesquelles le marché de change à terme existe ; mais une telle assurance, si possible, est seulement possible à un prix…

Deuxièmement, comme un moyen d'ajustement de la balance des paiements, les fluctuations de change impliquent des mouvements constants de la main d'œuvre et autres ressources entre la production pour le marché domestique et la production pour l'exportation. De tels mouvements peuvent être coûteux et perturbateurs ; ils tendent à créer le chômage frictionnel, et sont évidemment inutiles si les conditions du marché de change sont temporaires...

Troisièmement, l'expérience a montré que les taux fluctuants ne peuvent pas toujours être reliés pour promouvoir l'ajustement. Un mouvement considérable continu génère des anticipations d'un mouvement dans la même direction, donnant ainsi naissance à des transferts de capitaux spéculatifs d'un certain type de déséquilibre. Considérons chacun des éléments comme suit :

6.5.1 Le risque de taux de change et le commerce

Les taux de change ont été volatiles à la fois dans le court et le long terme de la période post-Bretton Woods. Cette volatilité crée un risque, par exemple, à un exportateur domestique ou un investisseur qui planifie un investissement à l'étranger, telle que l'implantation d'une usine, dans un autre pays. On peut se protéger contre de tels risques sur le marché à terme des taux de change. Un exportateur des États-Unis qui doit recevoir du yen japonais dans trois mois peut contracter pour commercialiser ces yens pour du dollar à un prix qui est déterminé aujourd'hui.

Mais tous les risques de change dans le commerce et l'investissement internationaux ne peuvent être protégés. Si une firme américaine décide de rentrer ou non sur un marché d'exportations, qui implique des coûts tels que l'établissement des contacts d'affaires à l'étranger et la promotion, elle doit prendre en compte les prospects futurs du dollar. Par exemple, une hausse future de la valeur du dollar peut rendre le produit de la firme non compétitif sur le marché des exportations. Les fluctuations du taux de change sont donc un risque additionnel. De même, une firme américaine qui décide de construire une succursale dans un pays étranger pour produire pour le marché étranger voudra connaitre le taux de change pour déterminer ce que l'entreprise gagnerait en termes de dollars. Le risque de taux de change serait encore un facteur.

6.5.2 Les oscillations du taux de change et les coûts d'ajustement

Le second argument de Nurkse était que les fluctuations du taux de change causeraient le déplacement des ressources dans et hors des industries d'exportation, avec des coûts d'ajustement conséquents, y compris le chômage frictionnel. Comme la valeur du dollar s'est accrue au début des années 1980, la performance des exportations en a souffert. Ensuite comme la valeur du dollar baisse, la performance des exportations s'est améliorée, et des problèmes sont nés pour les exportateurs des pays partenaires comme les Allemands et les Japonais. Les coûts d'ajustement qui ont accompagné les oscillations de la valeur du dollar dans les années 1980 étaient la source la plus importante du mécontentement avec les taux de change flexibles en ce moment.

6.5.3 La spéculation et l'instabilité du taux de change

Le dernier argument de Nurkse était que les taux de change fluctuant librement conduiraient à une spéculation déstabilisatrice sur les marchés de change. Plusieurs économistes croient que ce type de spéculation peut être un facteur qui explique la hausse de la valeur du dollar en 1985. Les investisseurs sur les marchés financiers ont vu un dollar à la hausse, et croient qu'il montera davantage, ils ont demandé des actifs dénommés en dollar.

6.6 Déséquilibres commerciaux globaux

On dit souvent que les choses viennent les unes après les autres. L'histoire des systèmes monétaires internationaux semble être un problème l'un après l'autre. Le système des taux flottants était une réponse au problème de la balance des paiements qui a existé dans l'ère de Bretton Woods. Les deux premières décennies des taux flottants étaient caractérisées par l'inquiétude autour du degré de volatilité du taux de change. Au cours de la décennie suivante, le problème qui a reçu plus d'attention a été les déséquilibres commerciaux croissants des principaux pays industrialisés. Les déséquilibres commerciaux sont apparus dans les surplus et déficits du compte courant d'un certain nombre de grandes économies.

6.6.1 Les implications de certaines identités

Donc, il y a des déséquilibres du compte courant dans un certain nombre d'économies, y compris les plus grandes nations commerçantes dans le monde. Que ferions-nous à propos de çà ? Plusieurs identités nous aideront à comprendre.

Premièrement, si nous additionnons les comptes commerciaux de toutes les nations, le commerce sera équilibré. Les surplus dans certains pays seront balancés par les déficits dans d'autres. Où devrions-nous chercher alors les causes des déséquilibres ? Est-ce que les politiques publiques des pays sont les causes principales des déséquilibres ou des excédents ?

Une seconde identité impliquant le compte courant peut être vue en termes du concept selon lequel la balance de paiements globale doit être équilibrée (toutes les dépenses sont quelque peu financées), nous pouvons donc écrire :

$$CCo + CCa + TRO \equiv 0 \qquad (6.2)$$

Si nous ignorons les différences statistiques, la somme de la balance du Compte Courant (*CCo*) plus la balance du Compte Capital privé (*CCa*) plus la balance des Transactions des Réserves Officielles (intervention de la banque centrale, *TRO*) doit être égale à zéro. L'équation 14.2 indique que, par exemple, un pays avec de larges surplus du compte courant doit avoir soit une sortie nette de capital privé ou un accroissement des réserves comme un résultat de l'intervention de la banque centrale sur le marché de change.

Une troisième identité a aussi son importance. De notre discussion de la comptabilité nationale dans le chapitre 2, nous pouvons écrire la relation comme suit :

$$C + S + T \equiv Y = C + I + G + X - Z \qquad (6.3)$$

Où, comme avant, *C=consommation, S=épargne, T=taxes, Y=PIB, I=investissement, G=dépenses publiques, X=exportations, Z=importations*. En réarrangeant les termes et en éliminant les *C*, nous aurons :

$$(T - G) + (S - I) \equiv (X - Z) \qquad (6.4)$$

Le côté gauche de notre équation peut être vu pour un pays comme sa balance épargne-investissement : épargne privée nette $(S - I)$ plus épargne publique $(T - G)$, avec le surplus du budget gouvernemental mesurant l'épargne effectuée par le secteur public. Cette balance épargne-investissement est compensée par la balance commerciale. Des pays, par exemple, qui ont de larges déficits du compte courant, comme les États-Unis, ont des investissements qui dépassent leur épargne. Cet excès est financé par la rentrée de capitaux qui doit accompagner le déficit du compte courant. Cette situation est inversée dans le cas du Japon, de la Chine, Malaisie, Singapore, Allemagne, Arabie Saoudite.

6.6.2 Les causes et les effets des déséquilibres commerciaux globaux

Les écritures comptables 6.2 et 6.4 nous enseignent beaucoup de choses concernant la situation du compte courant global. De ces deux équations, nous pouvons voir par exemple que les États-Unis épargnent moins qu'ils n'investissent. Les fonds d'investissement en excès de l'épargne domestique sont fournis par la rentrée de capitaux, à la fois privés (*CCa*) et issus du résultat de l'intervention de la banque centrale (*TRO*). La situation du déficit peut être vue comme le résultat d'une épargne trop faible.

Mais en revanche, nous pouvons voir les sources des déséquilibres comme un encombrement de l'épargne globale, selon le terme utilisé par l'ancien gouverneur de la banque centrale américaine, Ben Bernanke. Des pays comme le Japon et la Chine ont des sorties de capitaux qui équilibrent leurs surplus de compte courant (équation 6.2). Cela reflète un excès d'épargne sur l'investissement domestique. De même pour les pays producteurs de pétrole telle que l'Arabie Saoudite, qui ont eu un piège de revenu pétrolier qui doit être investi dans les projets nationaux. Une perspective globale aide à interpréter les déséquilibres commerciaux, mais pas nécessairement à voir où ils nous conduiront.

Questions de revue et problèmes

1. Supposons que vous avez observé qu'un pays a un grand surplus du compte courant. De ce fait, que pourriez-vous expliquer au sujet des effets suivants :

a. Le pays a un surplus ou un déficit de la balance des paiements ?

b. Le pays a un surplus ou un déficit de son compte capital ?

2. Illustrez graphiquement les effets sur le marché de change d'une politique monétaire expansionniste conduite par le pays étranger dans notre modèle de deux pays. Considérez les deux cas du taux de change fixe et du taux de change flexible ?

3. Citez certains avantages des taux de change fixe et flexible ?

4. Expliquez la relation entre la balance commerciale et le niveau de l'activité économique dans un système de taux de change fixe.

Pourquoi cette relation crée un conflit potentiel entre les objectifs de l'équilibre interne et externe ?

5. En prenant en compte l'effet à la fois sur la balance commerciale et le compte courant, expliquez la relation entre l'équilibre de la balance des paiements et les politiques monétaires et fiscales dans un système de change fixe.

6. Expliquez la relation entre la balance commerciale et le compte courant dans un système de change fixe. Pourquoi cette relation crée un conflit potentiel entre les objectifs de l'équilibre interne et externe ?

CHAPITRE 7 : Politique monétaire et fiscale en économie ouverte

Les économies ouvertes, comme toutes les économies dans une certaine mesure, ont des flux commerciaux et de capitaux avec d'autres économies. Dans le présent chapitre, nous prenons en compte la politique monétaire et fiscale dans un modèle d'économie ouverte. Quelles différences y a-t-il entre les effets des actions de politique d'une économie ouverte par rapport à une économie fermée ? Comment diffèrent-ils selon les taux de change fixes et flexibles ? Nous voyons des conflits qui naissent entre l'équilibre interne et externe dans un système de taux de change fixes comme nous avons vu auparavant. Nous expliquerons pourquoi ce type de conflits ne nait pas quand le taux de change est flexible.

Il existe plusieurs modèles macroéconomiques d'économie ouverte. Celui qui est utilisé ici est le modèle de Mundell-Fleming ; que nous expliquerons dans la section 7.1 ci-dessous. Dans la section 7.2 et 7.3, nous prendrons en compte les effets des changements de politique et autres variables sous des hypothèses différentes concernant la mobilité de capitaux entre pays.

7.1 Le modèle de Mundell-Fleming

Le modèle est nommé après les deux économistes qui l'ont construit et développé, Robert Mundell et Marcus Fleming. Le modèle de Mundell-Fleming est une version moderne de l'économie ouverte du modèle *IS-LM* que nous avons étudié au niveau des chapitres 6 et 7. Le modèle *IS-LM* de l'économie fermée est illustré dans la présentation suivante à deux équations :

$$M = L(Y, r) \tag{7.1}$$

$$S(Y) + T = I(r) + G \tag{7.2}$$

L'équation (7.1) est l'équation qui illustre l'équilibre du marché monétaire (courbe *LM*), et l'équation (7.2) est l'équilibre du marché de biens (la courbe *IS*). Le modèle détermine simultanément le taux d'intérêt nominal (r) et le niveau du revenu réel (Y), avec le niveau général de prix maintenu constant. Quels sont les changements requis pour analyser l'économie ouverte ?

Quand nous considérons une économie ouverte, la courbe *LM* ne changera pas. L'équation (7.1) dit que l'offre réelle de monnaie, qui est contrôlée par le décideur de politique domestique, doit être égale à la demande réelle de monnaie à l'équilibre. C'est l'offre nominale de monnaie que le décideur de politique contrôle, mais avec l'hypothèse d'un niveau de prix fixe, les changements de l'offre de monnaie nominale sont aussi des changements de l'offre de monnaie réelle.

L'équation (7.2) de l'équilibre sur le marché de biens, la courbe *IS*, est dérivée de la condition d'équilibre du marché des biens d'une économie fermée.

$$C + S + T \equiv Y = C + I + G \quad (7.3)$$

Si nous soustrayons C des deux côtés, l'équation se réduit à l'identité suivante :

$$S + T = I + G \quad (7.4)$$

Si nous ajoutons les importations (*Z*) et les exportations (*X*) au modèle, l'équation (15.3) peut être remplacée

$$C + S + T \equiv Y = C + I + G + X - Z \quad (7.5)$$

Et l'équation *IS* devient

$$S + T = I + G + X - Z \quad (7.6)$$

Où (*X-Z*), exportations nettes, représentent la contribution du secteur étranger à la demande globale. Si nous transférons les importations à gauche de l'équation et nous indiquons les variables desquelles dépend chaque élément de l'équation, l'équation *IS* de l'économie ouverte peut être écrite comme suit :

$$S(Y) + T + Z(Y, \pi) = I(r) + G + X(Y^e, \pi) \quad (7.7)$$

L'épargne et l'investissement sont les mêmes que dans le modèle de l'économie fermée. Les importations (*Z*), comme nous avons évoqué dans le chapitre précédent, dépendent positivement du revenu. Les importations dépendent aussi négativement du taux de change(π). Et comme au chapitre 14, de même, nous pouvons définir le taux de change comme le prix d'une devise étrangère, par exemple les francs guinéens par euro, les dollars US par yen. Une hausse du taux de change rendra, en conséquence, les prix des biens étrangers chers et entrainera une baisse des importations. Les exportations des États-Unis vers le reste du monde augmentent quand le taux de change entre le dollar et l'euro augmente ; et les importations de biens baissent à cause d'un dollar faible vis-à-vis de l'euro. Les exportations des États-Unis sont les importations des autres pays et donc dépendent positivement du revenu étranger et du taux de change. La dernière équation tient bien sa promesse parce qu'une hausse du taux de change abaisse le coût du dollar mesuré en termes de devises étrangères et rend les biens américains moins chers pour les résidents étrangers. Rappelez-vous que nous avons considéré deux devises : le dollar comme la monnaie du pays domestique, l'euro assimilé à la monnaie du reste du monde. Par une dérivation analogue à celle que nous avons au chapitre 6, nous voyons que la courbe *IS* de l'économie ouverte est décroissante (figure 7.1). Des valeurs élevées du taux d'intérêt résultent en des niveaux bas d'investissements. Pour satisfaire l'équation (7.7), à de tels niveaux élevés de taux d'intérêt, le revenu doit être bas pour que les niveaux des importations et de l'épargne soient bas. Alternativement, quand le taux d'intérêt est faible, ce qui se traduit en des niveaux plus élevés d'investissement, l'équilibre du marché des biens requiert que l'épargne et les importations soient élevées ; en conséquence, *Y* doit être plus élevé.

En construisant la courbe *IS* de l'économie ouverte de la figure 15.1, nous maintenons constantes quatre variables : les taxes (*T*), les dépenses publiques du gouvernement (*G*), le revenu étranger (Y^e), et le taux de change (π). Celles-ci sont des variables qui déplacent la courbe. Des chocs expansionnistes, telle qu'une hausse dans la dépense du gouvernement, une coupe d'impôts, une hausse du revenu à l'étranger, ou une hausse du taux de change, fait décaler la courbe vers la droite. Une hausse du revenu étranger est expansionniste parce qu'elle accroit la demande pour les exportations des États-Unis. Une hausse du taux de change est expansionniste à la fois parce qu'elle accroit les exportations et parce qu'elle réduit les importations pour un niveau donné de revenu ; elle éloigne la demande des produits étrangers vers les produits domestiques. Une baisse autonome de la demande d'importations est expansionniste pour la même raison. Des changements dans la direction opposée de ces variables décalent la courbe *IS* vers la droite.

En plus des courbes *IS* et *LM*, le modèle de l'économie ouverte contient une courbe de l'équilibre de la balance des paiements (BP), la courbe BP de la figure 7.1. Cette courbe représente toutes les combinaisons taux d'intérêt-revenu qui aboutissent à l'équilibre de la balance des paiements à un taux d'intérêt donné. L'équilibre de la balance des paiements signifie que la balance de transaction des réserves officielles est égale à zéro. L'équation de la courbe de la balance des paiements est écrite comme suit :

$$X(Y^e, \pi) - Z(Y, \pi) + F(r - r^e) = 0 \qquad (7.8)$$

Les deux premiers termes de l'équation (7.8) constituent la balance commerciale (exportations nettes). Le troisième terme (*F*) est l'entrée nette de capitaux (le surplus ou le déficit du compte capital de la balance des paiements du tableau 7.1). L'entrée de capitaux dépend positivement du taux d'intérêt domestique moins le taux d'intérêt étranger $(r - r^e)$ comme nous l'avons discuté au chapitre précédent. Une hausse du taux d'intérêt domestique par rapport au taux d'intérêt étranger conduit à une demande accrue des actifs financiers domestiques aux dépens des actifs étrangers ; l'entrée nette de capital augmente. Une hausse du taux d'intérêt étranger produit l'effet opposé. Le taux d'intérêt étranger est supposé exogène.

La courbe de la balance de paiements est positivement croissante, comme nous pouvons le voir sur la figure 7.1. Quand le revenu augmente, la demande d'importation augmente alors que la demande d'exportation non. Pour maintenir l'équilibre de la balance des paiements, la rentrée de capitaux doit augmenter, ce qui se produira si le taux d'intérêt domestique est plus élevé. Maintenant, considérons les facteurs qui déplacent la courbe de la balance des paiements. Une hausse de π déplacera la courbe horizontalement vers la droite. Pour un niveau donné de taux d'intérêt, qui fixe le flux de capitaux, à un taux de change plus élevé, un niveau plus élevé de revenu requis, stimulera la demande d'importation pour assurer l'équilibre de la balance des paiements. La raison est que le taux de change plus élevé encourage l'exportation et décourage l'importation ; donc, un niveau plus élevé de revenu requis stimulera la demande d'importation pour assurer l'équilibre de la balance des paiements. De même, une hausse exogène de la demande d'exportation (due à une hausse du revenu étranger Y^e) ou une baisse de la demande d'importation déplacera la balance des paiements vers la droite. Si les exportations augmentent, par exemple, à un taux d'intérêt donné qui fixe encore la rentrée de capitaux, un niveau plus élevé de revenu et en conséquence des importations est requis pour restaurer l'équilibre de la balance des paiements. La courbe de la balance des paiements décale à droite.

Une baisse du taux d'intérêt étranger décalera aussi la courbe de la balance des paiements vers la droite ; à un taux d'intérêt domestique donné (r), la baisse du taux d'intérêt étranger fait monter la rentrée de capitaux. Pour l'équilibre de la balance des paiements, les importations et en conséquence le revenu doivent être élevés.

Avant de considérer les effets des différents changements de politiques économiques, il y a un point à noter au sujet de la courbe de la balance des paiements.

La courbe de BP sera croissante dans le cas de la mobilité imparfaite du capital. Pour ce cas, les actifs domestiques et étrangers (les obligations par exemple) sont des substituts, mais ils ne sont pas des parfaits substituts. Si les actifs domestiques et étrangers étaient des substituts parfaits, une situation appelée mobilité parfaite du capital, les investisseurs se déplaceront pour égaliser les taux d'intérêt entre pays. Si un type d'actifs a un taux d'intérêt légèrement plus élevé temporairement, les investisseurs basculeraient vers cet actif jusqu'à ce que son taux d'intérêt devienne bas pour restaurer l'équilibre. Dans le contexte de notre modèle, la mobilité parfaite du capital signifie que $r = r^e$. Nous verrons plus tard que cette égalité implique une courbe de la balance des paiements horizontale. Si les actifs sont moins que de parfaits substituts, leurs taux d'intérêt n'ont pas besoin d'être égaux. Les facteurs qui pourraient rendre les actifs dans les pays étrangers moins que des substituts aux actifs domestiques incluent le risque différentiel sur les actifs des différents pays, risques dus aux changements de taux de change, des coûts de transaction, et le manque d'information sur les propriétés des actifs étrangers. Dans la section 7.2, nous supposons que de tels facteurs sont suffisants pour rendre les actifs domestiques et étrangers moins que de parfaits substituts. La mobilité parfaite du capital sera discutée dans la section 7.3.

Figure 7.1 Le Modèle IS-LM de l'Économie ouverte

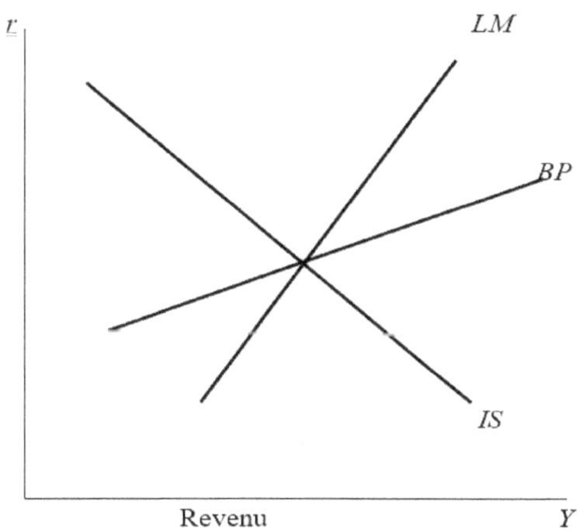

7.2 La mobilité imparfaite du capital

Pour prendre en compte la politique fiscale et monétaire sous l'hypothèse de la mobilité imparfaite des capitaux, nous commençons par le cas des taux de change fixes.

7.2.1 La politique économique dans les conditions du taux de change fixe

7.2.1.1 La Politique monétaire

Considérons les effets d'une hausse de l'offre de monnaie de M_0 à M_1, comme illustrés sur la figure 15.2 ci-dessous. La hausse de l'offre de monnaie décale la courbe LM vers la droite, de $LM(M_0)$ à $LM(M_1)$. Le point d'équilibre se déplace de E_0 à E_1, avec une baisse du taux d'intérêt de r_0 à r_1 et une hausse du revenu de Y_0 à Y_1.

Figure 7.2 La Politique monétaire avec un taux de change fixe

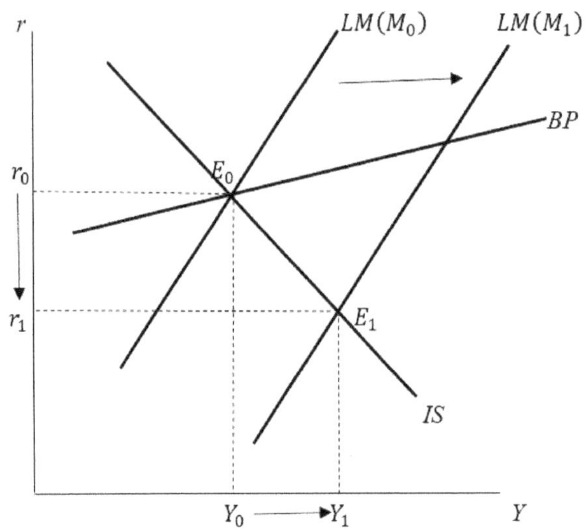

Qu'est-il arrivé à la balance des paiements ? D'abord, notons que tous les points au-dessous de la courbe de la balance des paiements sont des points du déficit de la balance des paiements, alors que tous les points au-dessus de la courbe de la balance des paiements sont des points d'excédent. Puisqu'on se déplace sur la courbe de la balance des paiements au-dessous de la courbe, par exemple, accroissant le revenu ou réduisant le taux d'intérêt, ou les deux, nous créons un déficit de la balance des paiements. En conséquence, en se déplaçant de E_0 à E_1 après une hausse de l'offre de monnaie, la balance de paiements devient aussi déficitaire. Comme nous l'avons vu au chapitre 14, au niveau de la section 74, la politique monétaire expansionniste fait monter le revenu, en stimulant les importations et abaissant le taux d'intérêt et par lequel la politique monétaire expansionniste peut causer une sortie de capitaux (*F* baisse).

Le fait que, en commençant par un point d'équilibre, une politique monétaire expansionniste crée un déficit de la balance des paiements, accroit des conflits potentiels entre les objectifs de politique domestique et l'équilibre extérieur. Si au point E_0 de la figure 7.2 le niveau de revenu, Y_0, est bas par rapport au plein-emploi, alors le déplacement au point E_1, et le niveau de revenu Y_1 sera bien préférable au niveau domestique. Mais au point E_1 il y aura un déficit de la balance des paiements, et avec des réserves de change étrangères limitées, une telle situation ne peut être maintenue indéfiniment.

7.2.1.2 La Politique fiscale

Les effets d'un accroissement des dépenses publiques de G_0 à G_1 pour le cas des taux de change fixe sont illustrés sur la figure 7.3. La hausse des dépenses publiques décale la courbe *IS* de $IS(G_0)$ à $IS(G_1)$, déplaçant le point d'équilibre de E_0 à E_1. Le revenu augmente de Y_0 à Y_1, et le taux d'intérêt augmente de r_0 à r_1. Comme nous pouvons le voir sur la figure 7.3, au nouveau point d'équilibre nous sommes au-dessus de la courbe de la balance des paiements ; il y un excédent de la balance des paiements. Nous obtenons ce résultat dans la figure 7.3 parce que la courbe de la balance des paiements est plus plate que la courbe *LM.*

Figure 7.3 La politique fiscale avec un taux de change fixe

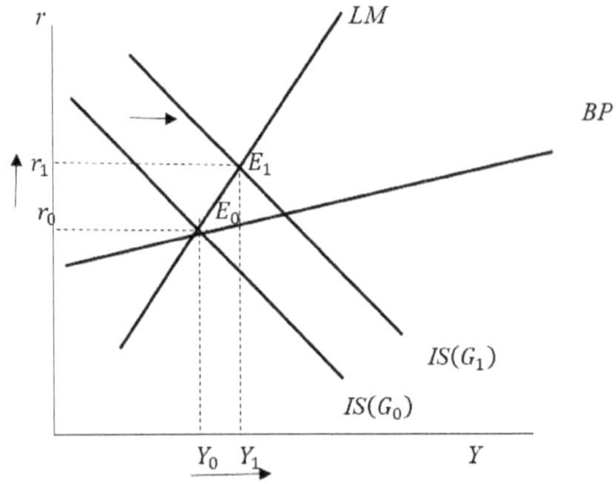

Alternativement, si la balance de paiements était plus raide que la courbe LM, une politique fiscale expansionniste entrainerait un déficit de la balance des paiements, comme nous pouvons le voir sur la figure 15.4.

Figure 7.4 La Politique fiscale avec un taux de change fixe : Un résultat alternatif

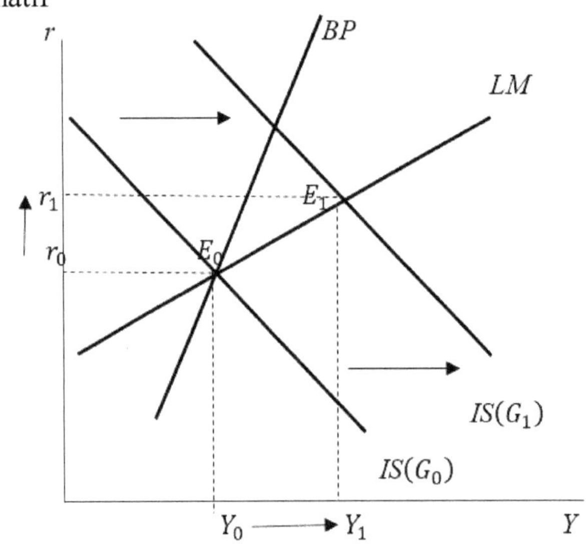

Plus la courbe de la balance de paiements sera raide, moins les flux de capitaux seront sensibles au taux d'intérêt. Plus la hausse de la rentrée des capitaux est petite pour un accroissement donné de taux d'intérêt (vu la valeur fixe de r^e), plus grande sera la hausse du taux d'intérêt requis pour maintenir l'équilibre de la balance des paiements comme nous allons vers un niveau plus élevé du revenu (et donc des importations), c'est-à-dire la courbe de la balance des paiements sera plus raide. La courbe sera aussi plus raide plus la propension marginale à importer est grande. Avec une propension marginale à importer plus grande, un accroissement donné du revenu produira un accroissement plus grand des importations. Pour l'équilibre de la balance des paiements, un accroissement compensateur plus grand de rentrée de capitaux et en conséquence une hausse plus grande du taux d'intérêt domestique seront requis.

L'action de la politique fiscale expansionniste illustrée sur la figure 7.3 et la figure 7.4 provoque la hausse du revenu. Le revenu accru entraine une détérioration de la balance des paiements et une hausse du taux d'intérêt, aboutissant à une amélioration du compte capital. La discussion précédente indique que plus la courbe de la balance des paiements se montrera raide, plus l'effet défavorable de l'action de la politique fiscale expansionniste conduira à un déficit de la balance des paiements.

Enfin, notons que la pente de la courbe de la balance des paiements par rapport à la pente de la courbe *LM* détermine si une action de la politique fiscale expansionniste aboutira à un excédent ou déficit de la balance des paiements. Vu la pente de la balance des paiements, plus la courbe *LM* est raide, il est plus vraisemblable qu'elle le sera plus que la courbe de la balance des paiements, la condition requise pour un excédent né d'une action de politique fiscale expansionniste. Ce résultat est naturel parce que, toutes choses égales par ailleurs, plus la courbe *LM* est raide, plus le taux d'intérêt est élevé (ce qui produit une rentrée favorable de capitaux) et plus l'accroissement du revenu est petit (ce qui produit un effet défavorable sur la balance commerciale).

7.3 La politique économique dans les conditions du taux de change flexible

7.3.1 La politique monétaire

À présent, examinons la situation dans laquelle le taux de change est complètement flexible, il n'y a pas d'intervention de la banque centrale. Le taux de change s'ajuste pour égaliser l'offre et la demande sur le marché de change. Tout d'abord, considérons l'action d'une politique monétaire expansionniste analysée avant, une hausse de la quantité de monnaie de M_0 à M_1. Les effets de cette action de politique monétaire expansionniste dans le cas du régime de taux de change flexible sont illustrés dans la figure 7.5.

L'effet initial d'un accroissement de l'offre de monnaie, l'effet avant l'ajustement du taux de change, est de déplacer l'économie de E_0 à E_1. Le taux d'intérêt baisse de r_0 à r_1. Le revenu augmente de Y_0 à Y_1, et nous nous déplaçons à un point au-dessous de la courbe de la balance des paiements où il y aura un déficit naissant de la balance des paiements. Dans un régime de change flexible, le taux de change augmentera de (π_0 à π_1) pour équilibrer le marché de change. La hausse du taux de change déplacera la courbe de la balance des paiements vers la droite ; dans la figure 15.5, la courbe se déplace de $BP(\pi_0)$ à $BP(\pi_1)$. La hausse du taux de change entraine aussi le déplacement de la courbe *IS* vers la droite, de $IS(\pi_0)$ à $IS(\pi_1)$ dans la figure 15.5, parce que les exportations augmentent et les importations baissent avec un accroissement du taux de change. Le nouvel équilibre est montré au point E_2, avec le taux d'intérêt à r_2 et le revenu à Y_2. L'ajustement du taux de change rééquilibre la balance des paiements après la politique monétaire expansionniste et élimine le conflit potentiel entre l'équilibre interne et externe.

Figure 7.5 La politique monétaire avec un taux de change flexible

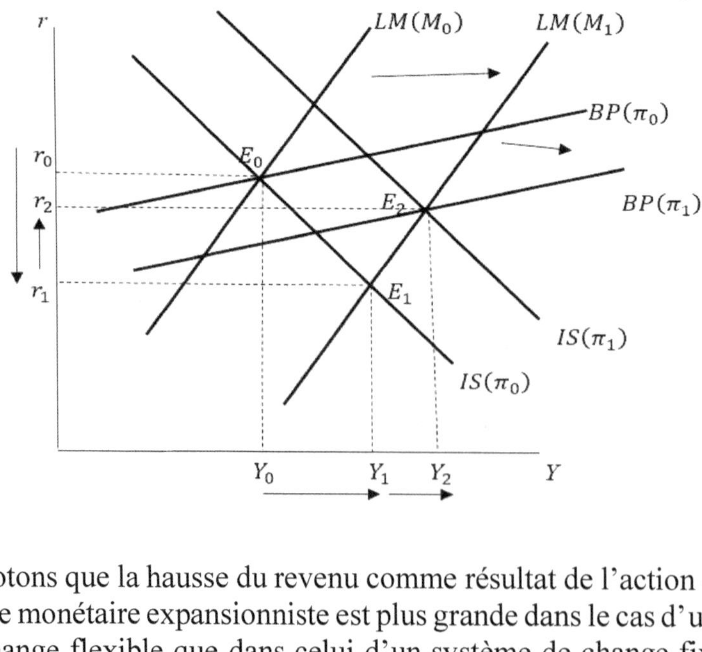

Notons que la hausse du revenu comme résultat de l'action de la politique monétaire expansionniste est plus grande dans le cas d'un régime de change flexible que dans celui d'un système de change fixe. Avec un système de change fixe, le revenu augmente seulement de Y_0 à Y_1

dans la figure 7.5 ou dans la figure 7.2. Avec un taux de change flexible, la hausse du taux de change stimulera davantage le revenu en accroissant les exportations et en abaissant la demande d'importation (pour un niveau donné de revenu). La politique monétaire est en conséquence un outil de stabilisation plus puissant dans un régime de change flexible que dans un régime de change fixe.

7.3.2 La politique fiscale

La figure 15.6 illustre les effets d'une augmentation des dépenses du gouvernement de G_0 à G_1 dans un régime de change flottant. L'effet initial, c'est-à-dire l'effet avant l'ajustement du taux de change, est de décaler la courbe *IS* de $IS(G_0, \pi_0)$ à $IS(G_1, \pi_0)$ et déplacer l'économie de E_0 à E_1.le taux d'intérêt augmente (de r_0 à r_1), et le revenu augmente (de Y_0 à Y_1).

Avec les pentes des courbes de la balance de paiements et *LM illustrées sur* la figure 7.6 (avec la courbe de la balance des paiements plus plate que la courbe *LM*), un surplus naissant de cette action de politique monétaire expansionniste. Dans ce cas, le taux de change doit baisser (de π_0 à π_1) pour équilibrer le marché de change. Une baisse du taux de change déplacera la courbe de la balance des paiements vers la gauche dans la figure 7.6, de $BP(\pi_0)$ à $BP(\pi_1)$. La courbe *IS* aussi se déplace vers la gauche, de $IS(G_1, \pi_0)$ à $IS(G_1, \pi_1)$, parce que la baisse du taux de change fera baisser les exportations et stimulera les importations. L'ajustement du taux de change compensera partiellement l'effet expansionniste de l'action de la politique fiscale. Le nouveau point d'équilibre sera à Y_2, ce qui est au-dessus de Y_0 mais au-dessous de Y_1, le niveau qui aurait dû résulter avec le taux de change fixe.

Figure 7.6 La Politique fiscale avec un taux de change flexible

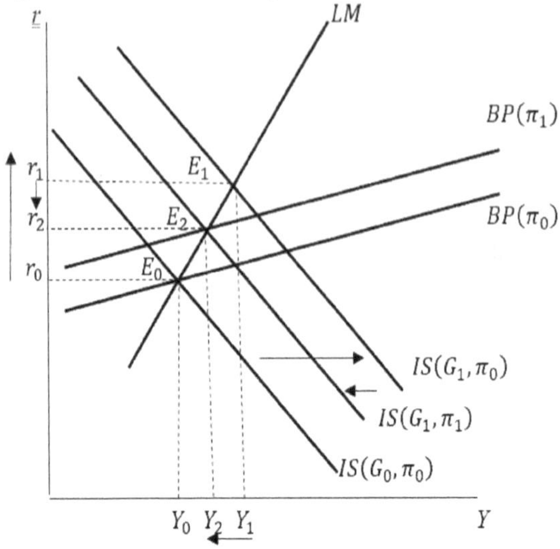

Il n'y a pas cependant de relation définitive entre la puissance de la politique fiscale et le type de régime de change, comme il y en a avec la politique monétaire. Si la courbe de la balance de paiements est plus raide que la courbe *LM*, comme dans la figure 15.4, une politique fiscale expansionniste, pour un taux de change donné, créera un déficit de la balance des paiements. Avec un déficit naissant de la balance des paiements dans un régime de taux de change flexible, le taux de change doit monter pour restaurer l'équilibre sur le marché de change.

La courbe de la balance des paiements et la courbe *IS* se déplaceront vers la droite et renforceront l'effet expansionniste initial de la hausse des dépenses publiques. Dans ce cas, l'action de politique fiscale expansionniste aura un effet plus grand sur le revenu que dans le cas d'un régime de change fixe.

Bien que ce résultat alternatif soit possible en théorie, la plupart des économistes pensent que le résultat dans la figure 15.6 est plus vraisemblable. Ils croient qu'une politique fiscale expansionniste fera baisser le taux de change (augmenter la valeur de la devise domestique). Cette croyance suit selon la vue qu'il y a un degré relativement élevé de mobilité internationale de capitaux, donc la balance des paiements est relativement plate et en conséquence sera plus plate que la courbe *LM*, comme c'est le cas dans la figure 7.6.

7.3 La mobilité parfaite du capital

Jusqu'ici nous avons supposé que bien que les actifs domestiques et étrangers soient de substituts, ils ne sont pas de parfaits substituts. Dans la présente section, nous expliquerons la politique monétaire et fiscale dans le cas où les actifs sont de parfaits substituts, c'est-à-dire la mobilité parfaite des capitaux. Dans ce cas, le capital se déplace librement entre pays, le risque différentiel des actifs entre pays n'est pas important, et les coûts de transactions sont négligeables.

Dans un tel monde, les flux de capitaux amènent les taux d'intérêt domestique et étranger à l'égalité. Par exemple, si le taux d'intérêt sur les obligations domestiques était de 4,1% et le taux d'intérêt des obligations étrangères de 4%, dans un monde de mobilité parfaite de capitaux, le pays domestique connaitra une rentrée massive de capitaux jusqu'à ce que le taux domestique soit tiré vers le bas pour s'égaliser au taux étranger.

Dans le modèle de Mundell-Fleming, l'hypothèse de mobilité parfaite de capitaux signifie que l'équation de la balance des paiements (7.8) est remplacée par la condition :

$$r = r^e \tag{7.9}$$

Graphiquement, l'hypothèse de mobilité parfaite des capitaux rend la courbe de la balance de paiements horizontale. Puisque les flux massifs de capitaux viennent des différentiels de taux d'intérêt, l'équilibre de la balance des paiements peut se produire seulement quand le taux d'intérêt domestique est égal au taux d'intérêt étranger (mondial) donné de manière exogène.

Avant de regarder les effets de politique dans le cadre de la mobilité parfaite des capitaux, considérons l'hypothèse que, à l'équilibre, le taux d'intérêt domestique doit être égal au taux d'intérêt étranger donné de façon exogène. Dans la section précédente, nous avons aussi supposé que le taux d'intérêt fût exogène, mais dans le cas de la mobilité imparfaite des capitaux, le taux d'intérêt domestique s'éloigne du taux d'intérêt étranger. Dans ce cas, il y a deux possibilités. Une des possibilités ici est que le pays que nous considérons est si petit que ses actions n'ont pas d'effet sur l'économie mondiale. Une politique monétaire expansionniste qui fait baisser le taux d'intérêt domestique n'a pas d'effet sur les taux d'intérêt mondiaux ou le revenu dans les pays étrangers, qui était supposé aussi exogène. Une seconde hypothèse possible est que c'est un grand pays, tel que les États-Unis, mais nous ignorions simplement les effets de ses actions sur les économies étrangères et donc ignorions les effets de répercussions possibles. Nous supposions qu'ils étaient de moindre importance.

Dans le cas de mobilité parfaite des capitaux, seulement la première hypothèse est plausible. Le pays domestique est si petit que ses actions ne peuvent affecter les conditions du marché financier international, et le capital est si mobile que le taux d'intérêt du pays doit se déplacer en ligne avec les taux d'intérêt mondiaux. Pour considérer les États-Unis dans le cas de la mobilité parfaite du capital, nous devons modéliser l'effet des politiques des États-Unis sur le taux d'intérêt mondial.

7.3.1 La politique économique dans les conditions des taux de change fixes

7.3.1.1 La politique monétaire

Nous verrons que, avec la mobilité parfaite des capitaux, la politique monétaire est complètement inefficace quand les taux de changes sont fixes. Pour comprendre ce résultat, nous devons examiner la relation entre l'intervention sur le marché de change et l'offre de monnaie.

Dans la section 7.2, nous avons trouvé qu'avec un taux de change fixe, une politique monétaire expansionniste a conduit à un déficit de la balance des paiements. Supposons par exemple qu'au point E_1 de la figure 7.2, le déficit de la balance des paiements soit de $5 milliards, il y a un excès de la demande de devise étrangère égale à $5 milliards. Comme nous l'avons expliqué auparavant, soit la banque centrale nationale ou étrangère intervient pour fournir ce montant de la devise étrangère si le taux de change fixe doit être maintenu. Ici, nous considérons seulement le cas dans lequel cette opération est faite par la banque centrale domestique. Ici, c'est la banque centrale américaine.

Cette banque, c'est-à-dire la banque centrale américaine, vend alors les $5 milliards d'actifs étrangers (devises étrangères, Droits de Tirages Spéciaux ou l'Or). Elle achète $5 milliards. L'effet direct de cela est de réduire l'offre de monnaie des États-Unis de $5 milliards. L'offre de monnaie en circulation baisse parce que la Réserve fédérale a augmenté maintenant ses détentions de dollars de $5 milliards et le public a réduit les siennes du même montant. Ce que nous avons implicitement assumé au niveau de la section 7.2 était que la Fed compense cet effet sur l'offre de monnaie en mettant les dollars qu'elle a achetés en circulation. Elle le fait en rachetant les obligations existantes du gouvernement des mains du public. Cette action appelée *Stérilisation* empêche l'intervention sur le marché de change d'affecter l'offre de monnaie domestique.

Avec cette notion de base, considérons l'effet d'une action de politique monétaire expansionniste dans le cas de la mobilité parfaite des capitaux. Conformément à la discussion précédente, il y aura une sortie massive de capitaux, en supposant qu'un petit pays (la Suède) augmente son offre de monnaie. Comme nous pouvons le voir sur la figure 15.7, l'offre accrue de monnaie déplace la courbe LM vers la droite de $LM(M_0)$ à $LM(M_1)$. Le taux d'intérêt de la Suède baisse temporairement de r_0 à r_1. Le taux d'intérêt de la Suède est temporairement en dessous du taux d'intérêt étranger (international).

Avec le taux d'intérêt domestique en dessous du taux d'intérêt étranger dans le cas de la mobilité parfaite des capitaux, il y aura une sortie massive de capitaux. Les investisseurs vendront les actifs de la Suède et en conséquence vendront les couronnes suédoises. Dans ce cas, la banque centrale de la Suède ne peut pas restaurer l'équilibre à travers une intervention stérilisée sur le marché des changes. La sortie massive de capitaux continuera aussi longtemps que le taux d'intérêt de la Suède restera au-dessous du taux étranger. L'intervention stérilisée signifierait tout simplement que la banque centrale suédoise utilisera de façon exhaustive ses détentions de réserves de change étrangères.

Pour restaurer l'équilibre, la banque centrale doit laisser son intervention réduire l'offre de monnaie via le processus expliqué au début de cette section. L'offre de monnaie baissera jusqu'à ce que la courbe *LM* retourne à la position initiale, $LM(M_0)$. À ce point (E_0), le taux d'intérêt de la Suède sera restauré à l'égalité avec le taux d'intérêt étranger. La sortie de capitaux, et en conséquence le mouvement de l'offre de monnaie vers le bas s'arrêtera. Mais aussi à ce point, l'offre de monnaie et le revenu seront de retour à leurs positions initiales. L'action de politique monétaire aura été complètement inefficace.

Figure 7.7 La politique monétaire avec un Taux de change fixe

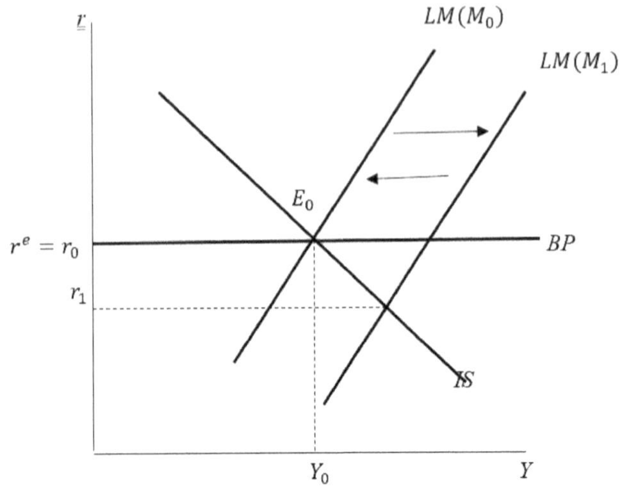

7.3.1.2 La politique fiscale

La situation est tout à fait différente pour la politique fiscale. La figure 7.8 illustre les effets d'une hausse de la dépense publique dans le cas de la mobilité des capitaux. L'effet direct de la dépense accrue est le décalage de la courbe *IS* vers la droite de $IS(G_0)$ à $IS(G_1)$. La hausse de la dépense pousse le taux d'intérêt domestique au-dessus du taux d'intérêt étranger et met en marche une entrée massive de capitaux. La banque centrale domestique, assumons encore que celle de la Suède doit intervenir et dans ce cas elle doit acheter la devise étrangère avec des couronnes suédoises. Cette action causera l'offre de monnaie de la Suède à augmenter. La banque centrale de la Suède devra continuer l'achat de la devise étrangère jusqu'à ce que l'offre de monnaie augmente assez pour décaler la courbe LM à $LM(M_1)$ et restaurer l'équilibre entre les taux d'intérêt domestique et étranger au point E_1. Cet accroissement endogène de l'offre de monnaie renforce l'effet expansionniste de la hausse de la dépense publique. L'output monte à Y_1 au lieu de Y_1'.

Dans un système de taux de change fixes, avec la mobilité parfaite de capitaux, cette politique fiscale expansionniste est hautement effective parce qu'il n'y a pas de hausse de taux d'intérêt domestique et en conséquence pas d'éviction des dépenses du secteur privé.

Figure 7.8 La politique fiscale avec un taux de change fixe

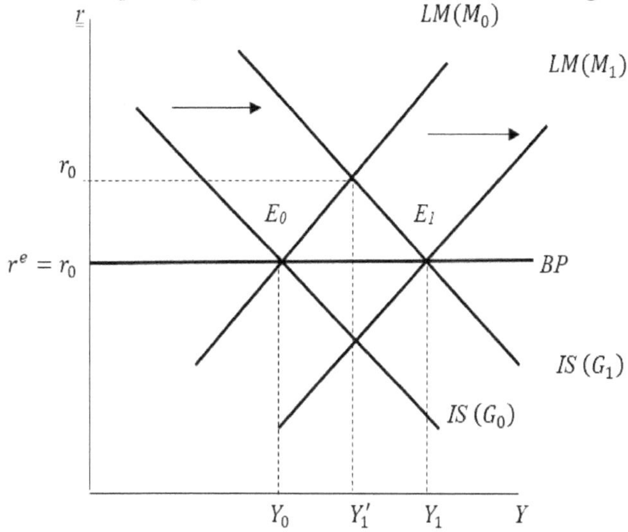

7.3.3 La politique économique dans les conditions des taux de change flexibles

Dans un régime de taux de change flexibles, la situation est inversée. Ici nous trouvons que la politique monétaire est hautement efficace et la politique fiscale est complètement inefficace.

7.3.3.1 La politique monétaire

Considérons encore une hausse de l'offre de monnaie de M_0 à M_1. Comme nous pouvons le voir dans la figure 7.9, l'offre de monnaie accrue décale la courbe LM de $LM(M_0)$ à $LM(M_1)$. Comme dans le cas des taux de change fixes, la hausse de monnaie entraine temporairement la baisse du taux d'intérêt en Suède au-dessous du taux d'intérêt étranger, déclenchant ainsi une sortie massive de capitaux. Mais dans un régime de taux de change flexible, il n'y a pas d'intervention de la banque centrale suédoise sur le marché de change. Au contraire, comme les investisseurs vendent les actifs suédois et donc vendent la couronne suédoise, le taux de change de la Suède monte et la valeur de la couronne suédoise baisse. Cette hausse du taux de change accroit les exportations de la Suède, abaisse ses importations, et déplace la courbe *IS* vers la droite. La vente de la couronne suédoise continue jusqu'à ce que le taux de change monte suffisamment de, π_0 à π_1 et déplace la courbe

$IS(\pi_0)$ à $IS(\pi_1)$. À ce point(E_1), le taux d'intérêt de la Suède a été restauré à l'égalité avec le taux d'intérêt étranger. Le revenu monte à Y_1.

La politique monétaire est hautement effective avec une parfaite mobilité et des taux de change flexibles. Le revenu monte du montant total du décalage horizontal de la courbe *LM*. Notons que le mécanisme par lequel la politique monétaire fonctionne n'est plus à travers le taux d'intérêt, qui s'est fixé au taux étranger. C'est plutôt à travers le taux de change et les exportations nettes.

Figure 7.9 La Politique monétaire avec un taux de change flexible

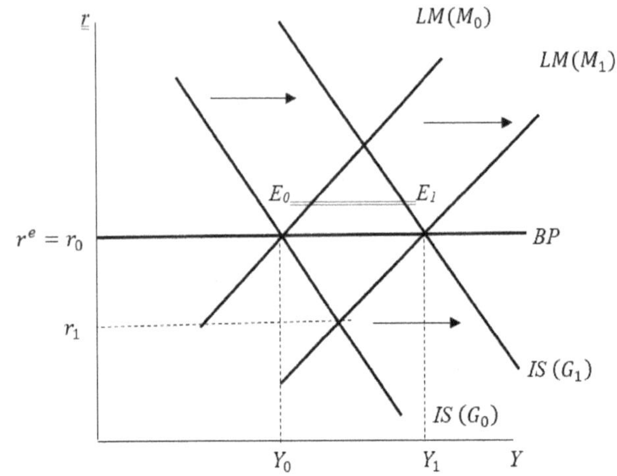

7.3.3.2 La politique fiscale

Les effets d'une hausse des dépenses publiques avec des taux de change flexibles et la mobilité parfaite du capital sont illustrés sur le graphique 7.10. L'effet direct d'un accroissement des dépenses gouvernementales est de déplacer la courbe *IS* de $IS(G_0,\pi_0)$ à $IS(G_1,\pi_0)$. Comme résultat, le taux d'intérêt domestique monte (à r_1 dans la figure) au-dessus du taux d'intérêt étranger. Ce mouvement déclenche une entrée massive de capitaux, qui, avec un taux de change flexible entraine une baisse du taux de change (la monnaie domestique se déprécie). Comme résultat, les exportations baissent et les importations augmentent.

L'équilibre est restauré seulement quand la courbe s'est déplacée de retour à $IS(G_0,\pi_0) = IS(G_1,\pi_1)$ et le taux d'intérêt est encore égal au taux d'intérêt étranger. À ce point, la rentrée de capitaux et la pression à la baisse sur le taux de change prennent fin. Aussi à ce point, le revenu revient à son niveau initial. La politique fiscale est totalement inefficace.

Figure 7.10 La Politique Fiscale avec un Taux de Change Flexible

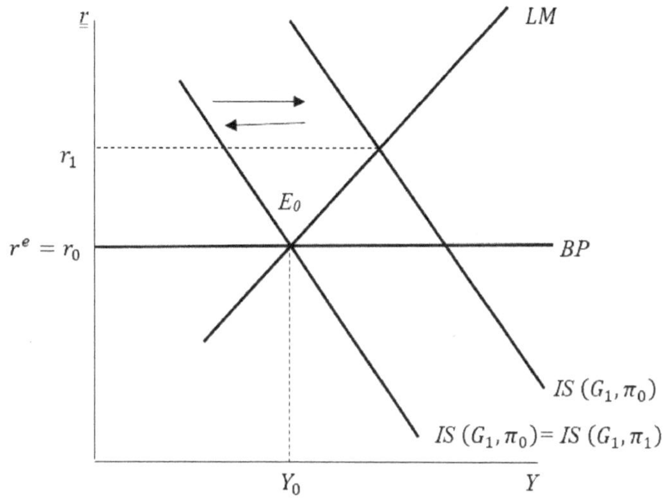

Questions de revue et problèmes

1. Dans le modèle de Mundell-Fleming, supposons qu'il y a une mobilité parfaite du capital. Analysez une hausse des impôts pour le cas d'un taux de change flexible. La baisse des impôts sera-t-elle efficace ? Expliquez.

2. Dans le modèle de Mundell-Fleming, supposons une mobilité parfaite du capital, analysez les effets d'un choc positif à la demande de monnaie (i.e., une hausse de la demande vu les niveaux de revenu et du taux d'intérêt). Considérons l'effet d'un choc sur le revenu quand le taux de change est fixe et quand il est flexible.

3. Que signifie stérilisation des effets de l'intervention sur le marché de change ? Expliquez comment la stérilisation fonctionne dans le cas de la mobilité imparfaite du capital.

4. Considérons les effets d'une coupe d'impôts, de T_0 à T_1, dans un régime de taux de change fixe. Considérons à la fois la mobilité parfaite et imparfaite du capital. Dans quel cas, la coupe des impôts aura un effet plus grand sur le revenu ?

5. Expliquez ce qu'il signifie de dire que nous avons une mobilité parfaite du capital. Pourquoi la courbe de la balance des paiements est horizontale dans le cas de la mobilité parfaite du capital ?

6. Expliquez pourquoi la courbe de la balance des paiements est croissante dans la figure 7.1. Quels sont les facteurs qui provoquent le déplacement de la balance des paiements ? Expliquez.

7. Dans le modèle de Mundell-Fleming, supposons une mobilité imparfaite du capital, analysez les effets des actions de politique économique suivantes à la fois pour le cas des taux de change fixe et flexible.

a. Une baisse de l'offre de monnaie de M_0 à M_1.

b. Une baisse des dépenses publiques de G_0 à G_1.

Intégrez dans votre réponse les effets de l'action politique à la fois sur le revenu et le taux d'intérêt, aussi bien que sur la balance commerciale et le taux de change.

TROISIÈME PARTIE : POLITIQUE ÉCONOMIQUE

CHAPITRE 8 : La politique monétaire optimale

Ce chapitre met l'accent sur la conduite d'une politique monétaire optimale. Que devraient faire les banques centrales ? La première section discute encore la structure de la banque centrale américaine, la Fed. Le présent livre ne peut discuter celle de la banque centrale de la République de Guinée en raison de la confidentialité qui entoure ses opérations. Nous examinerons ensuite les stratégies compétitives de la politique monétaire. La section finale examinera et fera une étude comparative des politiques monétaires de différents pays. L'insatisfaction avec la conduite de la politique monétaire dans le cadre légal existant a conduit à des changements institutionnels au sein des banques centrales d'un certain nombre de pays. Ces réformes abordent la question de savoir comment faire en sorte que les banques centrales fassent la bonne chose.

8.1 La conduite de la politique monétaire

Comme nous l'avons vu au chapitre précédent, les organes clé de la Fed sont le Board of Governors (Conseil des Gouverneurs) et le Federal Open Market Committee (FOMC). Le Board of Governors est composé de sept (7) gouverneurs, nommés par le président des États-Unis, avec une confirmation du Sénat, pour un mandat de 14 ans ; un des gouverneurs étant désignés par le président du gouvernement fédéral américain comme gouverneur de la Fed pour un mandat de quatre (4) ans.

Le FOMC a douze (12) membres votants, les sept (7) gouverneurs et les cinq (5) présidents des douze banques centrales régionales. Les présidents des banques régionales du système servent sur une base de rotation, avec l'exception du président de la Réserve fédérale de New York, qui est un membre votant permanent.

Nous avons aussi vu au chapitre précédent que les opérations d'open market constituent l'instrument majeur que la Fed utilise pour conduire la politique monétaire, et notre débat dans ce chapitre se focalise sur le comportement de FOMC.

Le degré considérable de l'indépendance donnée à l'autorité de la conduite de la politique monétaire est une caractéristique fondamentale de la situation de la banque centrale américaine. Le mandat de 14 ans pour lequel les gouverneurs sont nommés et le fait qu'ils ne puissent être renommés garantissent l'isolement de la Fed du processus politique. Le président du Conseil des Gouverneurs est nommé pour un mandat de quatre (4) ans, mais ce mandat n'est pas concurrent avec celui du président des États-Unis. En conséquence, un président qui prend fonction n'a pas à nommer immédiatement son choix de président. Les autres membres du FOMC, les présidents des banques régionales, sont nommés par les directeurs des banques régionales sur approbation du Conseil des Gouverneurs.

Tout ce processus ne signifie pourtant pas que la banque centrale américaine est complètement autonome ou que la politique monétaire est conduite dans un cadre apolitique. Le président de la Fed est souvent confirmé dans ses fonctions au cours du mandat du président des États-Unis. Aussi, puisque les membres du Board démissionnent avant la fin de leur mandat, un président peut souvent faire plusieurs nominations au sein du Board et, en conséquence, changer le cours de la politique monétaire.

Plus important peut-être : l'indépendance de la Fed est en elle-même le résultat de la législation faite par le Congrès, et la Fed reconnait que la nouvelle législation pourrait affaiblir cette indépendance.

Le FOMC se réunit approximativement huit (8) fois par an. Au cours de ces réunions, les membres font la revue de la situation économique domestique et internationale actuelle. Ils prennent aussi en compte les prévisions du staff de la Fed concernant les évènements économiques futurs. Sur la base de cette information, ils formulent une ''directive'' à l'endroit de l'Open Market Desk à la Réserve fédérale de New York expliquant comment les opérations d'open market devraient être conduites durant la période jusqu'à la prochaine réunion du FOMC. La question d'une stratégie de politique monétaire optimale peut être alors vue comme le choix d'une directive de FOMC.

8.2 Les stratégies compétitives de la politique monétaire : cibler les agrégats monétaires ou les taux d'intérêt

Dans un certain sens, ce que devrait faire la Fed ou toutes les autres banques centrales est clair. La politique monétaire devrait être conduite d'une manière qui mène à la croissance stable de la demande globale. La banque centrale devrait garder la demande de croitre trop rapidement, aboutissant à l'inflation, ou trop lentement, entrainant un chômage élevé et une croissance économique lente. Mais la politique monétaire doit être conduite dans un monde incertain. Vu cela, quelle stratégie guidera mieux la politique monétaire ? Comme nous l'avons vu dans le chapitre précédent, il y a un conflit entre le contrôle de l'offre de monnaie et le niveau du taux d'intérêt, ceux-ci sont des stratégies conflictuelles. Dans cette section, nous décrirons le fonctionnement de chaque stratégie. Ensuite nous verrons les mérites relatifs de chacune d'elles.

8.2.1 cibler les agrégats monétaires

Les cibles ultimes que l'autorité monétaire aimerait contrôler sont les variables macroéconomiques telles que le chômage, le taux d'inflation, et la croissance du PIB. Plutôt que simplement ajuster les instruments de politique monétaire, en premier lieu les opérations d'open market, sur la base des observations passées de ces variables et les prévisions de leur comportement futur, à court terme la Fed a souvent essayé d'influencer les cibles ultimes en influençant les cibles intermédiaires.

Un instrument intermédiaire de la Fed est une variable qu'elle contrôle non pas parce que la variable est importante selon ses propres vues, mais parce que, en la contrôlant, les décideurs politiques croient qu'ils influencent les variables de la cible ultime d'une manière prévisible. Avec un agrégat monétaire comme instrument intermédiaire, l'hypothèse implicite dans la stratégie de la banque centrale est que, toutes choses égales par ailleurs, des taux élevés de croissance de l'offre de monnaie accroissent l'inflation alors qu'ils abaissent le chômage (augmentant le niveau de l'activité économique) à court terme. Des taux de croissance de la monnaie plus lents sont, encore, toutes choses égales par ailleurs, associés à des taux d'inflation plus bas et des taux de chômage plus élevés de court terme.

Quelle est la morale d'un tel instrument intermédiaire ? Même s'il existe une relation prévisible entre les taux de croissance de la monnaie et les objectifs économiques ultimes que la banque centrale veut contrôler, pourquoi utiliser un instrument intermédiaire plutôt que de contrôler directement les cibles ultimes ? Pour comprendre l'utilité possible de l'approche de cible intermédiaire, nous devons reconnaitre que la politique monétaire doit être conduite dans des conditions d'information imparfaite et, en conséquence, l'incertitude au tour du comportement de l'économie. Si les instruments ultimes de la politique peuvent être observés à des intervalles moins fréquents (trimestriels contre hebdomadaires) que les variables du marché financier tels que le taux d'intérêt, les réserves des banques, et les agrégats monétaires, alors puisque l'information concernant les variables du marché financier devient disponible, elle peut être utilisée pour ajuster le paramètre de stratégie précédente. L'approche de ciblage intermédiaire est une manière d'employer une telle information du marché financier.

Comme implémenté par la banque centrale américaine, le ciblage intermédiaire de l'agrégat monétaire procède comme suit. Au début de chaque calendrier semestriel, le FOMC choisit l'objectif du taux de croissance de la monnaie qu'elle juge cohérente avec ses objectifs de politique ultimes pour l'année suivante. Le comité fait ce choix en fonction des données passées et des prévisions du staff concernant le comportement de l'économie pour des taux de croissance donnés de la monnaie. Après que ce choix ait été fait, la politique monétaire durant le trimestre procède comme si la cible choisie de croissance de monnaie est un objectif ultime de la politique monétaire. Des actions politiques dans le trimestre sont destinées à frapper cette cible. Au début du prochain trimestre, la cible de monnaie est revue et ajustée sur la base des nouvelles prévisions et l'expérience accumulée du trimestre en cours.

8.2.2 Cibler les taux d'intérêt

Le ciblage du taux d'intérêt est une alternative au choix des agrégats monétaires. Le ciblage du taux d'intérêt est la stratégie actuelle adoptée et pratiquée par la banque centrale des États-Unis et celle des banques centrales des pays industrialisés. Nous utiliserons la stratégie actuelle de la Fed pour expliquer le choix du taux d'intérêt. La banque centrale des États-Unis fixe un taux cible pour le taux des fonds fédéraux. Comme nous l'avons vu au chapitre précédent, le taux des fonds fédéraux est le taux que les banques chargent sur les prêts interbancaires. Comme la cible de croissance de la monnaie, la cible du taux des fonds fédéraux est choisie à chaque réunion du FOMC pour être cohérent avec le ciblage des objectifs ultimes de la politique.

Une fois que la cible du taux des fonds fédéraux est fixée, l'Open Market Desk à la Fed de New York conduit des opérations d'open market pour maintenir le taux actuel au niveau ou tout près du taux directeur ou taux cible. Donc, par exemple, si le taux actuel commence à monter au-dessus du taux cible, l'Open market Desk de New York achètera des titres du gouvernement en vue d'augmenter les réserves des banques, et donc, l'offre de monnaie. Par exemple, maintenir le taux des fonds fédéraux au niveau cible pourrait requérir des opérations massives d'achats ou de ventes des titres, et donc des grands changements de l'offre de monnaie. Le point est qu'un accent sur le taux d'intérêt est une alternative au ciblage d'un agrégat monétaire. La Fed ne peut pas, en général, faire les deux.

Avant de continuer, il est important de mentionner les caractéristiques additionnelles des processus de contrôle du taux d'intérêt et de l'offre de monnaie. Les taux d'intérêt de court terme peuvent être observés en même temps et être contrôlés étroitement. L'Open Market Desk regarde juste l'écran de l'ordinateur et voit le taux actuel des fonds fédéraux. En conséquence, le taux des fonds fédéraux est une cible opérationnelle de court terme. L'offre de monnaie est seulement observée avec un retard d'une ou deux semaines et alors seulement avec erreur. Si l'offre de monnaie est un objectif, d'autres variables qui sont observables, tel que le niveau des réserves des banques, doivent servir comme cible opérationnelle. Un autre point à noter est que l'objectif du taux d'intérêt se focalise sur le taux d'intérêt de court terme tel que le taux des fonds fédéraux. Des taux d'intérêt de long terme peuvent aussi être observés en même temps, mais ne peuvent être contrôlés de façon étroite par les banques centrales. Nous ignorons la distinction entre des taux d'intérêt de court terme et de long terme dans les sections à venir, pour les examiner plus tard.

8.3 Ciblage de monnaie versus taux d'intérêt : en présence de chocs

Dans cette section, nous nous efforcerons à démontrer la meilleure recette de la politique monétaire. Pour maintenir l'analyse aussi simple que possible, nous négligerons des questions telles que la difficulté du contrôle monétaire ou le choix du taux d'intérêt à cibler. Nous discuterons de cela dans la section 17.4 dans laquelle nous ferons le résumé des mérites relatifs des deux stratégies.

8.3.1 Implications de cibler un agrégat monétaire

Nous commençons avec l'objectif de cibler un agrégat monétaire. Ici et quand nous examinons le cas de ciblage du taux d'intérêt, nous employons le modèle *IS-LM*.

8.3.1.1 Le cas idéal de cibler un agrégat monétaire

Nous considérons d'abord le cas idéal de viser un agrégat monétaire, dans lequel cela constitue la stratégie optimale. Ce cas est représenté dans le modèle IS-LM de la figure 17.1 ci-dessous. Supposons que la banque centrale a un objectif ultime : le niveau du revenu réel (Y), dont le niveau désiré est Y^*. Aussi supposons qu'à un trimestre donné, sur la base des prévisions, l'autorité de politique monétaire conclut que le niveau cible de revenu sera atteint si l'offre de monnaie est fixée à M^*.

La droite *LM* de la figure 17.1 est verticale, reflétant l'hypothèse que la demande de monnaie est inélastique au taux d'intérêt. La demande de monnaie dépend seulement du revenu. De plus, nous assumons que la fonction de demande de monnaie est parfaitement stable. Il n'y a pas de décalages de la fonction, pas de changements du montant de la monnaie demandée pour un niveau donné de revenu. Du côté de l'offre, la banque centrale est supposée compenser les changements de l'offre de monnaie qui résultent du comportement du public et du système bancaire. Ainsi, la Fed atteint son niveau cible de l'offre de monnaie(M^*), la courbe *LM* sera parfaitement stable à $LM\ (M^*)$ dans la figure 17.1. Cela signifie que frapper avec succès la cible de l'offre de monnaie signifiera en fait atteindre avec succès l'objectif ultime de revenu (Y^*).

Pour voir ce résultat, considérons la figure 17.1. Nous supposons que la banque centrale ne peut pas prédire avec certitude la position de la courbe *IS.* Supposons que la position prédite pour la courbe soit IS_0. Les facteurs de la demande du secteur réel tels que les exportations, l'investissement et la dépense du gouvernement seront plus faibles que prévus, causant la courbe *IS* à être à gauche de IS_0 à IS_1. Alternativement, les facteurs de la demande du secteur réel seraient plus forts que prévus, entrainant la courbe *IS* à se situer à IS_2, à droite de IS_0. En ciblant l'offre de monnaie, la Fed s'assure que la courbe verticale *LM* sera fixée à $LM\ (M^*)$, et en conséquence le revenu sera à Y^*, peu importe la position de la courbe *IS.* Quand la Fed utilise un agrégat monétaire, comme objectif intermédiaire, dans un trimestre, la politique procède comme si la cible choisie de l'offre de monnaie était l'objectif ultime de la politique monétaire. Dans le cas de la figure 17.1, atteignant la cible de l'offre de monnaie garantit l'atteinte du revenu cible. Ceci est le cas optimal de ciblage de la monnaie.

Notons que, bien qu'atteindre la cible de l'offre de monnaie garantisse que nous atteindrions le revenu cible, des chocs imprévus qui déplacent la courbe *IS* causeront la volatilité du taux d'intérêt. Si la position de la courbe *IS* est IS_1 ou IS_2 au lieu de la position IS_0 prédite par la banque centrale, le taux d'intérêt sera $r_1$ou r_2 au lieu du niveau prévu, r_0. Si la Fed a aussi un niveau désiré du taux d'intérêt, par exemple r_0, la Fed ratera l'objectif du taux d'intérêt.

Figure 8.1 e Cas idéale de ciblage d'un agrégat monétaire

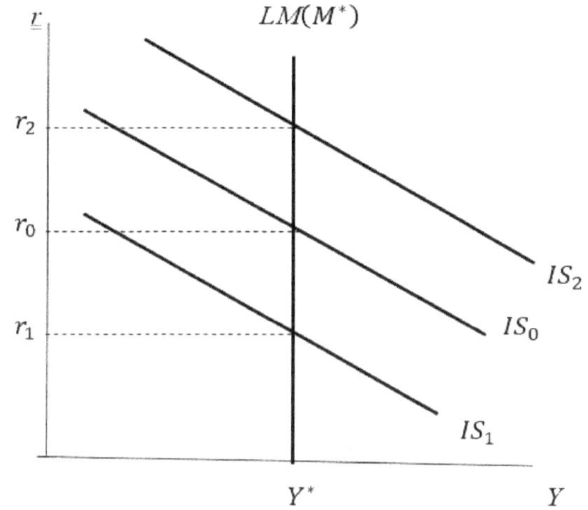

8.3.1.2 Le cas moins idéal de cibler un agrégat monétaire

Dans la figure 8.2 il est illustré les cas dans lesquels atteindre l'objectif de l'offre de monnaie ne signifie pas généralement que l'objectif de la cible de revenu a été atteint.

Dans la figure 8.2a, nous supposerons que si la banque centrale atteint sa cible d'offre de monnaie, elle fixera la position de la courbe de demande de monnaie. Pour que cela soit le cas, nous devons supposer que la fonction de demande de monnaie est parfaitement stable. Il n'y a pas de décalages imprévisibles de la demande de monnaie qui déplaceront la courbe *LM* pour une valeur donnée de l'offre de monnaie. Dans la figure 8.2a, nous n'assumons pas que la fonction de demande de monnaie est totalement inélastique au taux d'intérêt ; la courbe *LM* n'est pas en conséquence verticale.

Figure 8.2 Cas moins idéale de ciblage d'un agrégat monétaire

a. Courbe LM Non Verticale

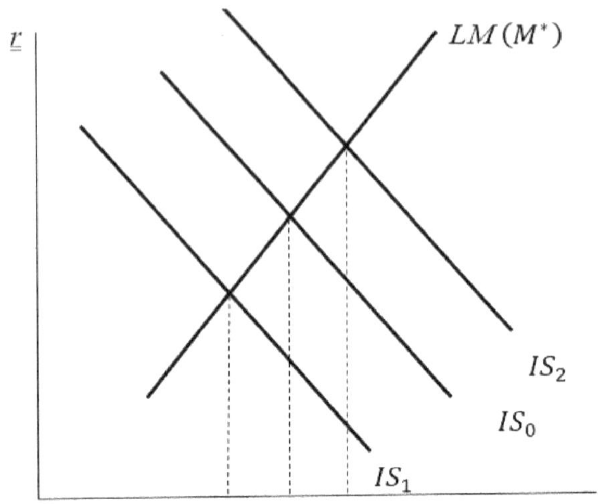

b. Courbe *LM* instable

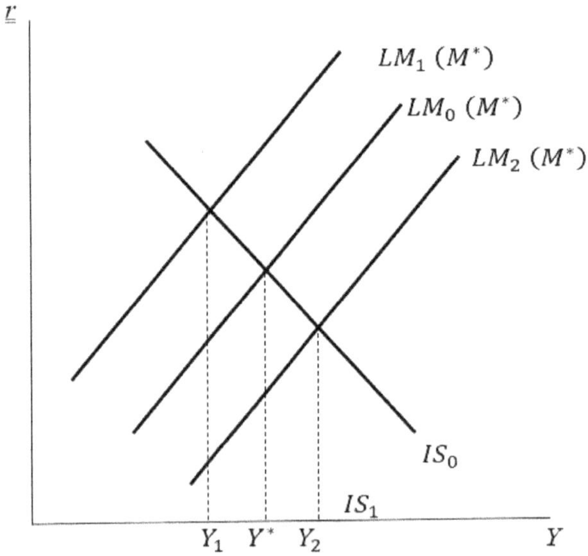

Dans ce cas, notons que même si la banque centrale atteint son niveau cible d'offre de monnaie, elle atteindra sa cible ultime de revenu seulement si la courbe *IS* se situe à la position prévue, IS_0, seulement si la prévision du secteur réel de la Fed, sur laquelle le choix de l'offre cible de monnaie a été prévu, était correcte. Si la demande du secteur réel était plus faible que celle de la prévision et la courbe *IS* était à

IS_1 dans la figure 8.2a au lieu de IS_0, le revenu serait à Y_1, au-dessous de Y^*. Si la demande du secteur réel est plus forte que prévue et la courbe *IS* est à IS_2, le revenu excédera le niveau cible. Dans tous les deux cas, le revenu cible est raté même si la Fed atteint son objectif d'offre de monnaie.M^*. Avec une courbe *LM* non verticale, fixer l'offre de monnaie ne fixe pas le niveau de revenu.

Dans la figure 8.2b, nous considérons un cas dans lequel la fonction de demande de monnaie n'est pas parfaitement stable. Il y a des déplacements imprévus de la demande de monnaie pour des niveaux donnés de revenu et du taux d'intérêt. De tels chocs à la demande de monnaie déplacent la courbe *LM.* Dans ce cas, même si la Fed atteint son objectif d'offre de monnaie, la courbe *LM* ne sera pas fixe. Dans la figure 8.2b, supposons que, sur la base d'une prévision de la demande de monnaie, la Fed prédit que la courbe de demande LM sera à LM_0 (M^*). Pour isoler clairement les effets de l'incertitude autour de l'offre de monnaie, supposons que la prévision de la banque centrale au sujet du secteur réel soit correcte : la position selon la prévision et la position actuelle de la courbe *LM* se situe à IS_0.

Si la Fed utilise l'offre de monnaie comme un instrument intermédiaire et frappe la cible d'offre de monnaie (M^*), elle atteindra le revenu cible (Y^*), seulement si la prévision de la demande de monnaie est correcte, seulement si la courbe *LM* est à $LM_0(M^*)$ as prédit. On peut voir ce résultat dans la figure 17.2b. Si un choc inattendu accroit la demande de monnaie au-dessus du niveau de la prévision et la courbe *LM* à $LM_1(M^*)$ au lieu de $LM_0(M^*)$, le revenu (Y_1) baissera au-dessous du niveau cible. Dans le cas inverse, quand un choc inattendu réduit la demande de monnaie au-dessous du niveau attendu de la prévision et la courbe *LM* est à une position telle que $LM_2(M^*)$, le revenu sera à Y_2, au-dessus du niveau cible. Encore, atteindre la cible d'offre de monnaie ne garantit pas que le revenu cible sera atteint.

8.3.2 Implications de cibler le taux d'intérêt

Nous considérons ici une stratégie de ciblage du taux d'intérêt. Comme pour la cible d'offre de monnaie, le décideur politique est supposé avoir une cible ultime, celle de maintenir le revenu réel (Y) à un niveau désiré (Y^*).

Si la banque centrale cible le taux d'intérêt, alors dans le modèle *IS-LM* la courbe devient horizontale. La courbe *LM* décrit l'équilibre sur le marché monétaire. Pour arrimer le taux d'intérêt, la banque centrale offre tout montant de monnaie nécessaire pour maintenir l'équilibre du marché monétaire au taux d'intérêt cible. Pour voir comment une stratégie de ciblage de taux d'intérêt fonctionne, nous considérons les mêmes cas comme précédemment.

8.3.2.1 Incertitude au sujet de la courbe *IS*

Dans les deux premiers cas, nous supposons que la seule incertitude concerne la courbe *IS*. La figure 8.3 représente la situation dans laquelle, comme dans la figure 8.1, la position prévue de la courbe *IS* est à IS_0. Mais les positions IS_1 et IS_2 pourraient se produire, respectivement, si la demande est plus faible ou plus forte que prévue. En plus de la courbe *LM* horizontale, ce qui est pertinent quand le taux d'intérêt est arrimé (ligne pleine), nous montrons (comme ligne en pointillé) la position de la courbe *LM* qui en résulterait si nous ciblons l'offre de monnaie (à M^*). Dans la figure 8.3, nous assumons que la demande de monnaie est totalement inélastique à l'intérêt (élasticité-intérêt zéro). En conséquence, si l'offre de monnaie était la cible intermédiaire, la courbe *LM* sera verticale.

Nous pouvons voir sur la figure 8.3 que, avec le taux d'intérêt ciblé à r^*, nous atteindrons le revenu cible, Y^*, seulement si la courbe *IS* est dans la position prédite IS_0. Si, par exemple, la demande d'investissement du secteur privé était plus faible que prévue et la courbe *IS* était à IS_1, le revenu baissera au-dessous du niveau désiré (à $Y_{r,1}$). Dans le cas décrit dans cette représentation graphique, nous sommes au mieux avec une cible d'offre de monnaie dans laquelle nous restons à Y^* quelle que soit la position de la courbe *IS*.
Dans la figure 8.4, nous représentons le cas dans lequel nous acceptons l'incertitude de la courbe *IS*, mais nous n'admettons plus que la demande de monnaie soit complètement inélastique au taux d'intérêt (cela est le cas soutenu dans la figure 8.2a).

L'hypothèse de l'inélasticité-intérêt de la demande de monnaie n'a pas d'effet sur la courbe de demande quand le taux d'intérêt est l'objectif cible. Que la courbe *LM* (la ligne pleine de *LM* dans la figure) soit horizontale parce que la Fed offre la monnaie requise pour maintenir le taux d'intérêt à r^*. La courbe *LM* avec une cible d'offre de monnaie, illustrée par une ligne en pointillé dans la figure 8.4, $LM(M^*)$, sera croissante, pas verticale.

Figure 8.3 Ciblage du Taux d'Intérêt Incertitude de la Courbe *IS* :

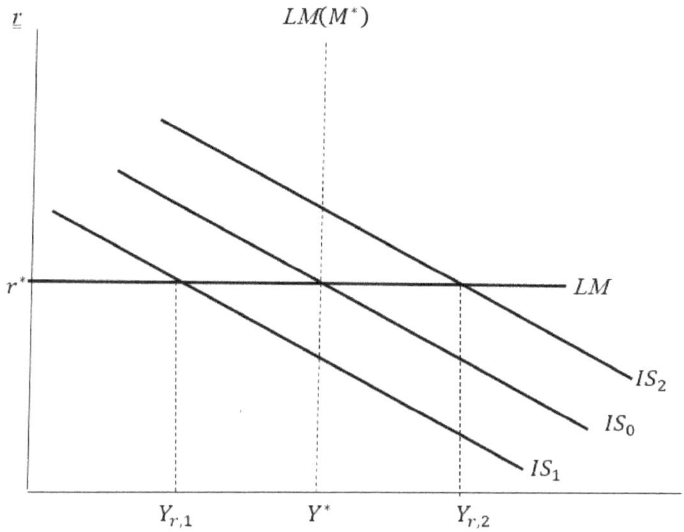

Encore, la position prédite de la courbe *IS* est à IS_0, mais la courbe pourrait se retrouver à IS_1 ou IS_2, respectivement, si la demande du secteur privé est plus faible ou plus forte que celle prévue. Comme dans la figure 8.3, la cible d'offre de monnaie est supérieure au taux d'intérêt en maintenant le revenu proche de Y^* quand la courbe *IS* n'est pas au niveau de prévision. Si la courbe *IS* se retrouve à IS_1 ou IS_2, le revenu sera Y_1 ou Y_2, respectivement, avec une cible d'offre de monnaie. Avec une cible de taux d'intérêt, le revenu serait à $Y_{r,1}$ ou $Y_{r,2}$, respectivement, pour les mêmes positions de la courbe *IS* ; tous les niveaux seront loin de Y^*.

Nous voyons ensuite que, peu importe que la courbe *LM* soit verticale ou exhibe une pente croissante, la cible d'offre de monnaie est supérieure à une cible de taux d'intérêt quand l'incertitude à laquelle fait face le décideur politique concerne la courbe *IS.* La raison est que, quand la courbe *IS* s'éloigne de sa position annoncée par la prévision, le mouvement du taux d'intérêt affaiblit ou étouffe l'effet du décalage sur le revenu. Quand le taux d'intérêt est ciblé, cet amortisseur monétaire est fermé.

Figure 8.4 Ciblage du Taux d'Intérêt avec Incertitude de la Courbe *IS* : Non Zéro Elasticité-Intérêt de la Demande de Monnaie

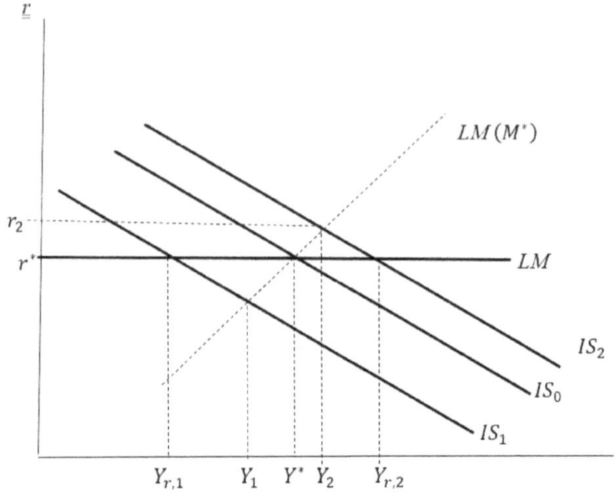

Considérons les effets d'une hausse autonome de la demande d'investissement (c'est-à-dire un mouvement de IS_0 à IS_2 dans la Figure 8.4). Si l'offre de monnaie est la cible, puisque la hausse de l'investissement entraine la hausse du revenu, la demande de monnaie augmente et, avec une offre de monnaie fixe, le taux d'intérêt doit augmenter (à r_2 dans la figure 8.4).

La hausse du taux d'intérêt fonctionnera contre la hausse autonome de la demande et causera l'investissement à monter dans une proportion moindre que ce qui aurait pu être possible. Si la banque centrale cible le taux d'intérêt, cela ne se produira pas. Puisque le revenu augmente, pour maintenir le taux d'intérêt à r^*, la banque centrale doit entreprendre des achats d'open-market pour étendre l'offre de monnaie en vue de satisfaire la demande de monnaie accrue.

8.3.2.2 Incertitude au sujet de la demande de monnaie

La figure 8.5 illustre le cas dans lequel la demande de monnaie n'est pas parfaitement stable (le cas montré dans la figure 8.2b). Avec le taux d'intérêt comme cible, la courbe *LM* est horizontale et ne se déplace pas quand il y a un déplacement de la fonction de demande de monnaie. Par exemple, si un choc positif (un niveau typique désirable de dépôts de banque) accroit la demande de monnaie à un niveau donné de revenu et le taux d'intérêt, la banque centrale accroit l'offre de monnaie. Des chocs à la demande de monnaie, en conséquence, n'affectent pas le revenu avec une cible de taux d'intérêt. Le revenu réel reste au niveau cible Y^*.

Figure 8.5 Ciblage du Taux d'Intérêt avec Incertitude de *LM*

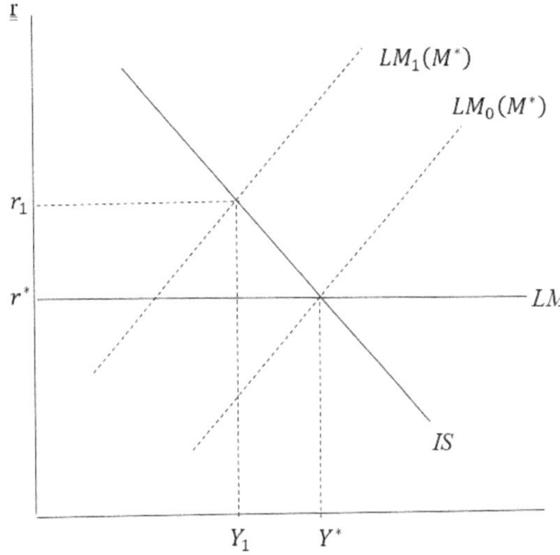

Avec un ciblage de l'offre de monnaie, cependant, un choc positif à la demande de monnaie ne déplace pas la position de la courbe *LM* loin du niveau prévu même si le niveau cible de l'offre de monnaie est atteint. Si avec la cible de l'offre de monnaie, M^*, la position espérée de la courbe *LM* était la ligne en pointillé $LM_0(M^*)$, alors un choc positif à la demande de monnaie déplacerait la courbe de demande à $LM_1(M^*)$. Le taux d'intérêt sera poussé jusqu'à r_1, et le revenu baissera à Y_1, au-dessous de Y^*.

Nous voyons alors que si l'incertitude est centrée sur l'instabilité de la demande de monnaie, une cible de taux d'intérêt est préférable à la cible de l'offre de monnaie. Si le taux d'intérêt est la cible, le secteur réel (le marché de l'output) est isolé des chocs à la demande de monnaie ; l'offre de monnaie s'ajuste à maintenir le niveau cible du taux d'intérêt. Dans le cas d'une cible d'offre de monnaie, le choc à la demande de monnaie n'affecte pas le taux d'intérêt, et en conséquence le revenu est déplacé.

8.4 Les mérites relatifs des deux stratégies

Que pouvons-nous conclure au sujet des avantages et désavantages relatifs d'un agrégat monétaire contre le taux d'intérêt comme cible de la politique monétaire ?

8.4.1 Les sources de l'incertitude et le choix d'une stratégie de politique monétaire

L'analyse de la section précédente indique qu'une considération importante en choisissant entre des objectifs intermédiaires alternatifs est une source d'incertitude majeure à laquelle le décideur politique fait face. Si les sources dominantes de l'incertitude sont des décalages imprévisibles de la courbe *IS*, une cible d'offre de monnaie est supérieure à une cible de taux d'intérêt. L'implication pour l'économie actuelle est que, quand l'incertitude vient des sources tels que les décalages imprévisibles de dépenses d'investissement du secteur des affaires, investissement de construction de logements résidentiels, et les achats des biens de consommation durables, toutes les demandes d'output du secteur privé, alors cibler l'offre de monnaie est préférable.

La cible du taux d'intérêt était considérée supérieure quand l'incertitude vient des décalages de la courbe *LM* due à la demande de monnaie instable. Dans le modèle *IS-LM*, les actifs sont divisés en deux groupes : les actifs monétaires et les actifs non monétaires appelés obligations. L'implication pour l'économie est que quand la source prédominante de l'incertitude est centrée sur les décalages en demande d'actifs (obligations et monnaie), le taux d'intérêt est une cible intermédiaire supérieure.

8.4.2 Autres considérations

Un autre avantage additionnel de cibler l'offre de monnaie est qu'un engagement fort à maintenir la croissance de l'offre de monnaie dans un intervalle assure le contrôle de l'inflation pour des périodes de moyen terme (par exemple trois à cinq ans). Virtuellement tous les économistes croient qu'une inflation élevée soutenue requiert une croissance accommodante de l'offre de monnaie. Une adhésion stricte aux cibles d'offre de monnaie limite sévèrement l'accommodation monétaire.

Des avocats de ciblage des agrégats monétaires soutiennent qu'en fixant les objectifs d'offre de monnaie faibles, non inflationnistes et en les atteignant, la Fed peut construire une crédibilité anti-inflationniste ; le public commence à croire que la Fed mettra en œuvre des politiques annoncées. Cette stratégie a l'avantage de maintenir les attentes à un niveau bas.

Une cible de taux d'intérêt ne fournit pas une telle garantie non inflationniste. Si la banque centrale cible le taux d'intérêt, elle doit créer l'offre de monnaie pour s'accommoder de toute demande de monnaie. Si une poussée inflationniste commence potentiellement, la demande de monnaie augmentera (demande de transactions élevée). La banque centrale sera alors conduite à nourrir l'inflation par une hausse accommodante de l'autre de monnaie. Ce résultat n'est pas inévitable ; la Fed peut observer le potentiel de l'inflation et augmenter le niveau cible du taux d'intérêt. Le point ici est qu'en atteignant simplement une cible particulière de taux d'intérêt, cela ne fournit pas la protection d'inflation mieux que le ciblage des agrégats monétaires.

Cependant, quelques considérations pour un ciblage de taux d'intérêt. Pour une chose, les taux d'intérêt ne sont pas sujets aux problèmes de mesure concernant les agrégats monétaires (par exemple les nouveaux dépôts). La stabilité du taux d'intérêt, au moins à court terme, est un autre avantage cité pour un ciblage du taux d'intérêt. Pour atteindre une cible de l'offre de monnaie, la Fed doit laisser le taux d'intérêt fluctuer librement (voir la figure 8.2a). Certains économistes et banquiers centraux sont inquiets qu'un taux d'intérêt librement fluctuant causera l'instabilité sur les marchés financiers. Rappelons, par exemple, que des augmentations de taux d'intérêt causent des pertes significatives de capitaux sur obligations. Ces pertes peuvent, en retour, mener à l'instabilité des institutions financières qui détiennent de grandes quantités de ces obligations.

Un dernier point concernant la stratégie des taux d'intérêt est lié à la distinction entre les taux d'intérêt de court terme et de long terme. Le taux d'intérêt que la Fed ou autres banques centrales peuvent contrôler est un taux d'intérêt de court terme tel que le taux des fonds fédéraux aux États-Unis. Mais les dépenses du secteur privé peuvent dépendre fortement des taux d'intérêt de long terme tels que les taux d'intérêt des obligations des entreprises. Les taux d'intérêt de long terme sont sujets à plusieurs autres influences au-delà du contrôle des banques centrales. En particulier, les obligations de long terme existeront pour plusieurs années et feront la compétition sur le marché avec des actifs financiers de court terme qui seront émis dans le futur.

8.5 Les changements intervenus dans les institutions des Banques Centrales : l'expérience internationale

Aux États-Unis et dans presque tous les pays du monde, la stratégie de la politique monétaire a changé en fonction de la variation de l'environnement économique. La structure institutionnelle de la Fed n'a pas, cependant, changé d'une manière significative. D'autres pays industrialisés au début des années 1980, ont fait des changements majeurs dans la structure de leurs banques centrales. En réponse à ce que les gouvernements ont cru être une performance macroéconomique, plusieurs pays ont changé les mandats et la responsabilité de leurs banques centrales.

Le changement le plus courant a été d'instruire les banques centrales de cibler l'inflation comme le seul objectif de la politique monétaire. Des pays qui ont adopté le ciblage comme mandat pour leurs banques centrales incluent le Canada, la Nouvelle-Zélande, le Royaume-Uni et la Suède, y compris la banque centrale européenne (BCE). Aux États-Unis, comme dans tous ces pays, l'inflation faible a toujours été un objectif de politique monétaire. Pourquoi ces pays ont décidé de faire de l'inflation faible l'objectif vital de leur politique monétaire ?

Ici nous examinons les deux aspects de l'argument pour le choix de l'objectif d'inflation faible dans les pays industrialisés. Le premier, né de la perspective macroéconomique néoclassique, est la reconnaissance des problèmes d'incohérence temporelle qui se produisent quand la politique monétaire est conduite sous discrétion. Le second implique des considérations plus pragmatiques. Tous les deux cas nous ramènent aux arguments de règles contre discrétion dans la formation ou la formulation de la politique macroéconomique.

8.5.1 Le problème d'incohérence temporelle

Notre analyse jusqu'ici suggère que la stratégie de politique monétaire devrait changer au fil du temps en raison du fait que les sources des incertitudes auxquelles font face les décideurs varient. Cette vue soutient la flexibilité ou la politique par la discrétion. La reconnaissance de problèmes d'incohérence temporelle dans la formulation politique, cependant, prête main-forte à l'argument de la politique par les règles.

Un problème d'incohérence temporelle (dynamique) de politique arrive quand, comme l'a dit Stanley Fischer, ''une politique future qui forme une partie d'un plan optimal formulé à une date initiale n'est plus optimale du point de vue d'une date future, même si aucune nouvelle information n'est apparue pendant ce temps.'' En d'autres termes, une annonce de politique sera incompatible avec le temps si les agents économiques savent que le décideur politique renoncera à la décision quand le temps d'agir arrive.

En appliquant cette théorie à la politique conduite avec discrétion, le problème d'incohérence dynamique se produit de la manière suivante : supposons que, à cause de certaines distorsions dans l'économie, le bien-être social serait accru si l'output était poussé au-dessus du taux naturel, qui est consistant avec les régleurs de prix et de salaire prévoyant avec précision le niveau de prix. Une raison possible pourrait être que les caractéristiques non compétitives des marchés de travail et de produit mènent au taux naturel qui est trop bas (comme par exemple le résultat du modèle insider-outsider). De plus, supposons que, consistent avec l'hypothèse des anticipations rationnelles examinée au chapitre 11, le décideur de politique monétaire puisse pousser l'output audessus du taux naturel en générant un taux d'intérêt désespérément inattendu de la croissance de la monnaie. Finalement, supposons que, comme c'est raisonnable, les salaires et les prix sont fixés à des intervalles moins fréquents (par exemple annuellement) que les actions de la politique monétaire sont implémentées (par exemple mensuellement).

À un moment, disons au début de l'année, le décideur politique doit annoncer un taux non-inflationniste de la croissance monétaire zéro. Mais plus tard au cours de l'année, après que les salaires et les prix aient été fixés, le décideur politique trouve optimal de renoncer à cet engagement et génère une inflation de surprise. Les firmes et les travailleurs, sachant que les préférences du décideur politique (souvenez-vous que, ici, nous supposons que les anticipations sont rationnelles), anticiperont que le décide politique triche. Il n'y aura pas de gain d'output. Il y aura une inflation plus élevée qu'à zéro croissance de monnaie. Le problème d'incohérence de temps cause un biais d'inflation en politique monétaire. Si, au lieu, une règle de politique monétaire attache le décideur de politique monétaire à un objectif d'inflation zéro, la société se portera mieux qu'avec une politique menée par discrétion. La règle donnera de la crédibilité à l'annonce du décideur politique.

Ça vaut la peine de noter que les problèmes d'incohérence temporelle existent dans des contextes autres que la politique monétaire.

8.5.2 Autres Arguments en faveur du Ciblage du taux d'Inflation

Est-ce que les problèmes d'incohérence dynamique sont importants pour la politique monétaire ? Alan Blinder, un professeur à Princeton University et ancien vice-président du Board of Governors de la Fed, soutient que les économistes universitaires qui se sont inquiétés au sujet de l'incohérence temporelle ''ont soutenu la mauvaise cause.''

S'il n'est pas question de résoudre le problème d'incohérence dynamique, quelle est la motivation derrière le passage aux règles de ciblage d'inflation dans la plupart des pays ? Il semble exister des considérations plus pragmatiques. Une de ces considérations est de réduire l'effet des pressions politiques sur les banques centrales. En général, le passage à l'inflation ciblée coïncide avec une plus grande indépendance accordée aux banques centrales. Vu le contrôle indépendant de la banque centrale de ses instruments de politique monétaire et un mandat clair de cibler, limitent grandement l'habileté d'un gouvernement à manipuler la politique monétaire pour des objectifs politiques, tout au moins dans le cas des pays développés. Même avant des règles de ciblage implicites communes, l'indépendance des banques centrales était positivement associée à l'inflation. L'objectif d'inflation est une voie de donner aux banques centrales l'indépendance de leurs instruments tout en les rendant responsables des objectifs.

Une autre motivation pragmatique de passer à l'objectif d'inflation faible dans plusieurs pays était qu'ils ont fait l'expérience des problèmes similaires à ceux des États-Unis avec les agrégats monétaires comme instruments intermédiaires. Au fur et à mesure que la relation monnaie-revenu devenait plus instable, ils se sont plus attachés aux taux d'intérêt de court terme pour implémenter la politique monétaire. Comme nous l'avons expliqué avant, cette approche laisse la politique monétaire sans ancrage qui sert comme une garantie sans inflation. Un ciblage direct sur l'inflation fournit un tel ancrage.

Questions de revue et problèmes

1. Actuellement aucune banque centrale majeure ne cible l'offre de monnaie. Pourquoi devrions-nous penser que cela doit être le cas ? Encore, aucune banque centrale majeure n'ignore complètement le niveau de croissance de la monnaie. Pourquoi ?
2. Qu'est-ce que le FOMC ? Quel est le rôle de ce comité dans la formulation de la politique monétaire ?
3. Évaluez les arguments de pour et contre le ciblage intermédiaire d'un agrégat monétaire.
4. En utilisant le modèle *IS-LM,* analysez si un accroissement de l'instabilité de la fonction de demande de monnaie accroitrait ou décroitrait la désirabilité de ciblage intermédiaire d'un agrégat monétaire.
5. Supposons que la courbe *IS* soit verticale parce que l'élasticité-intérêt de la demande d'investissement est zéro ; l'investissement est complètement insensible au taux d'intérêt. Est-ce que c'est toujours vrai que pour le cas des chocs de la courbe *IS* une cible d'offre de monnaie est préférable à une cible de taux d'intérêt ? Montrez pourquoi ou pourquoi pas en utilisant les graphes *IS-LM.*

CHAPITRE 9 : La politique fiscale

Les débats autour de la politique fiscale sont devenus houleux les dernières décennies. De larges déficits étaient vus comme un problème, mais étaient-ils '' le diable à la porte'' ou, comme d'autres le suggèrent, ''des termites dans le sous-sol'' ? Dans les chapitres précédents, nous avons vu la politique fiscale et la politique monétaire comme des instruments de stabilisation de l'économie. Comment cette stabilisation s'intègre-t-elle avec les autres considérations qui conduisent le budget ? Quel rôle, par exemple, ont joué les considérations de stabilisation en causant des sauts dramatiques de déficits budgétaires que nous avons décrits ? Une des questions de longue durée que nous abordons est de savoir si la politique fiscale est mieux conduite par les règles, telles que qui mandatent l'équilibre du budget, ou si la politique est mieux une fois laissée à la discrétion des décideurs politiques.

Nous commençons par examiner les objectifs de la politique fiscale et la possibilité que les objectifs des décideurs, ici le Parlement et le gouvernement, peuvent diverger des objectifs du public. Certains économistes utilisent cette divergence pour argumenter en faveur de la limitation du comportement des décideurs fiscaux. Avec cet aperçu, nous examinerons les objections des économistes keynésiens aux règles de budget équilibré, aussi bien que les positions puissent être confuses des différentes écoles d'économistes sur les politiques budgétaires propres pour la première partie du 21e siècle.

9.1 Les Objectifs de la Politique macroéconomique

Quels sont les objectifs de la politique macroéconomique ? Le chômage bas et la stabilité des prix sont les deux objectifs de politique économique acceptés, bien entendu, comme nous l'avons vu dans les deuxième et troisième parties de ce livre, qu'il existe des désaccords concernant l'habilité des décideurs politiques à atteindre ces objectifs en gérant la demande globale. Il y a aussi des différences d'opinions concernant le poids relatif qui devrait être assigné à chaque objectif. La croissance économique est un troisième objectif et est relativement liée à l'objectif de chômage bas, parce la création de nouveaux emplois requiert une économie en croissance.

Supposons que nous sommes d'avis que les objectifs de la politique macroéconomique seraient d'atteindre les niveaux cibles de l'inflation, du chômage et de la croissance économique. La question de la conduite optimale de la politique macroéconomique est de savoir alors comment déterminer les instruments de politique, les variables telles que les niveaux des dépenses publiques et les taux d'imposition variés dans le cas de la politique fiscale, en vue de s'approcher aussi près que possible des niveaux cibles. Une façon de formuler ce problème est d'assumer que le décideur de politique fiscale minimise une fonction de perte sociale de la forme suivante :

$$L = a_1(U - U^*)^2 + a_2\left(\dot{P} - \dot{P}^*\right)^2 + a_3(\dot{Y} - \dot{Y}^*)^2 \quad a_1, a_2, a_3 > 0 \quad (9.1)$$

Dans cette équation, L mesure la perte sociale qui en résulte quand les variables d'objectif macroéconomique deviennent des niveaux cibles, par exemple, les coûts de chômage excessif. Les variables d'objectif sont elles-mêmes le niveau de chômage (U), le taux d'inflation $(\dot{P})$, et le taux de croissance de l'économie $(\dot{Y})$. Les niveaux cibles de ces variables sont $U^*, \dot{P}^*$ et $\dot{Y}^*$ respectivement. Dans la forme de l'équation (18.1), la perte du bien-être social dépend du carré des déviations des variables d'objectif des niveaux cibles. La perte sociale née d'une hausse donnée de la déviation de la variable d'objectif de son niveau cible augmente au fur et à mesure que l'on s'éloigne du niveau cible ; des grandes déviations des niveaux désireux reçoivent des pondérations plus grandes. Les coefficients a_1, a_2, a_3 de l'équation (9.1) représentent les poids relatifs attachés aux différentes cibles.

L'équation (9.1) n'est qu'une représentation de la fonction de perte du bien-être social qui est pertinente aux politiques macroéconomiques. L'hypothèse clé pour formuler ce type de politique optimale est simplement que le décideur politique minimise la fonction de perte du bien-être social. Le problème est, alors, de trouver la détermination des instruments qui aboutit à une perte minimum. Nous pouvons développer davantage si les règles, telles que la règle du budget équilibré, surplombent les prescriptions de politique plus activiste.

9.2 Les objectifs des décideurs de la politique macroéconomique

Il y a une littérature qui questionne le réalisme de la formulation précédente de la question de politique optimale. Nous examinons deux positions importantes dans cette littérature : la vue du choix public et la théorie partisane. Un élément commun à ces deux positions est que la politique joue un rôle plus important dans le processus de prise de décision macroéconomique que dans la section précédente.

9.2.1 La vue du choix public

Selon Dennis Mueller de Cambridge, le choix public peut être défini comme l'application de l'analyse économique du choix théorique à la prise de décision politique. Les partisans de ce choix public font l'argumentation que les décideurs fiscaux agissent pour maximiser leur propre bien-être plutôt que de maximiser le bien social. Comme Gordon Tullock, un fervent partisan du choix public, le dit :'' Les bureaucrates sont comme les autres hommes… Si les bureaucrates sont des hommes ordinaires, ils baseront plus leurs décisions (pas toutes) en termes de ce qui leur donne des bénéfices, non pas à la société comme un tout''. Plutôt qu'une fonction de perte du bien-être social comme donnée par l'équation (9.1), la fonction de perte pertinente est celle qui mesure les variables d'importance directe pour les décideurs. Dans le cas des officiels sélectionnés pour la conduite des décisions de politique fiscale, cette approche alternative met l'accent sur les votes comme l'objectif qui motive les décideurs politiques.

Dans le cadre du choix public, une représentation de la fonction de perte appropriée que le décideur cherche à minimiser est

$$L = b_1 PV \qquad b_1 > 0 \tag{9.2}$$

Où PV est la perte de vote et b_1 est le poids attaché à la perte de vote. Les variables de la politique macroéconomique entrent dans le modèle parce que le comportement de l'économie affecte les élections.

Par exemple, la perte de vote peut être représentée comme suit

$$PV = c_0 + c_1(U - U^*)^2 + c_2\left(\dot{P} - \dot{P}^*\right)^2 + c_3(\dot{Y} - \dot{Y}^*)^2 \tag{9.3}$$

Les variables d'objectif macroéconomique et leurs niveaux cibles sont identiques comme dans l'équation (18.1). Les paramètres c_1, c_2 et c_3 représentent les pertes de votes résultant des déviations des variables d'objectif macroéconomique de leurs niveaux cibles. Cette représentation particulière assume que la perte de vote dépend du carré des déviations du niveau cible, assumant comme avant qu'une pondération importante est donnée aux grandes déviations des niveaux désirés. Le paramètre représente d'autres influences sur le comportement de l'électeur (par exemple, les questions de politique étrangère ou d'autres questions domestiques). Supposons que la perte de vote est donnée par l'équation (9.3) et le décideur agit pour minimiser la perte de vote ; la fonction de perte pertinente est l'équation (9.2). Est-ce que les actions de politique diffèrent de celles qui résulteraient des actions du décideur qui agit de façon altruiste et minimise la fonction de perte sociale donnée par l'équation (9.2) ? Les avocats de l'approche du choix public du comportement du décideur fiscal argumentent que c'est possible. Pour voir cela, nous examinons la condition nécessaire du comportement dans les deux cas comme similaire et expliquer pourquoi les adeptes du choix public ne croient pas que cette condition sera respectée dans la pratique.

Premièrement, assumons que le comportement de l'électeur est gouverné par ce que nous pouvons appeler la rationalité collective, signifiant que la perte de vote à cause des inquiétudes macroéconomiques est proportionnelle à la perte du bien-être social. Cette hypothèse signifie que quand les variables macroéconomiques affectent le comportement de vote, les électeurs sanctionnent ou récompensent les politiciens, dépendant de leur performance en minimisant la perte de bien-être social. Dans ce cas, la stratégie optimale pour minimiser la perte de vote [l'équation (9.2)] est de minimiser la perte de bien-être social [l'équation (9.1)]. Comme ç'a été reconnu dans la littérature du choix public, quand ce type de rationalité collective n'existe pas, le comportement des décideurs à maximiser le vote déviera du comportement de maximisation du bien-être social.

1. Les électeurs sont des myopes

Les avocats du choix public soutiennent que le comportement de vote est fortement influencé par l'état de l'économie au cours de quelques trimestres avant l'élection et que le niveau de l'activité économique, non pas le taux d'inflation, est la variable dont la performance récente détermine les votes. Les politiciens en place désirent leur réélection et ils croient que l'économie du boom avant l'élection aidera à atteindre cet objectif. Comme conséquence, nous constatons un cycle économique politique, dans lequel la demande globale est stimulée en période préélectorale, avec l'inflation qui suit après l'élection.

2. Le chômage aboutit plus vraisemblablement à la perte de vote qu'à l'inflation

Le processus inflationniste est supposé suffisamment complexe et mal compris pour que les politiciens évitent de blâmer l'inflation plus facilement qu'ils ne peuvent le faire pour le chômage. À tout moment, il est reproché à l'inflation des évènements qui ne sont pas sous le contrôle du parti politique au pouvoir, mais idéalement au parti politique qui était au pouvoir. Comme conséquence, les avocats du choix public arguent que les officiels élus répondent rarement à l'inflation avec des politiques restrictives, mais répondent au chômage avec des politiques expansionnistes. Donc, le processus de politique fiscale a un biais inflationniste.

3. Un biais de déficit existe dans le processus budgétaire

Le biais inflationniste décrit ci-haut est renforcé par le biais inhérent aux déficits du budget que les adeptes du choix public croient être la caractéristique des politiques fiscales des gouvernements démocratiques. Par exemple, comme James Buchanan et Richard Wagner le disent :

Les politiciens élus aiment dépenser sur des projets qui produisent des bénéfices démontrés à leurs circonscriptions. Ils n'aiment pas imposer des impôts aux mêmes circonscriptions. La norme pré-keynésienne de l'équilibre du budget a servi à limiter des dépenses pour que le gouvernement maintienne les dépenses dans les limites du revenu généré par les impôts. La destruction keynésienne de cette norme, sans un remplacement adéquat, a effectivement enlevé cette contrainte. De manière prévisible, les politiciens ont répondu en accroissant les dépensant plus que les revenus fiscaux, en créant des déficits budgétaires comme le cours normal des choses.

Si nous acceptons la caractérisation du choix public, comment ce biais de déficit peut dans le processus de politique fiscale peut-être corrigée ? Buchanan et Wagner croient que nous devons restaurer la norme pré-keynésienne de l'équilibre du budget, nous devons éviter le déficit budgétaire.

Aussi, puisque de nouveaux programmes et des programmes élargis doivent être financés par de nouveaux impôts dans un système de budget équilibré, la croissance du secteur du gouvernement sera réduite. Dans la vue du choix public, la politique fiscale optimale ne signifie pas concevoir des politiques pour stabiliser la macroéconomie. Plutôt, elle implique l'imposition des règles sur des décideurs politiques qui éliminent les effets déstabilisateurs du déficit budgétaire.

9.2.2 La théorie partisane

Dans la théorie partisane, les facteurs politiques aussi affectent la politique macroéconomique. La théorie partisane, cependant, voit les politiciens comme des leaders idéologiquement motivés des parties en compétition. Les parties en retour, représentent, des circonscriptions différentes avec des préférences concernant des résultats macroéconomiques. Dans le modèle du parti partisan le plus courant, il y a un parti libéral (ou parti travailliste) et un parti conservateur. Le parti libéral met principalement l'accent sur le plein emploi et la redistribution du revenu, alors que le parti conservateur valorise beaucoup plus la stabilité des prix.

Plutôt qu'un cycle économique politique, la théorie partisane prédit des cycles de parti puisque la politique macroéconomique varie, dépendant de quel parti est au pouvoir. Dans le cas de la politique fiscale, le modèle partisan prédit que si le parti libéral gagne l'élection, les dépenses publiques augmenteront puisque les politiciens essaieront de stimuler la demande et, en conséquence, l'emploi. Les dépenses du gouvernement vont aussi augmenter puisque les transferts augmentent pour redistribuer du revenu. Dans plusieurs circonstances, la politique fiscale expansionniste accroitra aussi le taux d'inflation. Si le parti libéral perd d'un grand point, la politique fiscale deviendra plus restrictive puisque les conservateurs chercheront à combattre l'inflation. Le chômage augmentera, et une récession pourrait en résulter.

Comme les cycles économiques politiques, les cycles de parti partisan seront empêchés ou atténués par une règle de politique fiscale telle que la règle de budget équilibré. Une règle pour la politique fiscale limiterait l'aptitude de chaque parti à poursuivre ses objectifs en manipulant la demande globale. Aussi, les efforts de redistribution du parti libéral seront entravés si les paiements de transferts accrus requièrent de nouvelles taxes.

9.3 L'économie et le budget : le concept de stabilisateurs fiscaux automatiques

Le budget contient trois variables qui affectent les objectifs macroéconomiques : les achats des biens et services par le gouvernement, les paiements de transferts par le gouvernement (y compris les subventions aux collectivités), et les revenus fiscaux du gouvernement. Dans la deuxième partie de ce livre, nous avons les effets d'un changement des dépenses publiques, spécialement les dépenses de biens et services, et les changements de revenus fiscaux. Dans les modèles de la partie 2, les recettes fiscales étaient nettes (c'est-à-dire impôts moins paiements de transferts), en conséquence, une hausse de paiements de transferts aura le même effet dans ces modèles qu'une réduction de taxes. Dans cette section, nous inversons la question et demandons plutôt comment le niveau de revenu affecte les différents postes du budget. En faisant cela, nous voyons comment le budget du gouvernement fonctionne comme un **stabilisateur économique** de l'activité économique. *Les stabilisateurs automatiques sont des changements d'impôts et des paiements de transferts du gouvernement qui se produisent quand le niveau du revenu change.*

Pour prendre en compte comment le niveau de l'activité économique affecte le budget du gouvernement, nous modifions notre hypothèse que le niveau des recettes fiscales nettes (taxes brutes moins les paiements de transferts) est exogène. Une hypothèse plus en relation avec la réalité est que le programme de taux d'imposition est fixé de façon exogène, mais le niveau des perceptions dépend du niveau du revenu. Avec cette hypothèse, nous pouvons spécifier les perceptions d'impôts nets (T) comme déterminées par la fonction d'impôts nets :

$$T = t_0 + t_1 Y \qquad t_0 > 0, t_1 > 0 \qquad (9.4)$$

Où t_0 et t_1 sont des paramètres qui représentent la structure fiscale. Le paramètre t_1 est le taux marginal net d'impôt, qui donne l'accroissement des impôts (moins les transferts) par unité d'accroissement du revenu ($t_1 = \Delta T/\Delta Y$). Si le système fiscal est proportionnel, l'autre paramètre dans la fonction fiscale, t_0, serait égal à zéro ; les perceptions d'impôts seraient égales à $t_1 Y$. Notons que, dans ce cas, le taux marginal d'impôt $\Delta T/\Delta Y$) serait égal taux moyen d'impôt T/Y, les deux étant donnés par t_1. Le terme négatif t_0 permet au taux moyen d'impôt, qui est dans l'équation (18.4) serait $\frac{t_0}{Y} + t_1$, est inférieur au taux marginal(t_1). Le terme négatif des transferts, des impôts négatifs nets, qui sont indépendants du revenu.

De la fonction d'impôt net donnée par l'équation (9.4), il s'en suit que comme le revenu augmente, les perceptions d'impôt net augmentent et le surplus du budget du gouvernement augmente (ou le déficit baisse) ; à des niveaux élevés d'activité économique, plus de recettes fiscales sont collectées à tout niveau de taux d'imposition. La relation positive entre les recettes fiscales nettes et l'activité économique résulte aussi du fait que les paiements de transferts, surtout les paiements des indemnités de chômage, déclinent lors que l'activité économique augmente. Du côté des dépenses du budget, en l'absence des changements de politique discrétionnaire, il n'y a pas de raison d'espérer les dépenses publiques (G) de répondre aux changements du niveau de l'activité économique. Notre hypothèse précédente que la dépense publique est exogène peut alors être maintenue.

En conséquence, l'effet net d'une hausse de revenu est d'accroitre le surplus du budget ou de faire baisser l'ampleur du déficit existant. Une expansion de l'activité économique entrainera en conséquence la politique fiscale, comme mesure du surplus du budget, à devenir plus restrictive. Cette politique plus restrictive empêche l'expansion. De même, un choc qui cause la baisse de l'activité économique aboutit automatiquement à un déclin du surplus du budget ou une hausse du déficit, qui amortit la baisse du revenu. Ceci constitue l'essence du concept des stabilisateurs fiscaux automatiques.

Pour examiner les stabilisateurs fiscaux automatiques en détail, retournons à l'analyse du multiplicateur du modèle keynésien que nous avons examiné au chapitre 5. Nous considérons la voie par laquelle la demande globale a répondu aux chocs exogènes tels que les changements de la demande d'investissement autonome ou de la dépense du gouvernement. En effet, les stabilisateurs fiscaux automatiques réduisent la réponse de la demande globale, et donc du revenu, aux chocs exogènes. Pour voir ce résultat, nous analysons les effets sur les expressions du multiplicateur des expansions, les expressions qui donnent la réponse de la demande globale à ces chocs, qui résultent du fait de permettre des changements exogènes des revenus fiscaux nets.

La condition d'équilibre du revenu du chapitre 5 est :

$$Y = C + I + G \qquad (9.5)$$

La consommation est illustrée par l'équation suivante :

$$C = a + bY_D \qquad (9.6)$$

Où Y_D est le revenu disponible, défini comme le revenu national net perceptions d'impôts $(Y - T)$. L'investissement, les dépenses publiques et le niveau de perceptions d'impôts sont tous considérés exogènes dans cette version simple du système keynésien. Comme la procédure suivie dans le chapitre 5, nous substituons l'équation (9.6) dans la condition d'équilibre du revenu donnée par l'équation (9.5), et en utilisant la définition de Y_D, nous calculons une expression du revenu d'équilibre $(\bar{Y})$:

$$\bar{Y} = \frac{1}{1-b}(a - bT + I + G) \qquad (9.7)$$

De l'équation (18.7), nous calculons les effets sur l'équilibre des changements exogènes de l'investissement (I), des dépenses publiques (G), et des perceptions d'impôt exogènes (T) comme suit :

$$\frac{\Delta\bar{Y}}{\Delta I} = \frac{1}{1-b}, \frac{\Delta\bar{Y}}{\Delta G} = \frac{1}{1-b}, \frac{\Delta\bar{Y}}{\Delta T} = \frac{-b}{1-b} \qquad (9.8)$$

Le travail à faire ici est de montrer que ces expressions sont modifiées quand la *fonction* d'impôts nets donnée par l'équation (18.4) est remplacée pour l'hypothèse que les perceptions d'impôts sont exogènes.

Pour commencer, considérons la forme de la fonction de consommation donnée par l'équation (9.6) avec notre hypothèse concernant les impôts. En utilisant la définition du revenu disponible $(Y_D = Y - T)$ et avec T défini par l'équation (18.4), nous pouvons écrire la fonction de consommation comme

$$\begin{aligned} C &= a + b(Y - T \\ &= a + bY - bt_0 - bt_1Y \\ &= a - bt_0 + (b - bt_1)Y \\ &= a - bt_0 + b(1 - t_1)Y \end{aligned} \qquad (9.9)$$

En remplaçant l'équation (18.9) dans condition du revenu d'équilibre donnée par (9.5), nous pouvons dériver l'expression révisée du niveau de revenu d'équilibre comme suit :

$$\begin{aligned} Y &= a - bt_0 + b(1 - t_1)Y + I + G \\ Y[1 - b(1 - t_1)] &= a - bt_0 + I + G \\ \bar{Y} &= \frac{1}{1 - b(1 - t_1)}(a - bt_0 + I + G) \end{aligned} \qquad (9.10)$$

Comme l'expression précédente (9.7), l'équation (18.10) spécifie le revenu d'équilibre comme déterminé par un multiplicateur de dépense autonome, dans ce cas $1/[1 - b(1 - t_1)]$, et les influences autonomes sur revenu données par $a - bt_0 + I + G$. Comme avant, nous pouvons calculer les effets sur le revenu d'équilibre d'un changement de l'investissement ou de dépenses publiques.

$$\frac{\Delta\bar{Y}}{\Delta I}=\frac{\Delta\bar{Y}}{\Delta I}=\frac{1}{1-b(1-t_1)} \tag{9.11}$$

Notons que le multiplicateur de dépense autonome et donc l'effet sur le revenu d'un changement des dépenses autonomes (changements de I ou G, par exemple) est plus petit quand les perceptions d'impôts dépendent du revenu que quand le niveau de perceptions d'impôts est exogène ; c'est-à-dire

$$\frac{1}{1-b(1-t_1)}<\frac{1}{1-b}$$

Par exemple, si b, la propension marginale à consommer, était égale à 0,8, et t_1, le taux marginal d'impôt, était égal à 0,25, nous aurons,

$$\frac{1}{1-b}=\frac{1}{1-0{,}8}=5$$

$$\frac{1}{1-b(1-t_1)}=\frac{1}{1-0{,}8(1-0{,}25)}=\frac{1}{1-0{,}6}=5$$

Dans cet exemple, le taux marginal d'imposition de 0,2 coupe la valeur du multiplicateur de moitié. Un taux marginal net d'impôt sur le revenu réduit l'effet sur le revenu d'équilibre des chocs aux dépenses autonomes, tels que le changement autonome de la demande d'investissement. Dans ce sens, les fonctions d'impôts sur le revenu comme un stabilisateur automatique. L'effet stabilisateur d'un impôt sur le revenu peut être expliqué avec référence à notre discussion précédente du processus du multiplicateur. Un choc initial à la demande d'investissement, par exemple, change le revenu et a un effet induit sur la dépense de consommation. Cet effet induit sur la demande de consommation conduit le revenu d'équilibre à changer par un multiple du changement original de la demande d'investissement. Avec un taux marginal d'impôt de t_1, chaque unité monétaire de réduction du PIB réduit le revenu disponible de l'individu de t_1 unités monétaires, par exemple de francs guinéens, le déterminant de la consommation, de seulement $(1-t_1)$ unités monétaires, parce que la responsabilité fiscale de l'individu baisse de $t_1$unités monétaires. Le revenu disponible est affecté moins par un changement par unité du PIB, donc les effets induits sur le revenu de l'investissement autonome, qui consiste en choc original à l'investissement plus les effets induits sur la consommation, sont en conséquence, plus petits quand il y a un taux d'imposition marginal sur le revenu que quand la perception d'impôt sont supposées être exogènes.

La réponse automatique des impôts et transferts au niveau de l'activité économique a été une force substantielle de stabilisation de l'économique, généralement plaçant le budget en déficit durant la récession, avec des déficits à la baisse ou en temps de surplus durant des périodes d'expansion.

En remplaçant la fonction d'impôt net donnée par l'équation (9.4) par l'hypothèse que le niveau de perceptions d'impôt est exogène requiert aussi de modifier l'analyse des effets des changements discrétionnaires d'impôts dans le modèle. Dans l'expression révisée de l'équilibre du revenu par l'équation (9.10), la politique fiscale est représentée deux variables : t_0, l'interception de la fonction fiscale, et t_1, le taux marginal d'impôt sur le revenu.

L'analogue à un changement forfaitaire des perceptions d'impôt dans l'équation révisée du revenu est un changement de t_0. De tel changement pourrait représenter un rabattement d'impôt forfaitaire pour chaque contribuable, par exemple, un changement forfaitaire des paiements de transferts. De l'équation (18.10), les effets d'un changement de t_0 peuvent être calculés comme

$$\frac{\Delta\bar{Y}}{\Delta t_0} = \frac{1}{1 - b(1 - t_1)}(-b) = \frac{-b}{1 - b(1 - t_1)} \qquad (9.12)$$

En tenant en compte le changement du multiplicateur de dépense autonome, cette expression est la même que le multiplicateur fiscal dans laquelle les perceptions d'impôts sont exogènes (voir l'équation (9.8). Encore, l'effet d'un changement fiscal, ici un changement de l'interception de la fonction fiscale, est l'opposé du signe de l'effet d'un changement de la dépense du gouvernement ou de l'investissement autonome donné par l'équation (9.11).

Figure 9.1 Effet d'un Accroissement du Taux Marginal d'Impôt sur le Revenu

a. Consommation

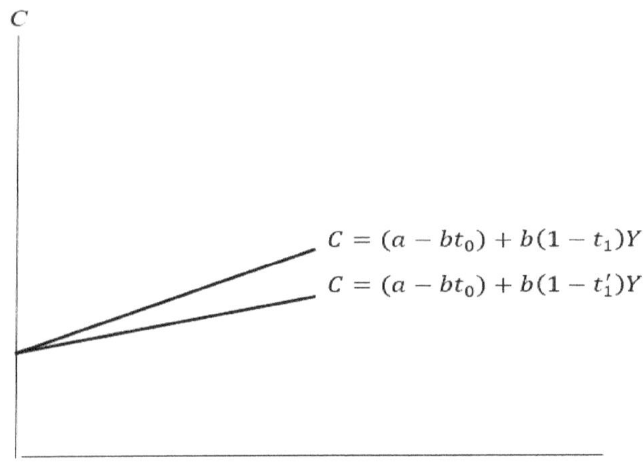

b. Revenu d'Equilibre

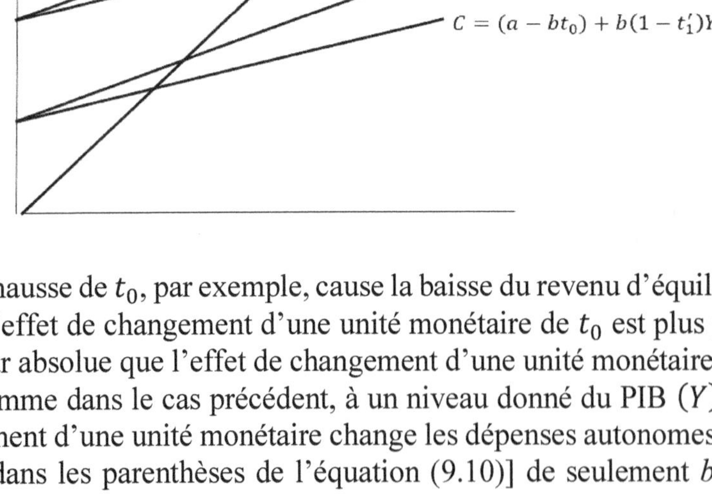

Une hausse de t_0, par exemple, cause la baisse du revenu d'équilibre. Aussi, l'effet de changement d'une unité monétaire de t_0 est plus petit en valeur absolue que l'effet de changement d'une unité monétaire de *I et G.* comme dans le cas précédent, à un niveau donné du PIB (Y), un changement d'une unité monétaire change les dépenses autonomes [les termes dans les parenthèses de l'équation (9.10)] de seulement b <1) unités monétaires avec (1- b) unités monétaires restantes absorbées par un changement d'épargne. Un changement de GNF1,00 de dépense publique ou d'investissement autonome change les dépenses autonomes d'unités monétaires complètes.

De l'équation (9.10), nous voyons que le revenu d'équilibre peut aussi dépendre du taux marginal d'impôt, t_1. Une hausse de t_1 fait baisser le multiplicateur de dépense autonome, et en conséquence fait baisser le revenu d'équilibre, vu les valeurs des composantes de la dépense autonome. Comment le revenu d'équilibre est affecté par un changement du taux marginal d'impôt sur le revenu peut-être vu en inspectant les graphes. La figure 18.1 illustre les effets d'une hausse du taux marginal de t_1 à t_1'. La figure 18.1a montre l'effet de la hausse du taux d'impôt sur la fonction de consommation.

Avec un impôt sur le revenu, la consommation est donnée par l'équation (9.9). Avant l'accroissement du taux marginal d'impôt, la ligne de consommation est $C = (a - bt_0) + b(1 - t_1)Y$ dans le graphe. L'accroissement du taux d'impôt sur le revenu fait pivoter la fonction vers le bas à $C = (a - bt_0) + b(1 - t_1')Y$. La ligne de la nouvelle fonction de consommation est plus plate, indiquant qu'une hausse donnée de revenu entraine la hausse de la consommation de moins que la hausse du taux marginal d'impôt. Ce résultat s'ensuit, avec un taux marginal d'impôt plus élevé, une hausse donnée du revenu *Y,* le revenu national, entraine une hausse plus petite du revenu disponible et donc de la consommation. La figure 9.1b montre l'effet sur le revenu d'équilibre d'une hausse du taux marginal. La fonction de consommation pivote vers le bas, comme dans la figure 18.1a, donc la ligne $C + I + G$ pivote aussi vers le bas de $(C + I + G)$ à $(C + I + G)'$. Le revenu d'équilibre baisse de Y à Y'. Le taux d'impôt plus élevé fait baisser la demande globale et entraine le revenu d'équilibre à la baisse.

9.4 Les controverses de la politique fiscale

Dans cette section, nous prenons en compte les controverses autour du budget. Nous commençons par regarder les différentes vues concernant les règles du budget équilibré pour les politiques fiscales. En y adhérant, de telles règles limiteraient ou élimineraient les déficits du budget du gouvernement. Les raisons pour lesquelles les économistes s'opposent aux règles du budget équilibré sont aussi expliquées.

9.4.1 Les pour et contre les règles de politique fiscale

Nous avons vu que les économistes qui acceptent les vues des choix publics du processus du budget tendent à favoriser les règles de politique fiscale. Les opposants majeurs aux règles qui fixent la politique fiscale à équilibrer le budget (ou atteindre d'autres objectifs arbitraires de déficit) sont des keynésiens, qui argumentent que de telles règles empêchent le rôle de stabilisation que la politique fiscale devrait jouer, un rôle qui, souvent, requiert des déficits budgétaires.

Le rôle du système de transfert d'impôt comme un stabilisateur fiscal automatique, qui a été expliqué dans la section 9.3, requiert que le budget puisse aller en déficit (ou surplus) à des points appropriés du cycle économique. Au cours d'une récession, comme le niveau de l'activité économique baisse, selon la vue keynésienne, le budget devrait aller quelques fois en déficit. En accroissant les taux d'impôt ou en faisant couper les dépenses exacerberaient la récession. Les Keynésiens citent la hausse des impôts de 1932 comme un exemple des politiques fiscales mal conduites nées de la poursuite de l'objectif d'un budget équilibré. L'administration Hoover a augmenté les taux d'impôt substantiellement en 1932 pour essayer d'équilibrer le budget à un moment quand les recettes fiscales baissaient à cause de la Dépression. La hausse du taux d'impôt est arrivée à un moment quand le taux de chômage était de 24%. La politique n'a pas réussi à équilibrer la baisse de revenu, qui en partie le résultat de l'accroissement des impôts. Au cours de la récession de 1974-75, le déficit fédéral des États-Unis s'est accru considérablement à $70 milliards. Les keynésiens croient qu'il aurait eu un risque de Grande Dépression si le gouvernement fédéral essayait d'équilibrer le budget ou de limiter sérieusement l'ampleur du déficit sous de telles conditions.

En plus d'empêcher le fonctionnement des stabilisateurs automatiques, une règle d'équilibre du budget limiterait la capacité des décideurs politiques à prendre des actions fiscales discrétionnaires contre-cycliques. Ce sont des changements de dépense publique et des taux d'imposition destinés à stabiliser la demande agrégée du secteur privé, les équivalents de l'économie réelle des décalages de la politique fiscale discutés dans les chapitres précédents. Les keynésiens ne nient pas qu'il y a des exemples passés des actions politiques discrétionnaires, souvent déstabilisatrices, aussi bien que des politiques stabilisatrices. De plus, les keynésiens sont d'accord que certains échecs de la politique fiscale discrétionnaire viennent des interactions entre le processus politique et le processus de la conduite de la politique macroéconomique. Les économistes keynésiens s'opposent aux amendements constitutionnels d'équilibre du budget ou autres règles de politique fiscale et donnent l'arguent que, cependant, le résultat enregistré pour la politique budgétaire n'est uniformément pas mauvais et le coût de l'interférence avec les stabilisateurs automatiques fiscaux à travers de tels amendements est si grand.

9.4.2 Les déficits cycliques VS Déficits structurels

Une distinction importante dans la compréhension des positions keynésiennes sur les déficits des années 60 par rapport à ceux des années 1980 et 1990 est entre les déficits cycliques et les déficits structurels. Nous avons vu que le déficit du budget dépend en partie du niveau de l'activité économique. Le déficit cyclique est la portion du déficit qui résulte du faible niveau de l'activité économique. Selon la vue keynésienne, les déficits cycliques qui reflètent le fonctionnement des stabilisateurs automatiques sont désirables.

La portion du déficit qui existerait même si l'économie était à son output potentiel est appelé déficit structurel. Un déficit structurel ne peut être directement attribué au comportement de l'économie et est une partie du déficit pour lequel les décideurs de politique fiscale sont directement responsables. En d'autres mots, le déficit structurel est le résultat des décisions que les décideurs politiques ont prises au sujet des taux d'impôt, le niveau des dépenses publiques, et les niveaux de bénéfices des programmes de transferts.

Pour diviser le déficit en composantes cycliques et structurelles, nous avons besoin d'une mesure de l'output potentiel, le niveau de l'output atteint quand, à la fois, le capital et le travail sont utilisés à leur taux le plus élevés. Nous pouvons ensuite calculer les changements des recettes et des paiements de transferts qui auront eu lieu si l'économie s'est déplacée de l'output actuel à l'output potentiel. Retenons qu'il n'existe pas de définition acceptée de l'output potentiel, et en conséquence, il y a des mesures différentes du déficit structurel.

Questions de revue et problèmes

1. Expliquez les objections keynésiennes aux règles fixes de la politique fiscale, comme des amendements constitutionnels qui mandateraient un budget équilibré.

2. Supposons que, dans le modèle keynésien, le niveau des dépenses publiques (*G*) égal 100, le niveau de la dépense d'investissement (*I*) égal 75, et la consommation (*C)* donnée par

$$C = 25 + 0{,}8Y_D$$

Les impôts nets (*T*) sont initialement donnés par la fonction fiscale

$$T = -50 + 0{,}40Y$$

Calculez le revenu d'équilibre $\bar{Y}$. Supposons maintenant que le taux d'impôt baisse de 0,30 à 0,25. Trouvez le nouveau niveau du revenu d'équilibre. Calculez les valeurs du multiplicateur de la dépense autonome avant et après la réduction des impôts.

3. Référez-vous au premier revenu d'équilibre que vous avez calculé au problème 1. Supposons maintenant que l'interception de la fonction d'impôt net (t_0) change de -50 à -40. Trouvez le nouveau niveau du revenu d'équilibre.

4. Expliquez le concept du déficit structurel du budget. Comment les déficits structurels diffèrent des déficits cycliques ?

5. Expliquez le concept d'un stabilisateur fiscal automatique. Donnez des exemples.

6. Supposons que la propension marginale à consommer du revenu disponible soit 0,8 et le taux marginal d'impôt sur le revenu soit de 0,1. Quelle est la valeur du multiplicateur de la dépense autonome ? Maintenant supposons que le taux marginal d'impôt monte à 0,2 ? Quelle est la nouvelle valeur du multiplicateur ? Expliquez la différence.

7. Expliquez l'élément central de la théorie partisane de la conduite de la politique. Contrastez les implications de la théorie partisane concernant la relation de la politique fiscale au cycle économique avec celles du choix public.

8. Certains économistes qui acceptent le choix public du processus de politique ont conclu qu'un amendement constitutionnel pour mandater un budget équilibré serait désirable. Résumez leurs arguments en faveur d'un tel argument.

QUATRIÈME PARTIE : LES GRANDS ÉVÈNEMENTS ET LES SUJETS AVANCÉS

CHAPITRE 10 : Les grands événements : L'économie de la dépression, l'hyperinflation et les déficits publics

Les grands évènements forment à la fois l'économie et l'étude de l'économie. L'étude de la macroéconomie est née en particulier des expériences économiques, spécialement des expériences traumatiques. Dans la Grande Dépression, un quart de la main d'œuvre aux États-Unis cherchait du travail. Au cours du 20e siècle, plusieurs pays ont connu l'hyperinflation dans laquelle les prix doublaient chaque mois. Dans la dernière partie du 20e siècle, l'équilibre du budget aux États-Unis a balancé du déficit massif au surplus et au début du 21e siècle, il a ensuite balancé dans le déficit.

10.1 Les faits de la grande dépression des années 30

La Grande Dépression a façonné de nombreuses institutions dans l'économie, y compris la Réserve fédérale et la macroéconomie moderne. L'évènement le plus connu de la Grande Dépression est le krach boursier. Entre septembre 1929 et juin 1932, le marché a chuté de 85%, ce qui signifie que des actions d'une valeur de $1.000 au pic du marché valaient simplement $150 en bas du marché en 1932. La Dépression et le crash du marché boursier sont connus populairement comme presque la même chose. En fait, l'économie a commencé à ralentir en août 1929, avant le krach boursier, et a continué à chuter jusqu'en 1933.

Entre 1929 et 1933, le PNB s'est effondré de 30% environ et le taux de chômage s'est accru de 3 à 25%. Jusqu'au début de 1931, l'économie souffrait d'une sévère dépression. C'était dans la période du début de 1931 jusqu'à l'arrivée de Franklin Roosevelt comme président en mars 1933 que la Dépression est devenue ''Grande.'' Plus que tout autre chose, On se rappellera de la Grande Dépression pour le chômage massif au taux moyen de 18,8%, entre le taux faible de 14,3% et celui élevé de 24,9% en 1933.

Par contre, le niveau élevé de la période post deuxième guerre mondiale était sous 11%. L'investissement s'est effondré au cours de la période de la Grande Dépression ; effectivement, l'investissement net était négatif de 1931 à 1935. L'indice du prix à la consommation a baissé de 25% de 1929 à 1933. Dans la reprise, de 1933 à 1937, le PNB net s'est accru qu'à un taux annuel rapide de presque 9%, mais même cela n'a pas fait baisser le taux de chômage à des niveaux normaux. Alors, en 1937-1938 il y avait une récession majeure dans la Dépression, poussant le taux de chômage à la hausse à presque 20%. Dans la seconde moitié de la décennie, les taux d'intérêt de court terme, comme le taux des effets de commerce, étaient presque proches de zéro.

10.1.1 La politique économique

Quelle était donc la politique économique au cours de cette période ? Le stock de monnaie a presque baissé d'environ 4% de 1929 à 1930 et alors elle a baissé rapidement en 1931 et 1932 et a continué de baisser tout au long de 1933.

La baisse du stock de monnaie était en partie le résultat des faillites à grande échelle des banques. Les banques ont fait faillite parce qu'elles n'avaient pas de réserves avec lesquelles elles pouvaient honorer les retraits des clients, et en faisant faillite elles ont détruit les dépôts et réduit le stock de monnaie en conséquence. Mais les faillites sont allées plus loin en réduisant le stock de monnaie, parce qu'elles ont conduit à une perte de confiance de la part des clients et donc à une hausse du ratio monnaie/dépôt désiré. En outre, les banques qui n'avaient pas fait faillite se sont ajustées d'un manque en accroissant les détentions de réserves relatives aux dépôts. La hausse du ratio monnaie/dépôt et du ratio réserve/dépôt ont réduit le multiplicateur de monnaie et donc ont contracté de façon drastique le stock de monnaie.

La Fed a entrepris peu d'actions pour compenser la baisse du stock de monnaie. En quelques mois en 1933, elle a entrepris un programme d'achat d'open market, mais semblait acquiescer la fermeture des banques et certainement elle n'a pas réussi à agir vigoureusement pour empêcher l'effondrement du système financier.

La politique fiscale était aussi faible. L'impulsion naturelle des politiciens était alors d'équilibrer le budget en temps de troubles, et tous les candidats à l'élection présidentielle ont fait campagne sur les plateformes de l'équilibre du budget en 1932. Au fait, le gouvernement fédéral a fait de larges déficits, en particulier avec une moyenne de 2,6% du PNB de 1932 à 1933 et même plus. Mais ces déficits sont plus faibles en termes de pourcentage du PNB que ceux des années 1990 et des années d'après. La croyance dans l'équilibre du budget était plus que de la rhétorique, cependant, car les États et les gouvernements locaux ont fait augmenter les impôts pour couvrir leurs dépenses, comme le gouvernement fédéral, en particulier en 1932 et 1933. Le Président Roosevelt a essayé sérieusement d'équilibrer le budget, il n'était pas keynésien. Le surplus du plein emploi montre que la politique fiscale a été plus expansionniste en 1931 et elle a atteint un niveau restrictif de 1932 à 1934. En fait, le surplus du plein emploi était positif en 1933 et 1934, malgré les déficits actuels. Évidemment, le concept de plein emploi n'a pas encore été inventé dans les années 1930. L'activité économique s'est reprise dans la période de 1933 à 1934, avec la politique fiscale devenant plus expansionniste et le stock de monnaie croissant rapidement. La croissance du stock de monnaie était basée sur un flux d'or venant de l'Europe. Cela a fourni de la monnaie au système monétaire. C'était dans les années 1930 que la Fed a acquis la plupart de ses réserves courantes de son stock d'or.

10.1.2 Progrès institutionnels

La période de 1933 à 1939 a aussi connu des actions législatives et administratives substantielles- le New Deal- à partir de l'Administration Roosevelt. La Fed a été réorganisée, et la Federal Deposit Insurance Corporation (FDIC) a été établie pour assurer et superviser les banques. Un certain nombre d'agences de régulation ont été créées aussi, surtout la Securities and Exchange Commission (SEC), qui régule l'industrie des titres. Son objectif était de prévenir des excès spéculatifs qui ont été considérés comme responsables du crash du marché boursier. La Social Security Administration (SSA) a été mise en place en vue de permettre aux plus anciens de compter sur leur épargne pour assurer eux-mêmes minimalement un standard de vie adéquat à la retraite.

10.1.3 Les aspects internationaux

La Grande Dépression était virtuellement mondiale. D'un certain niveau, c'était le résultat de l'effondrement du système financier international. Elle est née, aussi, de l'adoption mutuelle par plusieurs pays (y compris les États-Unis) des politiques de tarifs élevés, qui étaient destinées à empêcher la rentrée des biens étrangers en vue de protéger les producteurs domestiques. Elles essayaient d'exporter le chômage en améliorant la position commerciale d'un pays et donc la demande de biens, le volume du commerce international a baissé, fournissant une influence restrictive sur l'économie mondiale. Presque tous les pays ont souffert d'une crise dans les années 1930, mais certains pays ont fait mieux que les États-Unis. La Suède, par exemple, a conduit une politique expansionniste au début des années 1930 et a réduit le chômage relativement rapidement dans la seconde moitié de la décennie. L'économie britannique a aussi souffert du chômage élevé à la fois dans les années 1920 et 1930. En 1931, la Grande-Bretagne a manqué de standard or et la dévaluation de la libre qui s'en est suivie a ouvert la voie à certains progrès. L'Allemagne a connu un taux de croissance rapide après l'arrivée d'Hitler au pouvoir et a augmenté la dépense publique. La Chine a échappé à la récession jusqu'en 1931, essentiellement parce qu'elle avait un système de change flottant.

En 1939, le PNB réel des États-Unis s'est situé au-dessus de son niveau de 1929 pour la première fois au cours de la décennie. Mais c'était jusqu'en 1942, après l'entrée formelle des États-Unis dans la Deuxième Guerre mondiale, que le taux de chômage a finalement baissé au-dessous de 5%.

10.2 La grande dépression : problèmes et idées

La Dépression était la plus grande crise économique que le monde occidental ait connue. Dans les années 1930, c'était l'économie de l'Union soviétique qui connaissait le boom alors que les économies occidentales semblaient s'effondrer. Les questions de savoir la cause de la Grande Dépression, ou si elle avait dû être évitée, ou si elle pouvait se reproduire encore ont, en conséquence, été prises en compte sérieusement. L'économie classique de cette période n'avait pas une théorie développée qui pourrait expliquer le chômage persistant, non plus de prescriptions politiques pour résoudre le problème. Plusieurs économistes alors, en fait, recommandent des dépenses gouvernementales comme moyen de réduire le chômage, mais ils n'avaient pas de théorie macroéconomique par laquelle justifier leurs recommandations.

Keynes a écrit son travail immense, *La Théorie générale de l'Emploi, de l'Intérêt et de la Monnaie*, dans les années 1930, après que la Grande Bretagne ait souffert durant les années 1920 d'une décennie de chômage à deux chiffres pendant que les États-Unis étaient dans la profondeur de sa Dépression. Il était complètement conscient du sérieux des questions. Comme ledit feu Don Patinkin de Hebrew University dans son ouvrage intitulé, *''The Process of Writing The General Theory :* A Critical Survey'.

C'était une période de crainte et d'obscurité, car le monde occidental se battait avec la plus grande dépression qu'il a connue...Il y avait une sensation définitive qu'en essayant d'achever une compréhension scientifique du phénomène de chômage de masse, on ne faisait pas seulement une contribution intellectuelle, mais c'était aussi d'aborder un problème critique qui mettait en danger la véritable existence de la civilisation occidentale.

La théorie keynésienne explique ce qui s'est passé, ce qui aurait dû être fait pour empêcher la Dépression, et ce qui serait fait pour empêcher de futures dépressions. L'explication a été vite acceptée par les macroéconomistes, dans le processus décrit comme la *Révolution keynésienne*, même si la révolution keynésienne n'a pas eu assez d'impact sur le processus de décision économique aux États-Unis dans les années 1960.

10.2.1 L'explication keynésienne

L'essence de l'explication keynésienne de la Grande Dépression est contenue dans le modèle de la demande agrégée. La croissance des années 1920, dans cette vue, était basée sur la production de masse de l'automobile et de la radio et était soutenue par le boom immobilier. L'effondrement de la croissance des années 1930 est né de l'assèchement des opportunités d'investissement et une baisse de la demande d'investissement. Certains chercheurs croient aussi qu'il y avait une baisse de la fonction de consommation en 1930. La politique fiscale pauvre, comme reflétée dans le comportement pervers du surplus de plein emploi de 1931 à 1933, partage le reproche, en particulier en rendant la Dépression des années 30 plus mauvaise.

On a largement cru que l'expérience de la Grande Dépression montrerait que l'économie privée était instable de façon inhérente, que les récessions pourraient commencer spontanément comme le résultat d'une prophétie. L'expérience des années 1930 était, implicitement ou explicitement, la base de la croyance qu'une politique active de stabilisation macroéconomique était nécessaire pour maintenir une bonne performance économique.

Le modèle keynésien non seulement a offert une explication de ce qui s'est passé, mais aussi suggéré des mesures de politique qui auraient pu être adoptées pour empêcher la Dépression et celles qui seraient utilisées pour empêcher de futures dépressions. L'utilisation vigoureuse d'une politique fiscale contre cyclique était la méthode préférée pour réduire les fluctuations cycliques. Si jamais une récession montrait les signes d'une dépression, la thérapie serait de réduire les taxes et accroitre les dépenses publiques. Et ces politiques auraient aussi empêché la Dépression d'être aussi profonde qu'elle a été.

Et que dire des facteurs monétaires de la Dépression ? La Fed a argumenté que, dans les années 1930, il y avait peu de choses qu'elle pouvait faire pour empêcher la Dépression, parce que les taux d'intérêt étaient déjà si faibles. Une variété de dictons du type ''Vous ne pouvez pas tirer sur la ficelle'' étaient utilisés pour expliquer que davantage de réductions de taux d'intérêt n'auraient pas d'effet s'il n'y a pas de demande d'investissement. La demande d'investissement était considérée très insensible au taux d'intérêt, impliquant une courbe *IS* très raide. Au même moment, la courbe *LM* était tout à fait plate, donc n'atteint pas nécessairement l'extrême d'une trappe à liquidité. Dans cette situation, l'expansion monétaire sera relativement inefficace en stimulant la demande et l'output.

Il n'y a rien dans le modèle *IS-LM* que nous avons développé dans ce livre, qui suggère que la politique fiscale est plus utile que la politique monétaire pour la stabilisation de l'économie. Néanmoins, c'est vrai que jusque dans les années 1950, les keynésiens tendaient à donner plus d'accent à la politique fiscale qu'à la politique monétaire.

10.2.2 Le défi monétariste

L'accent keynésien sur la politique fiscale, et sa réduction du rôle de la monnaie, étaient attaqués par Milton Friedman et ses adeptes dans les années 1950. Ils ont mis l'accent sur le rôle de la politique monétaire dans la détermination du comportement à la fois de l'output et des prix.

Si on devait donner un rôle important à la politique monétaire, donc, c'était nécessaire de disposer du point de vue que la politique monétaire fût essayée dans la Grande Dépression et qu'elle ait échoué. En d'autres termes, l'idée que vous ne pouvez pas tirer toujours la ficelle a été défiée.

Le point de vue selon lequel la politique monétaire des années 1930 a été impuissante était attaqué en 1963 par Friedman et Schwartz dans leur *Monetary History.* Ils font l'argument que la Dépression, loin de montrer que la monnaie ne compte pas, ''est en fait un témoignage tragique contre l'importance des facteurs monétaires.'' Ils argumentent, avec style et compétence, que l'échec de la Fed à empêcher les faillites des banques et le déclin du stock de monnaie de la fin de 1930 à 1933 étaient largement responsables de la récession aussi sérieuse que ça l'était. Cette vue monétaire, en retour, était proche d'être acceptée comme l'explication orthodoxe de la Dépression.

10.2.3 La synthèse

Les deux explications keynésienne et monétariste de la Grande Dépression conviennent aux faits, et elles fournissent des réponses aux questions de pourquoi elle a eu lieu et comment l'empêcher de se reproduire encore. À la fois les politiques monétaire et fiscale ineptes ont rendu la Grande Dépression sévère. S'il y avait eu des politiques monétaires et fiscales expansionnistes promptes, fortes, l'économie aurait souffert d'une récession, mais pas le traumatisme qu'elle a vécu.

Il y a un accord général que la Grande Dépression ne pouvait se produire aujourd'hui, excepté, bien entendu, dans l'avènement d'une politique gouvernementale perverse. Mais cela est moins vraisemblable maintenant qu'avant. Pour une chose, nous avons l'histoire pour nous aider à éviter sa répétition. Les taxes ne seront pas encore augmentées au milieu d'une dépression, ni d'essais ne seraient faits pour équilibrer le budget. La Fed cherchera activement à empêcher l'offre de monnaie de baisser et ne pas permettre des faillites de banques de réduire le stock de monnaie. En plus, le gouvernement a maintenant un rôle plus grand dans l'économie que par le passé, et les stabilisateurs automatiques, y compris l'impôt sur le revenu et l'assurance chômage, réduisent la taille du multiplicateur et donc l'impact des chocs de la demande sur l'output.

Si, comme nous avons dit, il n'y a pas de conflit inhérent entre les explications keynésienne et monétariste de la Grande Dépression, pourquoi il y a eu des controverses sur ces causes ? La raison est que les années étaient vues comme la période qui a fixé l'étape de l'intervention massive du gouvernement dans l'économie. Ceux qui sont opposés à un rôle actif du gouvernement doivent expliquer et favoriser de loin la débâcle des années 1930.

Si la Dépression est arrivée à cause du gouvernement (en particulier la Fed), le cas d'un rôle actif du gouvernement dans la stabilisation économique est affaibli. De plus, les années 1930 sont une période dans laquelle l'économie s'est comportée d'une manière extrême que les théories compétitives ont été sujettes au test de savoir si elles pouvaient expliquer cette période.

10.3 Monnaie et inflation dans les cycles économiques ordinaires

Certaines personnes croient que la croissance de la monnaie et l'inflation vont de pair d'une manière simple. Alors que la croissance de monnaie est très importante pour expliquer l'inflation, il n'y a plus rien à dire dans cette histoire. Au moins en des termes ordinaires. C'est le message de cette section. Plus tard dans ce chapitre, nous examinons l'hyperinflation, dans laquelle la croissance de la monnaie joue un rôle important. Notre étude de la monnaie et la courbe d'offre agrégée de long terme ont montré les caractéristiques suivantes :

• Un accroissement soutenu du taux de croissance de monnaie conduira, à long terme quand tous les ajustements ont lieu, à un accroissement égal du taux d'inflation. À long terme, le taux d'inflation est égal au taux de croissance de la monnaie ajusté à la croissance du trend du revenu réel.

• Un accroissement soutenu de la croissance de la monnaie n'aura pas d'effets sur le niveau de l'output : il n'y a pas d'arbitrage de long terme entre inflation et output.

Ceci est consistant avec le point de vue des monétaristes selon lequel l'inflation est causée par la croissance de la monnaie, dans le long terme. Mais au fur et à mesure qu'on s'éloigne du long terme, des perturbations autres que les changements du stock de monnaie, tels que les chocs d'offre, affectent l'inflation et, en revanche, des changements du stock de monnaie ont forcément des effets réels. En examinant les liens entre inflation et croissance de monnaie, il est convenable d'utiliser la théorie quantitative de la monnaie que nous avons utilisée précédemment. Comme rappel, la théorie quantitative relie le niveau du revenu nominal (PY), le stock de monnaie (M), et la vélocité de la monnaie (V) :

$$MV = PY \qquad (10.1)$$

Rappelons que la vélocité de la monnaie est le nombre de fois que le stock de monnaie tourne dans le financement des paiements faits pour acheter l'output de l'économie.

L'équation quantité peut aussi être écrite en termes de changement de pourcentage au fil du temps de chacun des quatre termes dans l'équation (19.1) :

$$m + v = \pi + y \qquad (10.2)$$

En transposant le taux d'inflation à gauche, nous obtenons le résultat central

$$\pi = m - y + v \qquad (10.3)$$

Où m est la croissance de la monnaie, v est le pourcentage de changement de la vélocité, π est le taux d'inflation, et y est le taux de croissance de l'output.

L'équation (10.3) peut être utilisée pour expliquer les sources de l'inflation, c'est-à-dire, quelle est en partie due à la vélocité ou à la croissance de la monnaie ou à la croissance de l'output. La revendication monétariste que l'inflation est de façon prédominante un phénomène monétaire implique que les changements de la vélocité et de l'output sont petits.

10.3.1 Les monétaristes et la macroéconomie moderne

Au début des années 1960, les monétaristes ont commencé à poser un sérieux défi à la macroéconomie keynésienne qui a dominé le terrain depuis la Grande Dépression. Plusieurs économistes leaders, surtout le lauréat du Prix Nobel Milton Friedman, a propagé le message basique du monétarisme, que la monnaie est extrêmement importante en macroéconomie.

Environ quatre décennies plus tard, plusieurs positions originellement associées au monétarisme sont acceptées en macroéconomie, alors que d'autres restent controversées. Voici certaines d'entre elles :

1. La monnaie. La monnaie est importante.
2. La règle de la croissance de la monnaie. La politique monétaire sera conduite par une règle, c'est-à-dire, que la monnaie devrait croitre à un taux constant, plutôt que par discrétion.
3. Les cibles monétaires. La politique monétaire est mieux conduite en fixant les cibles monétaires plutôt que par les cibles de taux d'intérêt.
4. Décalages longs et variables. La politique monétaire affecte l'économie avec des décalages qui sont à la fois longs et variables.

Il y a deux autres positions monétaristes qui devraient être notées :

5. La stabilité inhérente du secteur privé. Les monétaristes soutiennent que le secteur privé est de façon inhérente stable et que la plupart des perturbations de l'économie sont causées par des politiques publiques erronées. Ils croient que moins de gouvernements sont mieux et que les gouvernements ont une tendance inhérente à croitre.
6. Les taux de change flexible. Dans les années 1950 Milton Friedman était le principal adepte de la vue que les taux de change devraient être flexibles plutôt que fixes. Bien que ce point de vue ne soit pas nécessairement monétariste, en ce sens qu'il est indépendant de l'argument que la monnaie est importante, la plupart des monétaristes (ainsi que d'autres macroéconomistes) l'acceptent, regardant le taux de change comme juste un autre prix que le marché doit fixer librement et que les gouvernements vraisemblablement se trompent. En pratique, de plus en plus de pays ont adopté des systèmes de taux de change flexibles.

Comment la profession s'en sort sur ces enjeux ? Comme le Prix Nobel Franco Modigliani du MIT le dit, ''Nous sommes tous des monétaristes maintenant,'' en ce sens que nous croyons tous que certain stock de monnaie a des impacts majeurs sur l'économie, que la croissance soutenue de monnaie conduit à l'inflation, et que l'inflation ne peut être maintenue faible à moins que la croissance de monnaie soit faible. Alors que d'autres positions monétaristes sont généralement plus controversées, il n'y a pas de questions que le monétarisme a eu des succès majeurs, y compris l'adoption des cibles de la croissance de monnaie dans les années 1980 dans plusieurs pays, un succès qui devient temporaire, comme certains pays qui ont adopté des objectifs de croissance de monnaie, les ont abandonnés maintenant à la lumière de l'instabilité de la demande de monnaie.

10.3.2 Sommaire : est-ce que l'inflation est un phénomène monétaire ?

La réponse à la question de savoir si l'inflation est un phénomène monétaire à long terme est oui. Aucune inflation majeure ne peut avoir lieu sans croissance rapide de la monnaie, et la croissance rapide de la monnaie causera une inflation rapide. De plus, toute politique qui, de façon déterminante, maintient le taux de croissance de la monnaie bas, conduira éventuellement à un taux d'inflation faible.

10.4 L'hyperinflation

Bien qu'il n'existe pas de définition précise du taux d'inflation qui mérite qu'on parle d'hyperinflation plutôt que d'inflation élevée, une définition au sens opérationnel est qu'un pays est en hyperinflation quand son taux d'inflation annuel atteint 1000% par an. Dans les années 1990, plusieurs pays de l'Amérique latine ont stabilisé le taux d'inflation à des niveaux non hyper-inflationnistes. Par contre, la plupart des pays émergents de l'ancien bloc de l'Est ont montré des taux d'inflation élevés.

Dans une économie hyper-inflationniste, l'inflation est si envahissante et cause un tel problème qui domine complètement la vie économique. Les gens dépensent des montants significatifs de ressources minimisant le dommage inflationniste. Ils doivent souvent faire des achats avant que les prix montent ; leur principale inquiétude concernant l'épargne ou l'investissement est de trouver comment se protéger contre l'inflation.

Il est excessivement difficile de croire que les pays puissent fonctionner pour n'importe quelle durée de temps avec des taux d'inflation de centaines de pour cent ou plus. En fait, ils ne fonctionnent pas bien, et tôt ou tard, ils stabiliseront une inflation forte parce que simplement l'économie devient chaotique. Donc, l'Israël a victorieusement stabilisé son économie en 1985, comme la Bolivie. Cependant, de telles expériences ne semblent pas prévenir d'autres pays d'entrer en hyperinflations. Bien que de vraies hyperinflations aient été rares depuis 1947, il y a eu assez d'exemples de croissance de 100% de taux d'inflation annuels. (Trop mauvais !) De telles inflations sont fréquemment associées aux déficits élevés. Cas du Venezuela et du Zimbabwe en 2019.

10.4.1 Déficit et hyperinflation

La cause immédiate de l'hyperinflation est toujours une croissance massive de l'offre de monnaie. Mais il est aussi vrai que des économies hyper-inflationnistes souffrent de larges déficits budgétaires. Dans plusieurs cas, l'origine du déficit budgétaire était les dépenses en temps de guerre, qui ont généré de larges dettes nationales et ont détruit l'appareil de perceptions d'impôts du pays.

Mais il y a une interaction à deux sens entre déficits budgétaires et inflation. De larges déficits budgétaires peuvent mener à une inflation rapide forçant les gouvernements à imprimer de la monnaie pour financer le déficit. En retour, l'inflation élevée accroit le déficit mesuré. Il y a deux principaux mécanismes à travers lesquels l'inflation accroit les déficits budgétaires : les effets de la perception d'impôts et les accroissements des paiements nominaux de la dette nationale.

Au fur et à mesure que le taux d'inflation monte, le revenu réel provenant de la taxation baisse. Supposons, en prenant un exemple extrême, que les gens paient un impôt le 15 juin sur le revenu qu'ils ont gagné l'année précédente. Considérons un contribuable qui a reçu $50.000 et une facture fiscale de $10.000 due le 15 juin. Si les prix ont monté en même temps par un facteur de 10, comme ce serait le cas en hyperinflations, la valeur réelle des impôts n'est que d'un dixième de ce qu'elle devrait être. Le déficit budgétaire peut rapidement échapper au contrôle (l'impact de l'inflation sur la valeur réelle des recettes fiscales est appelé ***the Tanzi-Olivera effect***, nommé d'après les deux économistes qui l'ont indépendamment documenté, Vito Tanzi du FMI et Julio Olivera de l'Université de Buenos Aires).

Le déficit budgétaire mesuré inclut les paiements d'intérêt sur la dette nationale. Puisque le taux d'intérêt nominal tend à augmenter quand l'inflation augmente, l'inflation plus élevée généralement accroit les paiements d'intérêt nominal qui sont faits par le gouvernement, et le déficit mesuré augmente en conséquence.

$$\text{Déficit ajusté à l'inflation} = \text{déficit total} - (\text{taux d'inflation} * \text{dette nationale}) \qquad (10.4)$$

L'ajustement à l'inflation enlève cette composante des paiements d'impôts sur la dette qui est attribuée directement à l'impôt, et donne une image mieux appropriée de ce que sera la situation du budget au taux d'intérêt très bas qu'au déficit actuel.

10.4.2 Comment arrêter l'hyperinflation ?

Toutes les hyperinflations ont une fin. La dislocation de l'économie devient trop grande pour le public à supporter, et le gouvernement trouve un moyen de reformer son processus budgétaire. Souvent une nouvelle monnaie est introduite, et le système fiscal est réformé. Typiquement, aussi, le taux de change de la nouvelle monnaie est arrivé à celui d'une devise étrangère en vue de fournir un point d'ancrage aux prix et attentes. Fréquemment, il y a des tentatives de stabilisation sans succès avant le succès final.

La présence de plusieurs facteurs de déstabilisation de l'inflation, en particulier l'effondrement du système fiscal au fur et à mesure que l'inflation procède, ensemble avec une économie disloquée par l'inflation, augmente la possibilité fascinante qu'une attaque coordonnée sur l'inflation puisse arrêter l'inflation avec un coût relativement petit du chômage.

Les politiques monétaire, fiscale et de taux de change sont combinées avec des politiques de revenu dans l'approche hétérodoxe de la stabilisation. Cette approche a été utilisée en Argentine et en Israël en 1985 et au Brésil en 1986, quand les gouvernements ont gelé les salaires et les prix. Cela a arrêté l'inflation d'un seul coup.

La stabilisation en Israël a réussi, pendant que celles de l'Argentine et du Brésil n'ont pas réussi. La différence, comme nous l'avons noté plus haut, a été la politique fiscale. Les Israéliens ont corrigé leur déficit fiscal, alors que les deux autres n'ont pas fait. Les contrôles de prix et de salaire seuls ne peuvent pas maintenir l'inflation sous contrôle si les fondements sous-jacents de la politique monétaire et fiscale ne sont pas cohérents avec une inflation faible.

10.4.3 Inflation, hyperinflations, et crédibilité

L'inflation est déterminée par des fondamentaux, des évolutions de la demande agrégée relatives à l'offre agrégée. En hyperinflations, la croissance de la monnaie domine tous les autres fondamentaux. Mais les anticipations au sujet du futur jouent aussi un rôle. La croyance que la politique a changée pourra en elle-même abaisser le taux d'inflation attendu et pour cette raison fera baisser la courbe de Phillips à court terme. En conséquence, une politique crédible gagne un bonus de crédibilité dans la lutte contre l'inflation.

Pendant la période de désinflation aux États-Unis, en commençant le changement de politique de la Fed en octobre 1979, il y avait un fort accent sur la crédibilité de la politique. Des adeptes des anticipations rationnelles ont même cru que si la politique pouvait être rendue crédible, il serait alors possible de dégonfler sans pratiquement créer de récession du tout.

L'argument est le suivant : la courbe d'offre globale augmentée par les attentes est :

$$\pi = \pi^e + \lambda(Y - Y^*) \tag{10.5}$$

Si la politique est crédible, les agents ajustent leurs attentes d'inflation quand un nouveau et un faible taux de croissance de la monnaie est observés, et en conséquence, la courbe d'offre agrégée de court terme baisse immédiatement. Toutefois, si la politique est crédible et les anticipations rationnelles, l'économie peut aller immédiatement au nouvel équilibre de long terme quand il y a un changement de politique. En d'autres termes, si la politique est crédible, π peut être réduit en abaissant π^e en souffrant moins de $(Y - Y^*)$ faible.

L'expérience des États-Unis au début des années 1980 et à la fin des années 2000, la pire des récessions depuis la Grande Dépression, jette un doute sur la pertinence de ce scénario optimiste ; ainsi le gouvernement Thatcher, très conservateur poursuivait une politique anti-inflationniste, mais a atteint un taux de chômage de 13%.

Il y a deux raisons possibles expliquant pourquoi l'argument des attentes rationnelles de crédibilité n'a pas fonctionné. D'abord, la crédibilité peut être très difficile à obtenir ; deuxièmement, l'économie a, à tout moment, un surplomb des contrats passés incarnant les attentes passées, et les renégociations de contrat prennent du temps. En conséquence, à cause de l'inertie inflationniste, un retour rapide à un taux d'inflation plus faible en économies connaissant des taux d'inflation dans la fourchette de 10 à 20% est invraisemblable.

10.4.4 La désinflation et le Ratio de Sacrifice

La réduction d'inflation coûte toujours une récession, mais quels sont exactement les compromis ? Combien d'output est perdu à travers les méthodes de désinflation, telle que la Cold Turkey (la Dinde Froide) ou le Gradualism (gradualisme) ? La discussion des coûts de la désinflation fait une utilisation extensive du concept du ratio de sacrifice. Le Ratio de sacrifice est le ratio de la perte cumulative du pourcentage du PIB (comme le résultat d'une politique de désinflation) à la réduction de l'inflation qui est actuellement atteinte.

Donc, supposons qu'une politique réduise le taux d'inflation de 10 à 4% sur une période de 3 ans, au coût des niveaux de l'output qui sont 10% en dessous du potentiel au cours de la première année, 8% en dessous du potentiel au cours de la deuxième année, et 6% en dessous du potentiel dans la troisième année. La perte totale du PIB est de 24%$(10 + 8 + 6)$, la réduction de l'inflation est de 6% $(10 - 4)$ et le ratio de sacrifice est 4.

Avant la désinflation des années 1980 aux États-Unis, les économistes ont estimé le ratio de sacrifice qui s'appliquerait si un programme de désinflation était entrepris. Les estimations se sont situées entre 5 et 10%. La désinflation et la récession du binôme Reagan-Volcker ont choqué l'économie avec un chômage élevé, mais ont réussi à réduire l'inflation. Laurence Ball, dans *How Costly Is Desinflation ?* The Historical Evidence, '' Fed Bank of Philadelphia…a estimé que le ratio de sacrifice était de 1,8%, bien en dessous des taux existants. Le fait que le ratio de sacrifice soit faible suggère que l'économie a bénéficié d'une position de crédibilité du patron de la Fed et du Président comme des combattants de l'inflation.

La crédibilité joue toujours un rôle important dans la lutte contre l'inflation. Des gestes symboliques peuvent jouer un rôle. Par exemple, les pays renomment fréquemment leurs monnaies et changent le design de la monnaie-papier. Généralement, quelque chose de plus tangible est acquis. Des gouvernements ont souvent réduit drastiquement leurs dépenses. Dans les pays pauvres, cela peut être spécialement douloureux si les subventions alimentaires sont réduites. Quelquefois, les gouvernements arriment leur taux de change à une autre devise plus stable (le dollar US par exemple). Les gouvernements contrôlent souvent le processus d'offre de monnaie pour garantir qu'ils ne reprendront pas l'utilisation abusive de la presse à imprimer.

10.5 Déficits, croissance de la monnaie, et taxe d'inflation

Nous avons vu que la hausse durable de la croissance de monnaie se traduit en fin de compte par une inflation accrue. Mais cela pose toujours la question de savoir ce qui détermine le taux de croissance de la monnaie. Un argument fréquemment élaboré est que la croissance de monnaie est le résultat des déficits du budget du gouvernement. Dans cette section, nous examinons plusieurs relations possibles entre le déficit du budget et l'inflation à la fois en temps ordinaires et durant des hyperinflations.

10.5.1 La contrainte du budget du gouvernement

Un gouvernement peut financer son déficit budgétaire de deux façons : il peut vendre des titres ou ''imprimer de la monnaie.'' La Fed imprime de la monnaie quand elle accroit le stock de la base monétaire, typiquement à travers les achats d'open market qui rachètent une partie de la dette que le Trésor vend.

La contrainte du budget du gouvernement est alors :

$$\begin{aligned}\text{déficit budgétaire} \\ &= \text{ventes de titres} \\ &+ \text{accroissment de la base monétaire} \qquad (10.6)\end{aligned}$$

Il y a deux types de liens entre les déficits budgétaires et la croissance de la monnaie. D'abord, à court terme, une hausse du déficit public causée par une politique fiscale expansionniste tendra à augmenter le taux de croissance de la monnaie dans une tentative d'empêcher le taux d'intérêt d'augmenter. Deuxièmement, le gouvernement peut délibérément accroitre le stock de monnaie comme un moyen de se financer lui-même sur le long terme.

Nous examinons d'abord les liens de court terme entre monnaie et déficits qui proviennent de la politique de la banque centrale et ensuite l'utilisation de la création de monnaie comme moyen de financer les déficits du gouvernement. Enfin, nous lions les aspects de court et de long terme.

10.5.2 Le dilemme de la Fed

On dit que la Fed monétise les déficits quand elle achète une partie de la dette vendue par le trésor pour financer le déficit. Par exemple, aux États-Unis, les autorités monétaires jouissent de l'indépendance vis-à-vis du Trésor et en conséquence elles peuvent choisir de monétiser ou non.

La Fed fait face alors à un dilemme en décidant de monétiser ou non le déficit. Si elle ne finance pas le déficit, l'expansion fiscale, n'étant pas accompagnée par une politique monétaire accommodante, fait augmenter les taux d'intérêt et donc élimine l'investissement privé. Il y a alors une tentation pour la Fed de prévenir cette élimination de l'investissement privé en achetant des titres, accroissant ainsi l'offre de monnaie et donc permettant une expansion de revenu sans hausse de taux d'intérêt.

Mais une telle politique d'accommodation, ou monétisation court un risque. Si l'économie est proche du plein emploi, la monétisation nourrit l'inflation. Si, cependant, l'économie est dans une récession profonde, il n'y a pas de raison de rester indifférent pour accommoder une expansion fiscale à une croissance monétaire élevée.

Dans tous les cas, la Fed ou toute autre banque centrale doit juger de poursuivre ou non une politique monétaire, ou rester avec un objectif monétaire inchangé ou même compenser une expansion fiscale par un resserrement de la politique monétaire.

10.5.3 La taxe d'inflation

En discutant la monétisation du déficit, nous n'avons pas fait attention au fait que le financement du déficit public par le gouvernement par la création de monnaie est une alternative à la taxation explicite. Pour les États-Unis, et dans la plupart des économies industrialisées, la création de monnaie est une source mineure de recette. D'autres gouvernements peuvent obtenir des montants importants de ressources d'année en année en créant de la monnaie, c'est-à-dire, en accroissant la base monétaire. Cette source de revenus est quelquefois connue sous le nom de ***seigneuriage***, qui est l'aptitude du gouvernement à augmenter le revenu à travers son droit de créer de la monnaie.

Quand le gouvernement finance un déficit par la création monétaire, il maintient la création monétaire, période après période, qu'il utilise pour payer des biens et services qu'il achète. Cette monnaie est absorbée par le public. Mais pourquoi le public choisira d'accroitre ses détentions de monnaie nominale de période en période. La seule raison, mis à part la croissance du revenu réel, pour le public d'ajouter à ses détentions de monnaie nominale, serait de compenser les effets de l'inflation. Supposons qu'il n'y a pas de croissance de monnaie réelle, à long terme le public détiendra un niveau constant de monnaie réelle. Mais si les prix augmentent, le pouvoir d'achat d'un stock donné de monnaie nominale baisse. Pour maintenir la valeur réelle de son stock de monnaie constant, le public doit ajouter à son stock de monnaie réelle à un taux qui compensera les effets de l'inflation. Quand le public ajoute à son stock de monnaie réelle en vue de compenser les effets de l'inflation sur les détentions de monnaie réelle, il utilise une partie de son revenu pour accroitre ses détentions de monnaie nominale. L'inflation agit juste comme un impôt parce que les gens dépensent moins que leur revenu et paient la différence au gouvernement en échange de la monnaie supplémentaire.

Le gouvernement peut donc dépenser plus de ressources, et le public moins, juste comme si le gouvernement a augmenté les impôts pour financer des dépenses supplémentaires. Quand le gouvernement finance son déficit par la création de monnaie, que le public ajoute à sa détention de monnaie nominale pour maintenir la valeur réelle de la monnaie constante, nous disons que le gouvernement finance et se refinance à travers la taxe d'inflation.

Combien de recettes le gouvernement peut collecter à travers la taxe d'inflation ? Le montant de recettes produit est le produit du taux d'impôt (le taux d'inflation) et l'objet de l'imposition –la base de monnaie réelle).

10.6 Les déficits budgétaires : faits et questions

Bien que les politiciens fassent de beaux discours concernant la réduction du déficit, la réduction des dépenses ou l'augmentation des impôts n'est pas politiquement populaire. Par exemple, aux États-Unis, le déficit a commencé à être mis sous contrôle, à la fin de la décennie des années 1990, le budget a balancé complètement dans le surplus, avant de plonger encore dans le déficit la décennie suivante. En Europe, les États membres de l'Union européenne exigent des pays membres de réduire les déficits budgétaires sous 3% du PIB comme un des critères de convergence pour joindre la zone monétaire commune (l'euro). Dans cette section, nous examinons les déficits et la dette nationale. D'abord, nous verrons les dépenses et les recettes du budget, la mesure du déficit, le poids de la dette, ainsi que la dette, la croissance et l'instabilité.

10.6.1 Les dépenses et les recettes

Il y a une distinction entre les dépenses obligatoires et discrétionnaires. Les dépenses obligatoires sont celles qui sont faites sous des programmes d'admissibilité, pour lesquelles la loi spécifie qu'une personne remplissant certains critères est automatiquement admise à recevoir des paiements. La sécurité sociale et les aides médicales sont des exemples de programmes d'admissibilité aux États-Unis et dans d'autres pays industrialisés. Les dépenses discrétionnaires, par contre, sont gouvernées par le processus d'appropriation du Congrès aux États-Unis ou des Parlements dans d'autres pays et incluent, par exemple, les dépenses militaires ou l'aide étrangère. Les dépenses du gouvernement comprennent les achats de biens et services et les paiements de transfert.

La plupart des recettes des gouvernements y compris des États-Unis proviennent des impôts. Les sources de revenus s'expliquent d'elles-mêmes, exceptées peut-être des impôts sur l'assurance de la sécurité sociale. Ce sont des impôts sur des revenus payés par des employés et des salariés. Cependant, il y a une évolution des sources de recettes. Les impôts sur la sécurité sociale et les contributions diverses sont devenus une source importante de recettes, les impôts sur les entreprises ont baissé de plus de la moitié, et les impôts sur le revenu personnel sont restés inchangés.

10.6.2 La mesure du déficit

Les avoirs du gouvernement. Le gouvernement mesure son déficit en soustrayant simplement les revenus courants des dépenses courantes, comme s'il n'a jamais entendu parler ni de l'acquisition du capital ni de sa dépréciation. La mesure du déficit est compliquée par le fait que la plupart du déficit peut être comptabilisé par les paiements d'intérêt sur la dette nationale. Donc la plupart du déficit représente non pas l'excès des dépenses courantes sur les recettes, plutôt par l'héritage des déficits passés. Nous distinguons deux composantes du déficit budgétaire : le déficit primaire (ou déficit sans intérêt) et les paiements d'intérêt sur la dette publique.

$$\text{déficit total} = \text{déficit primaire} + \text{paiements d'intérêt} \tag{10.8}$$

Le déficit (ou surplus) primaire représente toutes les dépenses publiques, excepté les paiements d'intérêt, moins les recettes publiques. Le déficit primaire est aussi appelé déficit hors intérêt.

10.6.3 Le Fardeau de la Dette

Au fur et à mesure que le déficit augmente, la dette publique s'accumule. Supposons une économie dans laquelle la dette nationale par habitant s'élève à $30.000. Devons-nous rembourser cette dette ? C'est la notion que chaque personne dans ce pays doit une grande dette qui rend l'existence de la dette si sérieuse. De fond en comble, nous devons à nous-mêmes cette dette nationale. Chaque individu partage l'obligation de rembourser la dette publique, mais plusieurs individus détiennent la dette nationale sous forme de bons de trésor détenus directement ou indirectement à travers des intermédiaires financiers.

Comme première étape, nous pouvons penser à la responsabilité de remboursement des impôts futurs qui annulent les avoirs que la dette représente pour tous les individus qui détiennent une créance sur le gouvernement. Dans ce cas, la dette ne sera pas un poids net sur la société. Cependant, cet argument est limité par le fait qu'une large portion de la dette est détenue par les étrangers. La proportion de la dette détenue par les étrangers représente un fardeau à payer par les contribuables du pays en question. Un sens plus important dans lequel la dette peut être un fardeau est visible à travers les effets de long terme du déficit et de la dette sur le stock de capital.

Nous avons vu auparavant que le financement de la dette fait monter le taux d'intérêt et réduit l'investissement. Donc, le stock de capital sera faible avec le financement de la dette qu'autrement, et l'output sera faible comme résultat du financement du déficit. Ceci est un réel fardeau. En conséquence, si la dette est un fardeau, elle est un fardeau pour des raisons très différentes de celles suggérées par la déclaration que chaque personne doit une dette de $30.000 comme part de la dette nationale sur la richesse nette du pays : une hausse de la dette nationale peut réduire le stock de capital ou accroitre la dette extérieure du pays, ou les deux.

10.6.4 La dette, la croissance et l'instabilité

La dette d'un pays peut augmenter considérablement sur une longue période. Cela signifie-t-il que le budget du gouvernement est hors contrôle, avec des paiements d'intérêt montant si haut que les impôts continuent de monter, jusqu'à ce qu'éventuellement quelque chose de terrible se produise ? La réponse est non, parce que l'économie connait une croissance. Comment expliquer la baisse du ratio dette/revenu alors que la dette elle-même monte comme le résultat du déficit budgétaire.

Comment cela se produit ? Il est intéressant de s'intéresser à la définition du ratio dette/revenu :

Ratio de la Dette

$$= \frac{\text{debt}}{\text{PY}} \quad (10.9)$$

Où PY représente le PIB nominal. Le ratio de la dette au PIB baisse quand le revenu nominal augmente plus rapidement que la dette. Pour voir ce point, il est utile d'analyser séparément le numérateur et le dénominateur du ratio $\frac{\text{debt}}{\text{PY}}$. Le numérateur, la dette, croit à cause des déficits. Le dénominateur, PIB nominal, croit à la fois comme le résultat de la croissance de l'inflation et de la croissance du PIB réel.

Pourquoi il est utile d'examiner le ratio de la $dette/output$ plutôt que la valeur absolue de la dette ? La raison est que l'output est une mesure de la taille de l'économie, et le ratio de la $dette/PIB$ est une mesure de la magnitude de la dette relative à la taille de l'économie. Une dette nationale de $6000 milliards aurait été accablante en 1929 quand le PIB des États-Unis était de $100 milliards : même si le taux d'intérêt a été de seulement 1%, le gouvernement aurait eu 50% du PIB en impôts à payer l'intérêt sur la dette. Mais quand le PIB est de $10000 milliards, une dette de $6000 est large, mais pas certainement accablante.

Exercices de revue et problèmes

1. Quelle est la cause de la Grande Crise selon les keynésiens ? Quelle est la cause de la Grande Crise selon les monétaristes ?

Est-ce que ces explications sont mutuellement exclusives ?

2. Pourquoi les macroéconomistes sont si intéressés à expliquer les causes de la Grande Dépression ?

3. Est-ce que l'inflation est un phénomène monétaire ? Soyez sûr de distinguer, dans votre réponse, entre le long terme et le court terme.

4. Est-ce que les déficits budgétaires sont un problème ? Pourquoi et Pourquoi pas ?

5. Pourquoi la crédibilité de la politique anti-inflationniste est importante ?

6. À Quel moment la Fed devrait, ou ne devrait pas, monétiser le déficit ?

7. On dit souvent que la Grande Dépression aurait dû être une récession sévère si elle s'était arrêtée en 1931, mais n'aurait pas été la

calamité qu'elle a été. Etes-vous d'accord avec la phrase de cette question ? Expliquez.

8. Supposons que la base monétaire est égale à 10% du PIB. Supposons aussi que le gouvernement considère d'augmenter le taux d'inflation de 0 à 10% par an et croit qu'en le faisant, le revenu du gouvernement va croitre de 1% du PIB. Expliquez pourquoi le gouvernement doit être en train de surestimer le revenu qu'il recevra provenant d'une taxe d'inflation.

CHAPITRE 11 : La nouvelle macroéconomie

Ce chapitre offre une étude avancée présentant la révolution en macroéconomie qui s'est opérée au cours des quatre (4) décennies écoulées. Ces idées sont excitantes et controversées. Quand elles ont été introduites, nous croyions qu'elles allaient changer pour toujours la macroéconomie à la fois dans le domaine de l'enseignement et dans la pratique professionnelle. Certains des impacts dramatiques ont échoué à se matérialiser, en partie parce que le support empirique pour ces idées stimulantes n'a pas été aussi complet et convaincant comme leurs partisans l'ont espéré. Ce qui est de plus, les idées en particulier, ont contredit aussi bien le modèle traditionnel de l'offre globale et de la demande globale. Toutefois, l'impact de ces concepts à la fois sur la recherche et la politique a été révolutionnaire. Et tandis que les idées continuent d'être contestées, chacune d'elles reste une composante active de l'agenda de la recherche en économie.

Nous étudierons quatre (4) dans ce chapitre :

- Les Anticipations rationnelles.
- Random Walk du PIB.
- La Théorie du Cycle économique réel.
- Les Nouveaux Modèles keynésiens de rigidité de prix.

Ces modèles engendrent des conclusions contrastées au sujet de la conduite de la politique monétaire, mais ils se ressemblent dans leur accent sur la consistance entre la théorie macroéconomique et microéconomique. Ces théories sont en première ligne de la recherche, et leur exposition est nécessairement plus technique que la plupart du texte. Pour cette raison, nous commençons par un aperçu informel.

11.1 Un Aperçu de la nouvelle macroéconomie

11.1.1 Les modèles d'équilibre des anticipations rationnelles

Dans un modèle d'équilibre des anticipations rationnelles, les marchés équilibrent et il n'y a rien de systématique que la politique monétaire puisse pour affecter l'output et le chômage. L'approche des anticipations rationnelles est intimement associée au lauréat du Prix Nobel Robert Lucas de l'Université de Chicago.

Le terme ''équilibre des anticipations rationnelles'' identifie deux caractéristiques clés de cette approche. Premièrement, il donne un poids au rôle des anticipations, spécialement, les anticipations rationnelles. Les agents économiques ne connaissent pas l'avenir avec certitude et en conséquence, doivent fonder leurs plans et décisions, y compris la fixation des prix, sur leurs prévisions ou anticipations du futur. Si ces anticipations sont faites de façon rationnelle, les agents utiliseront les informations disponibles aussi bien que les meilleures prévisions possibles.

Deuxièmement, le modèle des anticipations rationnelles insiste sur l'équilibre : les marchés équilibrent immédiatement. Des phénomènes tels que les effets insider-outsider simplement n'interviennent pas.

La théorie néoclassique de l'offre globale stipule que le chômage est toujours au taux naturel, l'output est toujours au niveau du plein-emploi, et tout chômage est purement frictionnel. Les changements du niveau de prix, par exemple, comme résultat d'un accroissement du stock de monnaie, laissent l'output et le chômage inchangés. Les salaires monétaires augmenteront, mais puisque le salaire réel est inchangé, ni la quantité de travail offerte ni la quantité demandée ne changeront. L'analyse du cas classique que nous avons vu s'applique en entier : ni les changements de politique fiscale ou de politique monétaire auront des effets systématiques sur l'output. L'approche de l'équilibre des anticipations rationnelles, présentée d'abord dans le modèle de Lucas, offre un éloignement de cette conclusion.

Lucas présente un modèle classique avec une hypothèse changée : certaines personnes ne connaissent pas le niveau général de prix, mais connaissent le salaire nominal ou le prix auquel elles peuvent acheter ou vendre. Par exemple, à un moment donné, un travailleur sait que son taux de salaire actuel est $15 par heure, mais ne connait pas le niveau général de prix, et donc ne connait pas le niveau de salaire réel (le salaire nominal divisé par le niveau de prix, égal au montant des biens que le salaire réel achètera). Supposons que tous les prix et salaires augmentent en proportion. Le salaire réel est inchangé, mais si les travailleurs ne réalisent pas que les prix ont augmenté, ils penseront que le salaire réel a augmenté et ils offriront plus de travail, donc l'output augmentera.

Tournons-nous maintenant vers l'aspect des anticipations rationnelles de cette approche. Comment les firmes et les travailleurs forment les anticipations rationnelles ? L'approche des anticipations rationnelles suppose que les gens utilisent toutes les informations pertinentes en formant les anticipations des variables économiques. En particulier, elle suppose que les travailleurs et les entreprises y penseront à travers des mécanismes économiques soulignant la détermination du niveau actuel du prix et ensuite utiliseront la valeur impliquée du niveau actuel du prix comme le niveau de prix attendu.

La meilleure estimation des ménages et des entreprises est que le plein-emploi prévaudra, bien qu'ils reconnaissent que cette estimation peut être incorrecte dans une direction ou dans l'autre. Le niveau de prix attendu p^e, sera le niveau de prix conforme au plein-emploi, ou le niveau de prix qui égalise la demande et l'offre globales, c'est-à-dire, *DG=OG*. L'implication centrale de l'approche des anticipations rationnelles est que les agents peuvent ne pas faire toujours de prévisions correctes, mais ils ne font pas d'erreurs systématiques.

Nous sommes maintenant prêts à voir l'implication centrale de l'approche de Lucas, c'est-à-dire, la réaction différentielle de l'économie aux changements anticipés et non anticipés de l'offre de monnaie. En réponse au changement anticipé de l'offre de monnaie, les agents espèreront un changement à parts égales dans le niveau du prix. À la fois p et p^e changeront en proportion au changement de l'offre de monnaie, l'offre réelle de monnaie restera inchangée, et l'économie restera en plein-emploi.

A contrario, un changement non anticipé de l'offre de monnaie aura son effet total OG-DG, précisément parce qu'un changement non anticipé n'affectera pas p^e. Evidement, les agents découvriront tout changement d'offre de monnaie relativement rapidement, donc même des changements non anticipés auront des effets réels, mais seulement à court terme.

Non-pertinence politique

À première vue, le modèle de Lucas semble être presque le même que le modèle classique : les deux modèles prédisent la non-pertinence, que ni la politique monétaire ni la politique fiscale n'affectent le niveau d'équilibre du revenu dans le long terme. Le modèle de Lucas est plus intéressant que le modèle classique, donc, parce qu'il permet au moins des déviations transitoires du plein emploi. Cependant, ces déviations transitoires sont le résultat d'erreurs exceptionnelles, puisqu'elles durent seulement aussi longtemps que les erreurs durent, et ne peuvent être très longues.

De plus, il n'y a pas de place pour la politique monétaire dans ce monde des anticipations rationnelles et de rôle d'équilibre du marché. Supposons que les agents croient que le niveau de prix est plus faible qu'il ne l'est actuellement. Le gouvernement a besoin simplement d'annoncer les statistiques correctes, et le marché, en lui-même reviendra immédiatement au plein-emploi. Il n'y a pas besoin de politique monétaire ou politique fiscale accommodante pour accélérer le retour au plein-emploi. Donc, la politique n'a pas d'importance. En fait, dans certaines versions de cette approche, les réponses politiques sont problématiques puisqu'elles rendent difficiles pour les agents économiques de déterminer exactement ce qui se produit dans l'économie et comment au mieux, ils peuvent s'ajuster. Ceci constitue une perspective radicalement différente de celle du monde keynésien, dans laquelle la politique offre un soulagement du chômage.

11.1.2 Le Random Walk du Produit Intérieur Brut

Les fluctuations de l'output sont-elles transitoires ou permanentes ? Si les fluctuations sont essentiellement permanentes, des changements de la demande globale, le *cœur même de l'économie keynésienne,* doivent être de peu d'importance. La logique est la suivante :

(1) Selon le modèle de l'offre globale-demande globale, l'effet des chocs de la demande globale disparait avec le temps parce que la courbe d'offre globale est verticale.

(2) En conséquence, si l'effet des chocs est permanent, leur source doit être quelque chose d'autre que la demande globale.

Cet argument a d'abord été avancé pour la première fois par Charles Nelson et Charles Plosser, qui ont présenté une évidence statistique soigneuse en faveur du rôle dominant des chocs permanents. Le travail de Nelson et Plosser ne suggère pas que le modèle OG-DG est théoriquement imparfait, mais il démontre que le côté de la demande globale n'est pas simplement important. Leur travail sert comme une inspiration pour la plupart de la littérature du cycle économique réel, discuté ci-dessous.

L'idée que les changements de l'output sont permanents est quelque fois décrite en disant que le PIB suit un processus de Random Walk (marche aléatoire), signifiant que, ayant erré de haut en bas, le PIB ne présente pas de tendance à retourner au trend. Ceci contraste avec le modèle implicite dans le texte. Nous pensons au chemin de l'output au fil du temps comme suivre un trend croissant, expliqué largement par l'amélioration technologique et l'accumulation du capital, plus un cycle économique des fluctuations transitoires, expliqué par notre modèle *OG-GD*. Puisque les fluctuations sont transitoires, l'output de notre modèle tend à revenir au trend de croissance.

Inévitablement, il y a eu une contreréaction à l'argument de la marche aléatoire. L'évidence est claire que de grands changements permanents de l'output sont importants, mais un certain nombre d'économistes ont argumenté que ces changements permanents ne sont pas fréquents et qu'entre de tels changements, la demande globale est la source première des fluctuations.

11.1.3 La théorie du cycle économique réel

La Théorie du cycle économique réel d'équilibre asserte que les fluctuations de l'output et de l'emploi sont le résultat d'une variété de chocs réels qui frappent l'économie, avec des marchés s'ajustant rapidement et restant toujours en équilibre. La théorie du cycle réel est une excroissance naturelle de l'implication théorique de l'approche des anticipations rationnelles- que la politique monétaire anticipée n'a pas d'effet- et de l'implication empirique de la théorie du random walk (que les chocs de la demande globale ne sont pas une source importante de fluctuations).

Avec les causes monétaires du cycle économique supposées, la théorie du cycle économique a deux fonctions. La première est d'expliquer les chocs, ou les perturbations, qui frappent l'économie, qui causent les fluctuations en premier lieu. La seconde est d'expliquer les mécanismes de propagation. Un mécanisme de propagation est un mécanisme à travers lequel une perturbation est propagée à travers l'économie. En particulier, l'objectif est d'expliquer pourquoi les chocs à l'économie semblent avoir des effets de long terme. Nous commençons notre démarche par expliquer les mécanismes de propagation.

Les Mécanismes de propagation

Le mécanisme de propagation qui est associé aux cycles économiques est la substitution intemporelle du loisir. Toute théorie du cycle économique doit expliquer pourquoi les gens travaillent plus à certains moments qu'à d'autres : au cours des périodes de boom, l'emploi est élevé et les emplois sont faciles à trouver ; pendant des récessions, l'emploi est faible et il est difficile de trouver un poste. Une explication simple, mais pas satisfaisante serait que les gens offrent volontairement plus de travail en réponse à un salaire plus élevé. (Retenons que l'approche de l'équilibre requiert que les gens soient sur leurs courbes de demande et d'offre à tout moment). Cependant, l'évidence empirique ne soutient pas cette explication. L'élasticité de l'offre de travail par rapport au salaire réel est très petite, et le salaire réel change très peu au cours du cycle économique.

Les modèles du cycle économique réel expliquent de larges mouvements de l'output avec de petits mouvements de salaire comme suit : il y a une forte élasticité de l'offre de travail en réponse aux changements temporaires de salaire. Ou, comme on le sait, les gens sont très volontiers à substituer le loisir inter temporellement. L'argument est que les gens se soucient de leur effort total de travail, mais très peu de quand ils travaillent. Supposons que, au cours d'une période de deux (2) ans, ils planifient de travailler 4000 heures au taux de salaire en cours (50 semaines chaque année à 40 heures par semaine). Si les salaires sont égaux en deux ans, ils travailleront 2000 heures chaque année. Mais les salaires sont juste 2% supérieurs au cours d'une année que l'autre, ils préfèreront travailler, disons 2200 en une année, renonçant aux vacances et travailler des heures supplémentaires, et 1800 heures dans l'autre. En faisant cette substitution entre les années, ils travaillent le même total, mais gagnent plus de revenus. Notons que la substitution inter temporelle du loisir ne signifie pas que l'offre de travail est sensible aux changements permanents de salaires. Si le salaire augmente, et reste plus élevé, il n'y a rien à gagner en travaillant plus au cours de cette période que la période suivante. Donc, il est tout à fait possible pour la réponse de l'offre de travail aux changements de salaires à être très petit, même si la réponse au changement temporaire de salaire est grande.

Cette substitution inter temporelle du loisir est capable clairement de générer de grands mouvements du montant de travail fait en réponse aux petits décalages de salaires, et donc pourraient compter pour des grands effets sur output dans les cycles accompagnés par de petits changements de salaires. Cependant, il n'y a pas eu d'appui empirique fort à ce point de vue.

Les perturbations

Les mécanismes qui propagent le cycle des affaires sont mis en marche par des évènements ou perturbations qui changent les niveaux d'équilibre de l'output et de l'emploi sur des marchés individuels et l'économie comme un tout. Les perturbations les plus importantes isolées par les théoriciens de l'équilibre du cycle économique sont les chocs à la productivité, ou des chocs d'offre, et des chocs aux dépenses du gouvernement. Un choc de productivité change le niveau de l'output produit par une quantité donnée d'inputs. Les changements de climat et des nouvelles méthodes de production sont des exemples. Supposons qu'il y ait un choc temporaire de productivité favorable cette période. Les individus voudront travailler dur afin de profiter de cette productivité plus élevée. En travaillant plus cette période, ils augmentent l'output. Ils investissent aussi plus, en propageant ainsi le choc de productivité pour des périodes futures en augmentant le stock de capital. Si l'effet de la substitution inter temporelle du loisir est fort, même un petit choc de productivité pourrait avoir un effet relativement large sur l'output.

La théorie du cycle économique réel a été, et continue d'être, un domaine majeur de recherche pour plusieurs macroéconomistes. Cependant, les partisans de cette vue ont eu moins de succès en convertissant le reste de la profession à leur vue qu'ils ne l'ont espéré. En partie, c'est parce que l'évidence de l'importance de la monnaie semble persuasive. La plupart des décideurs politiques continuent de faire confiance au modèle *IS-LM* que nous avons étudié à travers notre livre.

11.1.4 Les nouveaux modèles keynésiens de rigidité des prix

Les modèles précédemment décrits sont tous dans la tradition de l'équilibre de compensation du marché. Ces modèles sont devenus importants en partie à cause de leurs mérites, mais aussi en partie parce que les économistes ont trouvé la compensation par le marché et le processus de prise de décision rationnelle comme un principe de guide sain.

Cependant, ces modèles sont incohérents avec le comportement de l'offre globale et de la demande globale que plusieurs économistes croient comme facteurs qui caractérisent le monde. Les nouveaux keynésiens acceptent la prémisse du comportement rationnel individuel, mais développent des modèles dans lesquels les marchés n'atteignent pas rapidement l'équilibre classique entier et les prix ne s'ajustent pas toujours aux changements de l'offre de monnaie.

Nous nous concentrons sur un modèle particulier de rigidité de prix développé par Greg Mankiw, et un travail intimement relié de George Akerlof et de Janet Yellen. Supposons que l'offre de monnaie augmente. Selon les théories de l'équilibre, les firmes doivent toutes augmenter les prix proportionnellement. Mais supposons qu'il y a un petit coût, le menu coût, à faire le changement de prix. Est-ce que les firmes choisiront de laisser le prix, maintenant incorrect, à son niveau ancien ? La réponse traditionnelle est non, parce que le bénéfice d'avoir le prix correct surplombe surement tous les petits coûts supportés pour le changer.

Sous une compétition imparfaite, les pertes de la firme d'avoir un prix incorrect seront une fraction très petite de la valeur à la société d'avoir le prix correct. Cela suggère que les menus coûts peuvent être comparés aux fluctuations de l'output, mais sont encore assez grands qu'aucune entreprise à elle seule n'est volontiers à supporter les coûts et les changements de prix. Donc une hausse de l'offre de monnaie nominale peut laisser les prix inchangés, et la hausse résultante en monnaie réelle inchangée fait augmenter l'output.

Nous pouvons maintenant nous tourner vers des considérations plus détaillées et développées, et plus difficiles techniquement, de ces idées.

11.2 Construction technique des modèles de la nouvelle macroéconomie

11.1 La révolution des anticipations rationnelles

Dans cette section, nous utiliserons un modèle basique des anticipations rationnelles en plusieurs étapes. D'abord, nous donnons une version simplifiée du modèle *Offre globale-Demande globale* et nous le résoudrons avec des anticipations de prix de façon exogène. Nous montrons que, excepté une coïncidence, le prix prédit par le modèle sera cohérent avec le prix que les agents attendent. Nous nous tournons ensuite vers un modèle de prévision parfaite pour former des anticipations.

Finalement, nous changeons l'hypothèse de prévision parfaite en une hypothèse plus assouplie des anticipations rationnelles, où les agents utilisent le modèle pour former les anticipations de prix, mais le font seulement avec des informations partielles. Dans tous les deux modèles, le modèle de prévision parfaite et le modèle des anticipations rationnelles, la politique monétaire anticipée n'aura pas d'effets réels. Ceci est une conséquence directe du fait que les prix actuels et les prix attendus sont cohérents l'un l'autre et les anticipations de la courbe de Phillips augmentée certifient que les déviations (ou l'éloignement) du chômage de son niveau naturel sont liées à la différence entre l'inflation réalisée et l'inflation attendue.

Dans chacune des étapes du développement du modèle, nous concentrerons nos efforts sur le lien entre la spécification des anticipations et le multiplicateur monétaire. Dans le modèle *OG-DG simplifié* avec des anticipations exogènes, le multiplicateur monétaire est relativement large. Dans le modèle de prévision parfaite, où les anticipations s'ajustent parfaitement, le multiplicateur monétaire est zéro. Enfin, le modèle des anticipations rationnelles combine les hypothèses du modèle *OG-DG* et du modèle de prévision parfaite. Les anticipations s'ajustent parfaitement eu égard aux changements anticipés de l'offre de monnaie, mais pas à tous les changements anticipés ; le multiplicateur de politique monétaire est zéro eu égard aux changements anticipés de l'offre de monnaie et relativement large eu égard aux changements anticipés.

11.1.1 Un modèle simple d'offre globale et de demande globale

Nous commençons par une version simplifiée du modèle d'offre globale et de la demande globale, en mettant de côté le détail développé dans les précédents chapitres. Nous commençons par simplifier une courbe simple de demande globale :

$$DG\colon\ m + v = p + y \qquad (11.1)$$

L'équation (1) est la théorie quantitative de la monnaie : m est le log de l'offre de monnaie ; v la ''vélocité'' et est supposée constante ; p est le niveau de prix ; et y le PIB.

Nous spécifions ensuite une courbe d'offre globale simple de court terme, qui met l'accent sur le rôle des anticipations de prix :

$$p = p^e + \lambda(y - y^*) \qquad (11.2)$$

Où p est toujours le niveau de prix, p^e le niveau de prix attendu, y est encore le PIB, et y^* le PIB potentiel. Le paramètre λ donne la pente de la courbe d'offre globale. Si λ est grand, une augmentation de l'output au-dessus de l'output potentiel cause une hausse des prix au-dessus de ce qui a été anticipé. Si λ est petit, la réponse de court terme des prix à l'output est petite.

Les équations de la demande globale et de l'offre globale peuvent être combinées pour résoudre l'output (équation 11.3) et le prix (équation 20.4) en termes de l'offre de monnaie et des autres variables :

$$y = \frac{1}{1+\lambda}m + \frac{1}{1+\lambda}(v - p^e) + \frac{1}{1+\lambda}y^* \qquad (11.3)$$

$$p = \frac{\lambda}{1+\lambda}(m + v - y^*) + \frac{1}{1+\lambda}p^e \qquad (11.4)$$

Les équations (12.3) et (12.4) nous disent l'output d'équilibre y et les prix d'équilibre p de notre modèle d'économie. Si l'offre de monnaie augmente de 1 pour cent, l'output augmentera de $\frac{1}{1+\lambda}$ pour cent et les prix de $\frac{\lambda}{1+\lambda}$ Pour cent. Pour être plus concret, supposons que $\lambda = {}^1/_2$; alors un accroissement de 1% de l'offre de monnaie entrainera une hausse d'output de ${}^2/_3$% et une hausse du niveau de prix de ${}^1/_3$%.

Utilisons maintenant les équations (11.3) et (11.4) pour illustrer l'approche standard pour faire une prévision économique. ''Ravisez-vous que cette prévision sera sujette à la critique de Lucas que nous verrons ci-dessous). Pour notre exemple fabriqué, supposons que λ égal ${}^1/_2$ et les valeurs de l'offre de monnaie, de la vélocité et du PIB potentiel sont $m = 2; v = 3\ et\ y^* = 4$, respectivement. Plus particulièrement, nous supposons que les agents de l'économie anticipent le niveau de prix $p^e = 5$. Quelle serait votre anticipation du niveau de prix ? Quelle serait votre anticipation de l'output ? Trouvez vous-même la réponse. Notre réponse apparait dans le paragraphe prochain.

En remplaçant les lettres par leurs valeurs dans les deux équations (11.3) et (11.4), nous aurons respectivement :

Dans l'équation (11.3), pour l'output : $y = 1\,{}^1/_3 = {}^2/_3\,(2) + {}^2/_3\,(3-5) + {}^1/_3\,(5)$.

Dans l'équation (20.4), nous espérons que le prix sera: $p = 3\,{}^2/_3 = {}^1/_3\,(2+3-4) + {}^2/_3\,(20.5)$.

Donc la prévision de notre modèle est que nous espérons que le prix sera $3\,{}^2/_3$ pris comme input au modèle que le prix attendu est 5. Des agents économiques, qui ont beaucoup en jeu, ne devraient-ils pas faire de prévisions qui sont cohérentes avec la façon dont l'économie (représentée ici par notre modèle simple) opère actuellement ? Ceci constitue l'essence de la critique de Lucas : le modèle standard de l'offre globale et de la demande globale assume que les agents économiques font des prédictions de l'économie qui sont cohérentes avec les prévisions que le modèle lui-même fait. Supposons que les décideurs économiques acceptent notre prévision et changent leur anticipation du niveau des prix à $p^e = 3\,{}^2/_3$. En retravaillant les deux équations (11.3) et (11.4), cela mènera à prédire :

L'output $y = 2\,{}^2/_9 = {}^2/_3\,(2) + {}^2/_3\,(3 - 3\,{}^2/_3) + {}^1/_3\,(4)$

Et le prix $p = 2\,{}^7/_9 = {}^1/_3\,(2 + 3 - 4) + {}^2/_3\,(3\,{}^2/_3)$.

Maintenant, le niveau de prix que nous avons mis dans le modèle et le prix prédit sont plus proches, mais ils ne sont pas encore les mêmes. En modifiant le modèle pour que la valeur prévue de p et la valeur d'input p^e soient égales mène à l'idée du modèle de prévision parfaite.

11.1.2 Un modèle de prévision parfaite

Nous supposons maintenant que les agents utilisent toutes les informations nécessaires à faire la prévision. On dit que les agents ont une prévision parfaite. Plutôt que de supposer que p^e est donné hors du modèle, nous admettons que les agents utilisent le modèle lui-même pour calculer p^e. En d'autres termes, les agents calculent p basé sur m, v, p^e et ainsi de suite. Les agents utilisent ensuite leur prix prédit à $p^e = p$. Puisque p lui-même dépend de p^e, les deux équations doivent être résolues simultanément.

Supposons que notre modèle décrit correctement l'économie, donc les preneurs de décision économique utilisent l'équation (11.4) pour prédire les prix et calculer p^e:

$$p^e = p = \frac{\lambda}{1+\lambda}(m + v - y^*) + \frac{1}{1+\lambda}p^e \qquad (11.5)$$

En regroupant les termes qui contiennent p^e, nous pouvons réarranger l'équation (20.5) et trouver la solution pour le prix et la solution correspondante pour l'output comme suit :

$$p^e = p = m + v - y^* \qquad (11.6)$$

$$y = y^* \qquad (11.7)$$

Les prévisions du modèle de prévision parfaite des équations (11.6) et (11.7) sont tout à fait différentes du modèle *OG-DG* des prévisions originales représentées dans les équations (11.3) et (11.4). Le dernier assume que les anticipations de prix sont données de façon exogène, et le premier assume que les anticipations de prix sont données de façon endogène et, spécifiquement que la formation des anticipations est cohérente avec les prédictions du modèle.

Le changement à de telles anticipations formées de façon cohérente a des implications dramatiques pour l'efficacité de la politique monétaire. Selon l'équation (11.4), 1% d'augmentation de l'offre de monnaie accroit les prix de $\frac{\lambda}{1+\lambda}$%, mais sous prévision parfaite 1% d'accroissement de l'offre de monnaie cause 1%d'augmentation du niveau de prix. Selon l'équation (11.3), une hausse de 1% de l'offre de monnaie accroit l'output de $\frac{\lambda}{1+\lambda}$%, mais dans les conditions de la prévision parfaite 1% d'accroissement de l'offre de monnaie n'entraine pas du tout un accroissement de l'output.

Notons que ces résultats de prévisions parfaites de court terme sont les mêmes que les résultats de l'offre globale et de la demande globale de long terme. Sous parfaite prévision, les prix augmentent non seulement comme un résultat direct de l'accroissement de l'offre de monnaie, mais aussi à cause de l'accroissement des anticipations de prix. Cela fait hausser le prix juste à un niveau suffisant pour compenser complètement la hausse de l'offre de monnaie. Sous prévision parfaite, la politique monétaire est neutre à court terme aussi bien qu'à long terme.

11.1.3 Un modèle d'anticipations rationnelles

Un modèle d'anticipations rationnelles assume que les agents font la meilleure utilisation de toute information disponible pour eux et que les anticipations sont formées d'une manière cohérente, de la manière dont l'économie opère actuellement. Un modèle d'anticipations rationnelles est plus comme un modèle de prévision parfaite en ce sens que certaines des variables sont incertaines.

Pour illustrer cela, supposons qu'avant que l'offre de monnaie soit connue, les détenteurs de décisions économiques espèrent que l'offre de monnaie est égale à m^e. Si l'offre de monnaie devient *m,* nous pouvons définir la différence entre l'attente des agents et l'offre de monnaie actuelle, comme l'erreur de prévision de monnaie par les agents :

$$\epsilon_m = m - m^e$$

De façon analogue, supposons que les agents espèrent l'output potentiel égal à y^{*e}. Puisque l'output potentiel est actuellement y^*, l'erreur de prévision de l'output potentiel des agents est $\epsilon_{y^*} = y^* - y^{*e}$.

Nous montrons ci-dessous que le multiplicateur de politique monétaire eu égard à la monnaie anticipée, m^e, est zéro, juste comme dans le modèle de prévision parfaite. Le multiplicateur de politique monétaire eu égard à la monnaie anticipée, ϵ_m, est positif comme dans le modèle *OG-DG*.

Les erreurs de prévisions au cours d'un trimestre particulier peuvent être positives (l'offre de monnaie, par exemple, devient plus grande que celle qui a été anticipée) ou négatives (l'offre de monnaie, par exemple, devient plus petite que celle qui a été anticipée), mais en moyenne les erreurs de prévision moyennes sont égales à zéro. L'argument ici est direct. Supposons que ϵ_m est en moyenne 7. Dans ce cas nous pouvons améliorer notre prévision en augmentant juste chaque prévision m^e de 7. Donc pendant que les erreurs de prévision rationnelle sont grandes ou petites, dépendant de la quantité d'information disponible, elles sont en moyenne égales à zéro. Une autre façon d'exprimer cela est $(\epsilon_m)^e = 0$.

Nous pouvons ensuite demander quel est le niveau de prix qui sera en équilibre. Nous commençons par répéter l'équation (11.4) en remplaçant $m^e + \epsilon_m$ par m et $y^{*e} + \epsilon_{y^*}$ par y^*

$$p = \frac{\lambda}{1+\lambda}\left[(m^e + \epsilon_m) + v - \left(y^{*e} + \epsilon_{y^*}\right)\right] + \frac{1}{1+\lambda}p^e \qquad (11.8)$$

Nous assumons que les agents économiques forment leurs attentes, p^e, sur la base de la prévision de prix de l'équation (11.8). Cependant, nous savons que les prévisions sont basées seulement sur l'information que les agents ont en leur possession :

$$p^e = \frac{1}{1+\lambda}(m + v - y^{*e}) + \frac{1}{1+\lambda}p^e \qquad (11.9)$$

En simplifiant l'équation (20.9), nous aurons :

$$p^e = m + v - y^{*e} \qquad (11.10)$$

Notons que le prix espéré dans les conditions des attentes rationnelles, dans l'équation (11.10), est le même que celui sous parfaite prévision, dans l'équation (11.6), excepté le fait qu'il est basé seulement sur l'information limitée disponible à ceux qui font la prévision : m^e au lieu de *m* par exemple. Les solutions de l'équilibre pour le prix et l'output sont :

$$y = y^{*e} + \frac{1}{1+\lambda}\epsilon_m + \frac{\lambda}{1+\lambda}\epsilon_{y^*} \qquad (11.11)$$

$$p = m^e + v - y^{*e} + \frac{\lambda}{1+\lambda}\left(\epsilon_m - \epsilon_{y^*}\right) \qquad (11.12)$$

Quel est l'effet d'une hausse de l'offre de monnaie sous anticipations rationnelles ? La question doit être maintenant divisée en deux parties : quel est l'effet d'une hausse anticipée de l'offre de monnaie ? Quel est l'effet d'une hausse non anticipée de l'offre de monnaie ?

De l'examen de l'équation (11.11), nous voyons que sous anticipations rationnelles un accroissement anticipé de l'offre de monnaie n'a pas d'effet du tout sur l'output, mais un accroissement non anticipé de l'offre de monnaie accroit l'output, de $1/(1+\lambda)$.

Notons que les changements anticipés opèrent juste comme prédit par le modèle de prévision parfaite ci-dessus et que les changements non anticipés opèrent juste comme notre modèle initial des anticipations exogènes de prix, c'est-à-dire le modèle *OG-DG*. En effet, la politique monétaire anticipée est neutre ; la politique non anticipée a son effet entier *OG-DG*.

Vous devriez utiliser les équations (11.11) et (12.12) pour vérifier les effets des chocs d'offre sur le niveau de prix pour voir que ces effets aussi se comportent de la même façon que dans le modèle quand les effets sont anticipés et dans le modèle *OG-DG* quand les effets sont non anticipés.

11.1.2 La marche aléatoire du PIB : la demande globale est-elle importante ? Ou tout est question d'offre globale ?

Dans le modèle orthodoxe de l'économie, le cycle économique est représenté comme une tendance saine des fluctuations du PIB. Ces fluctuations durent de quelques semestres à plusieurs années. Des chocs à la demande globale sont supposés être des causes primaires de ces fluctuations transitoires. En 1982, Charles Nelson et Charles Plosser ont offert un défi en suggérant que le trend n'est pas lisse, mais, plutôt, qu'il est sujet à des chocs larges et fréquents qui ont un effet permanent sur le niveau du PIB. Si la vue de Nelson et Plosser est correcte, les chocs de la demande globale, qui sont transitoires, sont moins importants que les chocs de l'offre globale, qui peuvent être permanents.

Considérons l'output avec trend ou tendance, et qui peut être le résultat des processus de croissance, et une composante cyclique, représentant peut-être le cycle économique.

Figure 11.1 Le cycle économique

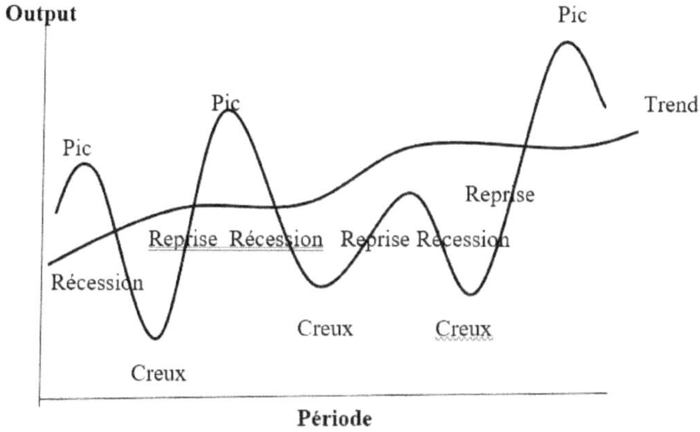

La figure 11.1 présente une vue stylisée de croissance du trend et des fluctuations ou cycle autour du trend. Donc la première étape dans la plupart des études de l'économie est de créer une photographie stationnaire de l'économie, c'est-à-dire, enlever le trend dans les données. Nelson et Plosser ont montré que la méthode utilisée pour modéliser le trend joue un rôle critique dans l'identification des chocs.

Deux Représentations équivalentes du Trend et du Choc

Supposons que le trend dans la variable y puisse être représenté par un trend littéral de temps, comme l'équation ci-après :

$$y_t = \alpha + \beta t \qquad (11.13)$$

L'équation (11.13) dit que y augmente de β à chaque période de temps. En soustrayant $y_{t-1} = \alpha + \beta(t-1)$ de chaque côté de l'équation (20.13), nous obtenons :

$$y_t - y_{t-1} = [\alpha + \beta t] - [\alpha + \beta(t-1)] \qquad (11.14)$$

Ou

$$y_t = y_{t-1} + \beta \qquad ou \qquad \Delta y_t = \beta \qquad (11.15)$$

Où Δy_t est défini comme $y_t - y_{t-1}$.

L'équation (12.15) dit que y augmente de β au cours de chaque période.

Est-ce que l'Effet des Chocs est Permanent ou Transitoire ?

Les équations (11.13) et (11.15) sont précisément deux équations équivalentes. Mais supposons que nous ajoutons un choc d'output,u_t, à l'équation (11.13) ou à l'équation (11.15). Que se passerait-il ? Si nous ajoutons un choc à l'équation (12.13), nous aurons :

$$y_t = \alpha + \beta t + u_t \qquad ou \quad \Delta y_t = \beta + u_t - u_{t-1} \qquad (11.16)$$

Si au lieu, nous ajoutons le choc à l'équation (11.15), nous aurons :

$$y_t = y_{t-1} + \beta + u_t$$
$$y_t = \alpha + \beta t + u_{t-1} + u_{t-2} + \cdots + u_0 \qquad (11.17)$$

Selon l'équation (11.16), l'effet d'un choc dure une période, ou, disons différemment, des chocs au changement d'output se renversent eux-mêmes après une période. Par contre, selon (11.17), l'effet d'un choc sur le niveau de y est permanent, autrement dit les chocs à y s'accumulent au fil du temps. Une variable qui se comporte comme décrit par l'équation (11.16), qui peut être rendue stationnaire en y enlevant le trend du temps est dite trend stationnaire. Une variable qui se comporte comme décrit par l'équation (11.17), qui peut être rendue stationnaire en différenciant, est dite variable de différence stationnaire. Un processus de différence stationnaire est dominé par des chocs permanents ; un trend stationnaire est dominé par des chocs transitoires.

Que le PIB soit mieux décrit par (11.16) ou l'équation (11.17) apparait d'abord comme une question d'intérêt statistique ésotérique. Mais la distinction va au cœur de la pertinence de la demande globale. Selon le modèle *OG-DG* les cycles économiques causés par les fluctuations de la demande globale sont relativement de courte durée, une question de quelques trimestres ou au plus, de quelques années. Par contre, des chocs à l'offre globale peuvent être permanents s'ils dérivent des améliorations permanentes de la productivité.

Nelson et Plosser ont montré que le PIB inclut à la fois les chocs permanents et transitoires, mais que le processus est dominé par les chocs permanents. Leur évidence explose et détruit l'importance de la demande globale en expliquant l'économie.

L'idée que les chocs avec un impact de longue durée sont importants à l'économie est maintenant généralement acceptée. L'influence que la demande globale est relativement sans importance reste controversée. Une vue alternative est que les chocs d'offre relativement grands et permanents se produisent, mais seulement à des rares occasions ; entre ces deux chocs, les chocs de la demande dominent. Pierre Perron est l'autorité intellectuelle de ce point de vue. Perron argumente que, alors qu'il y a des cassures permanentes occasionnelles dans les trends, au cours des sous-périodes dans les décennies, l'économie exhibe des fluctuations de court terme au tour du trend.

Puisque la dispute ou le malentendu entre les adeptes de la différence stationnaire et les adeptes du rend stationnaire avec cassures reste sur les mesures des phénomènes de long terme, le malentendu ne peut être aisément réglé par l'analyse statistique des périodes courtes de données relativement disponibles. L'importance des chocs de la demande globale restera vraisemblablement un domaine de controverses.

11.1.3 La théorie du Cycle économique

Les anticipations rationnelles ont fourni une base théorique à la notion que la politique monétaire ne devrait pas avoir d'effets importants sur l'output. Le travail de Nelson et Plosser ont mis un doute sur l'importance empirique des chocs de la demande globale. Ces idées supportent le développement de la théorie de l'équilibre du cycle économique réel. La théorie du cycle économique réel soutient que les fluctuations de l'output et de l'emploi sont le résultat d'une variété de chocs réels qui frappent l'économie, avec les marchés s'ajustant rapidement et restant toujours en équilibre.

Les théoriciens du cycle économique réel aussi diffèrent des macroéconomistes plus traditionnels de la façon de comment mesurer les paramètres économiques qui gouvernent le comportement d'un modèle. En pratique, cela signifie choisir un petit nombre de paramètres qui sont cruciaux au comportement d'un modèle et estimer la valeur de chaque paramètre des études microéconomiques, plutôt que les données macroéconomiques elles-mêmes. Nous explorons ici chaque modèle du cycle économique réel qui focalise son attention sur un seul paramètre, l'élasticité inter temporelle de substitution de travail.

11.1.3.1 Un modèle Simple du Cycle économique

Les théoriciens du cycle économique réel créent des modèles dans lesquels les firmes choisissent l'investissement optimal et recrutent des individus qui font des consommations optimales et des choix d'offre de travail ; tous les choix ayant été faits dans un environnement dynamique incertain. Les modèles résultants sont techniquement complexes. En fait, ils peuvent être résolus seulement par l'utilisation des mathématiques relativement sophistiquées avec simulation d'ordinateur. Nous présentons ici un modèle simple qui donne la saveur des modèles de cycle économique réel et se concentre sur la question de substitution inter temporelle du travail. Dans ce modèle simple, la firme achète le travail et produit l'output dans chacune de ses périodes nombreuses. Un employé représentatif vend sa force de travail et achète les biens de consommation chaque période. Si l'employé souhaite, il peut épargner ses biens de consommation pour une autre période.

Chaque période, la firme représentative achète le travail L_t, et l'utilise pour produire l'output Y_t, en fonction de la fonction de production :

$$Y_t = a_t L_t \qquad (11.18)$$

Où a_t est le taux marginal du travail à la période *t* (Nous savons que le salaire réel finira par être égal a_t parce que dans un marché compétitif le taux de salaire réel est égal au produit marginal du travail.) Des changements du produit marginal du travail sont la source des chocs réels dans ce modèle simple.

Le travailleur typique a jusqu'à $\bar{L}$ heures de travail disponibles pour vendre chaque période. Le loisir du travailleur est égal à $\bar{L}$ heures moins le temps qu'il vend, donc le loisir est égal $\bar{L} - L_t$. Chaque période que le travail représentatif reçoit l'utilité du loisir et de la consommation, C_t. Nous assumons que la fonction d'utilité du travailleur au cours d'une période donnée peut être exprimée comme :

$$U(C_t, \bar{L} - L_t) = C_t^{\gamma}(\bar{L} - L_t)^{\beta} \qquad (11.19)$$

La contrainte du budget à vie du travailleur dit que la somme des consommations à vie doit être égale à la somme des épargnes à vie :

$$C_t + C_{t+1} + C_{t+2} + \cdots = w_t L_t + w_{t+1} L_{t+1} + w_{t+2} L_{t+2} \quad (12.20)$$

Où w_t est le taux de salaire réel à la période *t*. Le travailleur choisit la consommation et le loisir chaque période dans la quantité qui maximisera la somme de son utilité et sa consommation sujettes à la contrainte du budget dans l'équation (11.20).

Ce serait utile de prouver que l'utilité marginale du loisir est

$$MU_{loisir} = \beta C_t^{\gamma}(\bar{L} - L_t)^{\beta - 1} = \frac{\beta U_t}{\bar{L} - L_t} \qquad (11.21)$$

Comment pouvons-nous trouver la transaction optimale du travailleur définissant la substitution inter temporelle du loisir ? Si le travailleur réduit le loisir d'une heure cette période, il gagne w_t salaire de plus, ce qui lui permet d'ajouter w_t / w_{t+1} d'heures de loisirs la période suivante. Il s'en suit que l'utilité marginale du loisir cette période doit être égale à w_t / w_{t+1} multiplié par l'utilité marginale du loisir la période suivante :

$$MU_{loisir_t} = (w_t / w_{t+1}) x MU_{loisir_{t+1}} \qquad (11.22)$$

En égalisant les valeurs des utilités marginales du loisir présent et futur, en utilisant l'équation (11.21) deux fois dans l'équation (11.22), nous trouverons la substitution inter temporelle du loisir :

$$\frac{\bar{L} - w_t}{\bar{L} - w_{t+1}} = \left(\frac{w_{t+1}}{w_t}\right)^{\frac{1-\gamma}{1-\gamma-\beta}} \qquad (11.23)$$

L'équation (11.23) dit que si le salaire à la période $t+1$ augmente de 1% alors le salaire à d'autres périodes reste constant, le loisir à la période $t+1$ baissera de $\frac{1-\gamma}{1-\gamma-\beta}$. Dépendant des valeurs de β et γ, le loisir pourrait être très sensible ou tout à fait peu sensible aux changements temporaires du taux de salaire.

Notre modèle doit être cohérent avec l'observation empirique que les changements de salaire permanent ont peu d'effets sur l'offre de travail. Nous pouvons vérifier cela en calculant la réponse de long terme du loisir au changement de salaire permanent. Supposons que le salaire est constant au fil du temps, disons, w^*. Dans ce cas, la consommation et l'offre de travail seront aussi constantes, disons C^* et L^*. A partir de la contrainte du budget de l'équation (11.20), il doit être vrai que $C^* = w^*L^*$. Combiner ceci avec la transaction *travail-loisir* du travailleur, $\bar{L} - L_t = (\beta/\gamma)/(C_t/w_t)$ pour dériver l'offre de travail de long terme, et nous trouvons

$$\bar{L} - L^* = \frac{(\beta/\gamma)(w^*L^*)}{w^*} \; ou \; \bar{L} = \frac{\gamma}{\beta+\gamma}\bar{L} \qquad (11.24)$$

L'équation (11.24) montre que la réponse de long terme du travail au taux de salaire est zéro, puisque w^* est entièrement sorti de l'équation (11.24). Donc dans cet aspect, notre modèle est en accord avec les faits.

Considérons maintenant l'effet de la substitution inter temporelle de travail comme un mécanisme de propagation à travers l'économie. Supposons qu'il y a un choc transitoire de technologie de la période *t* et donc le produit marginal du travail augmente d'un certain pourcentage égal à $\%\Delta a$. Nous savons que le taux de salaire est égal au produit marginal du travail, donc le taux de salaire augmentera avec l'augmentation de *a*. Le changement total de l'output sera

$$\%\Delta Y = \%\Delta a + \%\Delta L \qquad (11.25)$$

Le mécanisme de propagation est le ''coup supplémentaire à l'output $\%\Delta L$. Nous savons de l'équation (11.23) que le loisir baissera de $[(1-\gamma)/(1-\gamma-\beta)] * \%\Delta a$. Puisque les heures de loisir seront presque trois fois celles du travail, le pourcentage d'accroissement du travail devrait être approximativement $\%\Delta L = 3[(1-\gamma)/(1-\gamma-\beta)] * \%\Delta a$. Le changement total de l'output sera

$$\%\Delta Y = \left(1 + 3x\frac{1-\gamma}{1-\gamma-\beta}\right) * \%\Delta a \qquad (11.26)$$

Les paramètres β et γ sont des exemples des paramètres profonds dans la littérature du cycle économique réel. Les théoriciens du cycle économique réel argumentent que nos modèles devraient dépendre des paramètrent qui décrivent les préférences des consommateurs-travailleurs et les paramètres qui décrivent la fonction de production des firmes. Ces paramètres peuvent être identifiés à partir des études microéconomiques. Dans notre modèle très simple, si $\beta + \gamma$ est proche de 1, la substitution inter temporelle de loisir sera très forte et le mécanisme de propagation de l'équation (11.26) traduira relativement les chocs de technologie relativement petits en chocs plus grands d'outputs. A contrario, si la substitution inter temporelle de loisir est faible, ce mécanisme de propagation sera relativement sans importance. L'évidence empirique, basée sur des données microéconomiques, favorise la vue que la substitution inter temporelle est faible.

11.1.4 Un nouveau modèle Keynésien des prix nominaux rigides

L'introduction de la théorie des anticipations rationnelles et la théorie du cycle économique réel a constitué une Nouvelle Révolution Classique contre l'orthodoxie keynésienne du modèle de l'offre globale-demande globale. Les nouvelles théories des Classiques sont enracinées dans le comportement de maximisation rationnel, des caractéristiques que les économistes, de formation, préfèrent grandement. D'autre part, ces théories laissent peu ou pas de rôle au genre d'ajustement de prix nominaux que les économistes keynésiens croient constater dans l'économie réelle. Au début des années 1980, et jusqu'à nos jours, une contrerévolution keynésienne est née. Les nouveaux modèles keynésiens essaient de jouer par les règles intellectuelles des Néo Classiques, c'est-à-dire, reflètent le comportement de maximisation rationnelle, donnant en même temps des résultats issus du modèle *OD-DG*.

Les modèles néo keynésiens reposent généralement sur l'hypothèse de compétition imparfaite. Sous compétition parfaite, les actions individuelles des firmes et des consommateurs mènent à un équilibre efficient. Mais dans des conditions de compétition parfaite les décisions individuelles n'ont pas besoin de conduire à des résultats efficients. Les nouveaux modèles keynésiens expliquent comment les décisions individuellement rationnelles sous compétition imparfaite mènent à des booms et des faillites indésirables. Dans cette section, nous examinons le modèle de rigidité de prix nominal de Mankiw. Le modèle de Mankiw explique pourquoi les firmes individuelles imparfaitement compétitives pourraient laisser les prix inchangés en face d'un changement d'offre nominale de monnaie.

Le problème intellectuel auquel fait face Mankiw est que selon la théorie économique, les prix nominaux sont juste des mesures basées sur une unité de compte arbitraire. La théorie microéconomique explique clairement que seuls les prix relatifs sont importants. En fait, la théorie microéconomique fait une prévision très claire au sujet de la neutralité de la monnaie. Supposons que l'économie a initialement l'offre de monnaie à $\overline{M}$ et que, à travers le processus d'offre et de demande, elle atteint l'équilibre avec des prix p_1, p_2, p_3 ainsi de suite, pur un niveau de prix moyen *p*. Maintenant, supposons que l'offre de monnaie se situe à $2\overline{M}$ au lieu du niveau précédent. La théorie microéconomique prédit que les marchés atteindront des équilibres identiques comme précédemment, cette fois avec des prix $2p_1, 2p_2, 2p_3$, et un niveau de prix moyen *2p*. Rien de réel n'a changé. L'offre réelle de monnaie reste $2\overline{M}/2p = \overline{M}/p$, et le ratio de toutes combinaisons de prix dans deux marchés, disons, marchés 1 et 2, restent inchangé, $2p_1/2p_3 = p_1/p_3$. Donc les keynésiens font face aux questions de comment réconcilier la théorie économique justifiée du point de vue microéconomique avec l'idée que le niveau de prix nominal ne pourrait pas refléter immédiatement les changements de l'offre de monnaie nominale.

Le début de la réponse se trouve dans la reconnaissance que, en fixant et en changeant les prix, les firmes changeront les prix seulement quand les bénéfices du changement de prix dépassent les coûts. À la surface, cela semble une explication raisonnable de laisser les prix inchangés en face d'un changement de l'offre de monnaie. Le problème avec cet argument est que le coût de changement de prix est surement très petit et les opérations sont dans l'ordre de plusieurs pourcentages du PIB. Il semblerait que les bénéfices d'un changement de prix dépasseront toujours le coût.

En 1985, Gregory Mankiw, George Akerlof et Janet Yellen ont résolu ce problème en utilisant une théorie macroéconomique très basique pour montrer que les bénéfices privés de changer un prix peuvent être plus petits que les bénéfices sociaux s'il y a un pouvoir de monopole substantiel dans l'économie. Les firmes fondent leurs décisions sur les bénéfices privés uniquement, donc c'est possible qu'en face d'une demande changée, chaque firme décide de maintenir constant le prix qu'elle charge, même si le bénéfice social de changer le prix dépasse le coût social. Nous présentons une version simplifiée de l'analyse de Mankiw.

Supposons que le côté production de l'économie consiste en plusieurs petites firmes, chacune possédant quelques éléments du pouvoir de monopole dans son propre marché. En indexant le marché par i, nous pouvons écrire la fonction de demande de la firme i comme suit :

$$Y_i = \left(\frac{P_i}{P}\right)^{-\epsilon} \frac{M}{P} \tag{11.27}$$

Où P_i est le prix chargé par la firme i, P est le niveau général de prix, et $\epsilon(\epsilon > 1)$ est l'élasticité de la demande. Supposons que le travail est le seul input, le produit marginal du travail est a, et le salaire nominal est W. Un monopole fixe son prix comme une majoration des prix. Puisque le coût marginal est W/a, la firme fixera

$$P_i = \left(\frac{\epsilon}{\epsilon-1}\right)\frac{W}{a} \tag{11.28}$$

Et le profit nominal de la firme sera

$$\left(P_i - \frac{W}{a}\right)Y_i \tag{11.29}$$

Pour fournir une base de comparaison dans la façon de regarder les prix rigides, nous devons d'abord savoir ce qui se passe dans le modèle classique quand l'offre de monnaie augmente de 2% par exemple. Puisque la monnaie est neutre dans un modèle néoclassique, nous savons que tous les prix nominaux et salaires nominaux augmenteront de 2%. Nous voyons que les côtés gauche et droit de l'équation (11.28) augmenteront de 2%. Puisque M, P et tous les prix augmentent de 2%, la demande réelle de l'équation (11.27) est inchangée. De l'équation (11.29), les profits nominaux augmentent de 2%, mais puisque dans l'ensemble les prix ont augmenté, les profits réels sont inchangés. Donc toute chose dans notre modèle est cohérente avec la neutralité de la monnaie.

Supposons maintenant que la firme doit entreprendre une petite dépense, z, appelée dépense, si elle augmente son prix. Chaque firme comparera le coût de maintien de son prix qui est maintenant tout bas avec l'accroissement potentiel de profit si elle augmente les prix de 2%. Mankiw a montré que le profit potentiel peut être très petit, littéralement de son second ordre quand les deux conditions sont remplies :

- Si la déviation entre le prix optimal et le prix existant est petite, l'opportunité de profit est très petite.
- Si l'élasticité de la demande de la firme est petite, le profit est relativement moins sensible pour avoir le prix exactement correct.

11.3 Résumons

Assez de questions restent sans réponse sur la frontière de la science macroéconomique. Les théories présentées par les théoriciens de l'équilibre et les Néokeynésiens ont des appels indéniables, mais la pertinence empirique de ces théories est moins claire. Similairement, plusieurs avocats de la théorie du cycle économique réel reconnaissent l'importance des prix rigides. À un certain niveau, il y a un commencement d'une convergence partiale des théories étudiées dans ce chapitre. Un nouvel ensemble de modèles d'équilibre général dynamique stochastique a été développé. Les modèles considèrent des modèles du cycle économique réel et ajoutent des prix rigides tout en retenant les anticipations rationnelles. Les résultats de ces modèles sont quelquefois des résultats keynésiens de façon surprenante.

Une partie de la beauté de la macroéconomie comme science est l'interaction entre la théorie, le travail empirique et la politique. Des macroéconomistes avec des points de vue et philosophies économiques différents interagissent et travaillent dur et s'efforcent pour s'écouter les uns les autres. Comme résultat, notre compréhension de l'économie réelle change à jamais et s'améliore toujours.

Questions de revue et problèmes

1. Quelle est l'approche d'une information imparfaite au sujet d'une courbe d'offre et de demande croissante ?

2. Donnez un aperçu bien fourni de la nouvelle macroéconomie, et dites en quoi elle constitue une révolution ou non. Quelle est son influence sur la macroéconomie depuis Keynes ?

3. Rappelez l'idée centrale du modèle d'équilibre des anticipations rationnelles.

4. Rappelez l'idée centrale de la marche aléatoire du PIB.

5. Rappelez l'idée centrale du cycle économique réel.

6. Rappelez l'idée centrale des modèles Néo keynésiens de rigidité de prix.

7. Démontrez et contrastez le modèle de Gregory Mankiw avec celui des néo classiques sur la rigidité des prix.

CHAPITRE 12 : Offre agrégée : salaires, prix et chômage

Dans ce chapitre, nous développons davantage le côté offre agrégée de l'économie. La courbe d'offre globale décrit le mécanisme d'ajustement de prix de l'économie. À très court terme, nous savons que la courbe d'offre globale est horizontale ; et à long terme, nous savons que la courbe d'offre globale est verticale. Dans ce chapitre, nous examinons le processus d'ajustement dynamique qui nous amène du court terme à long terme.

Nous commençons par un examen de la mécanique de la courbe d'offre globale. Nous verrons ensuite l'économie qui sous-tend cette mécanique. La relation prix-output de façon surprenante tout au long de la courbe d'offre globale est construite à partir de la relation entre salaires, prix, chômage et output. Le lien entre chômage et inflation s'appelle la Courbe de Phillips. Nous pouvons le traduire entre chômage et output et aussi entre inflation et changements de prix. L'utilisation de ces traductions rend facile la connexion de la théorie aux nombres souvent reportés dans les informations de la presse. Lorsque nous entendons par exemple que l'inflation a baissé de 2% (la mesure utilisée sur la Courbe de Phillips), nous savons immédiatement que les hausses de prix sont sous contrôle. Par contre, quand nous entendons que l'Indice du Prix à la Consommation (IPC) a atteint un niveau 200, ceci est un nombre que le politique aime.

Dans la troisième section du chapitre, nous introduirons le rôle des anticipations de prix (dans l'offre agrégée) ou, de façon équivalente, les anticipations inflationnistes (dans la courbe de Phillips). La compréhension du mécanisme des anticipations de prix fournit l'explication de la stagflation (la présence simultanée du chômage élevé et de l'inflation élevée). Ayant incorporé les attentes inflationnistes dans le modèle, nous verrons ensuite la ''révolution des anticipations rationnelles'', la percée intellectuelle la plus importante en macroéconomie dans le dernier quart du 20e siècle. Après cela, nous nous tournerons vers un examen détaillé de la pente de la courbe d'offre agrégée et ensuite nous verrons comment les chocs d'offre, à la fois bons et mauvais, affectent l'économie.

Avant de plonger dans cette analyse, quelques mots d'avertissement, et quelques encouragements : l'avertissement est que la théorie de l'offre globale est l'une des théories les moins résolues en macroéconomie. Nous ne comprenons pas complètement pourquoi les salaires et les prix sont lents à s'ajuster, bien que nous ayons un certain nombre de théories raisonnables. Dans la pratique, le marché de travail semble s'ajuster lentement aux changements de la demande globale, le taux de chômage n'est toujours pas clairement au niveau naturel, et l'output change quand la demande globale change.

Les mots d'encouragement sont alors qu'il y a une variété de modèles d'offre agrégée, le phénomène de base qui doit être expliqué (l'ajustement apparent lent de l'output aux changements de la demande), est largement accepté. Tous les modèles modernes, cependant différents de leurs points de départ, tendent à atteindre un résultat similaire : qu'à court terme la courbe d'offre globale est plate, mais à long terme elle est verticale.

12.1 La Courbe d'Offre Agrégée et le Mécanisme D'ajustement de prix

La figure 12.1 ci-dessous montre la courbe d'offre agrégée de court terme et la courbe d'offre globale de long terme. Elle illustre aussi un spectre entier des courbes de moyen terme.

Figure 12.1 Retour dynamique à l'Offre agrégée de Long Terme

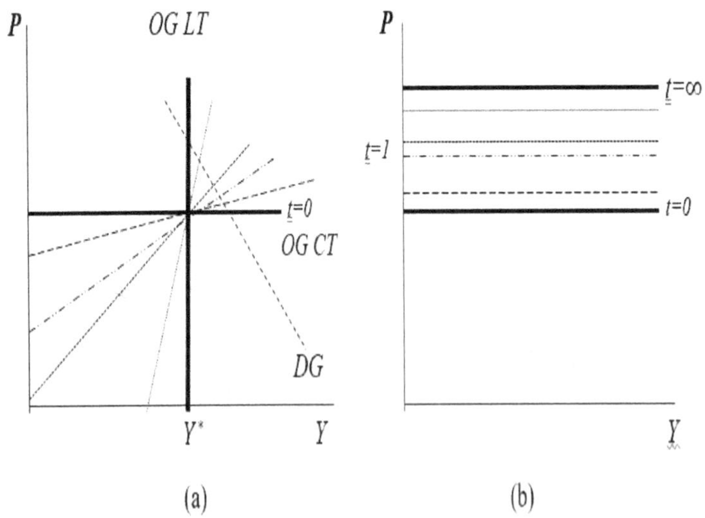

Considérons la courbe d'offre agrégée et décidons de faire une rotation dans le sens des aiguilles d'une montre, de l'horizontale à la verticale avec le passage du temps. La courbe d'offre globale qui s'applique à, disons un an, est horizontale en noir. Si la demande globale est plus grande que l'output potentiel Y^*, alors la courbe intermédiaire indique qu'après un an, les prix augmenteront partiellement, mais pas complètement, pour pousser le PIB en bas à l'output potentiel.

La figure 12.11a fournit une image utile, mais statique de ce qui est réellement un processus dynamique. Nous nous focalisons sur la courbe d'offre globale comme une description du mécanisme par lequel les prix montent ou baissent au fil du temps. L'équation (12.1) ci-dessous donne la courbe d'offre globale :

$$P_{t+1} = P_t[1 + \lambda(Y - Y^*)] \qquad (12.1)$$

Où P_{t+1} est le niveau de prix de la période suivante, P_t le niveau de prix aujourd'hui, et Y^* l'output potentiel. Cette équation incarne une idée simple. Si l'output est au-dessus de l'output potentiel, les prix augmenteront et seront plus élevés la période suivante, si l'output est en dessous de l'output potentiel, les prix vont baisser et seront plus faibles la période suivante. Ce qui est plus, les prix continueront à monter ou baisser au fil du temps jusqu'à ce que l'output retourne à l'output potentiel. Le niveau de prix de demain montera au niveau de prix d'aujourd'hui si, et seulement si, l'output est égal à l'output potentiel. La différence entre le PIB et le PIB potentiel, $Y - Y^*$, est appelée le gap du PIB, ou le gap de l'output. Les lignes montantes de la figure 12.1a correspondent successivement aux mouvements instantanés de l'équation (12.1). Les lignes horizontales de 12.1b nous disent que si l'output est au-dessus de l'output potentiel, les prix augmentent comme nous pouvons le constater par des lignes horizontales de notre figure. Et les prix continuent de monter jusqu'à ce que l'output ne soit plus au-dessus de l'output potentiel.

Notons que la figure 12.1a et la figure 12.1b sont des descriptions alternatives du même processus : (a) illustre la dynamique des mouvements de prix, et (b) montre les mouvements instantanés après un temps donné. La figure 12.2 est une autre manière de voir le processus d'ajustement : en représentant les points d'équilibre de la figure 12.1 en fonction du temps.

La vitesse d'ajustement est contrôlée par le paramètre λ dans l'équation (12.1). Si λ est grand, la courbe d'offre agrégée se déplace rapidement, ou, de façon équivalente, la rotation inverse de la montre de la figure 12.1 se produit sur une période relativement courte. Si λ est petit, les prix s'ajustent seulement lentement. Il y a un peu de désaccord entre économistes au sujet du meilleur moyen de concentrer la politique macroéconomique sur λ. Si λ est large, le mécanisme de l'offre agrégée retournera l'économie à l'output potentiel de façon relativement rapidement vite ; si λ est petit, nous devons utiliser la politique de la demande globale pour accélérer le processus.

Figure 12.2 Chemins d'ajustement du Niveau de Prix et de l'Output

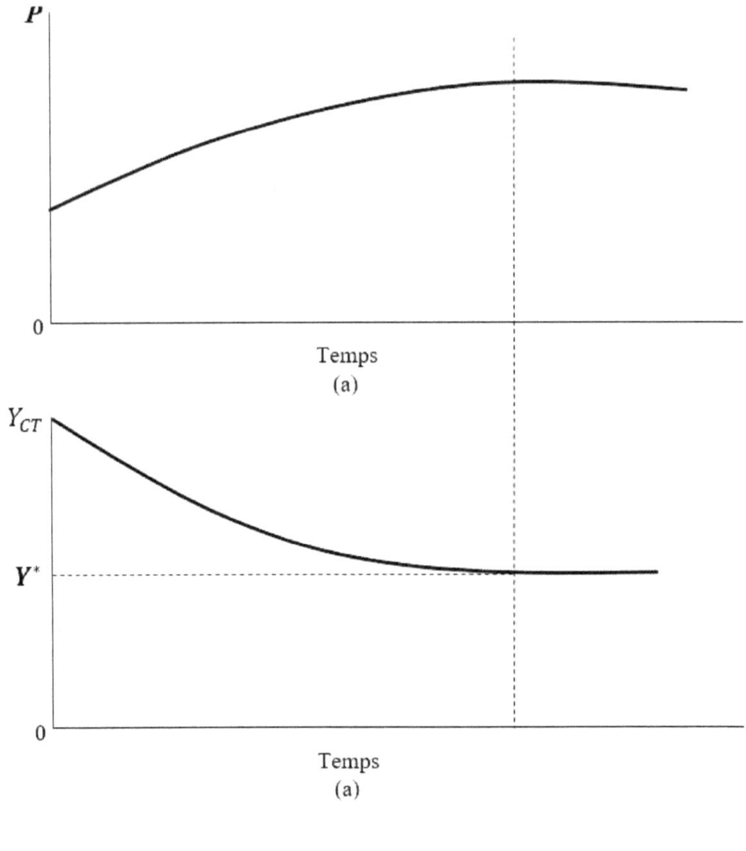

12.1.1 Les Lignes et les courbes d'offre agrégée

À la fois l'équation (12.1) et la figure 12.1 donnent le portrait de la courbe d'offre globale comme une ligne. Tout au long de vos cours de macroéconomie, vous devriez-vous souvenir que cela n'est pas correct : quand l'output est bien au-dessus de l'output potentiel, l'offre globale se courbe plus fortement. La courbature, comme on peut le voir dans la figure 12.3 ci-dessous, nous rappelle qu'il y a une limite réelle à savoir comment c'est possible de pousser loin le PIB au-delà de l'output potentiel.

Figure 12.3 l'Offre Globale Non Linéaire

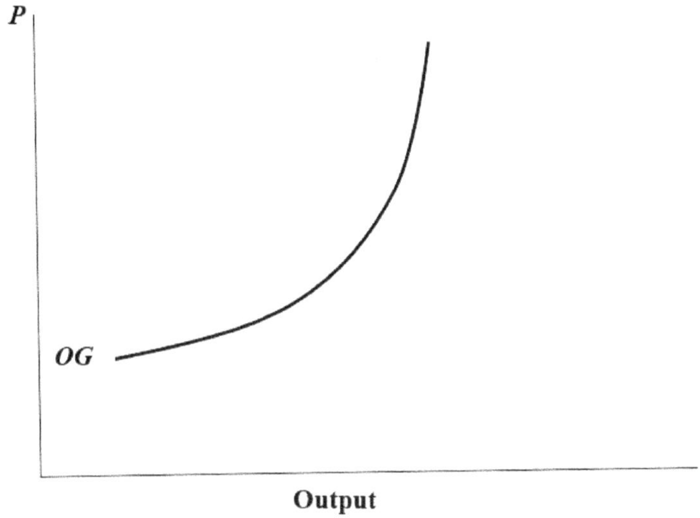

12.2 Inflation et chômage

Dans cette section, nous discuterons la courbe de Phillips, qui fait l'arbitrage entre chômage et inflation. Plus tard dans le chapitre, nous donnerons une déviation plus rigoureuse, montrant la traduction entre la courbe d'offre agrégée et la courbe de Phillips. (Le PIB se connecte au chômage ; le PIB potentiel se connecte au taux naturel de chômage ; le niveau de prix se connecte au taux d'inflation). Sur une base au jour le jour, il est plus facile de travailler avec des figures du chômage sur la courbe de Phillips qu'avec les nombres du PIB sur la courbe de l'offre globale.

En 1958, A.W. Phillips, alors professeur à la London School of Economics, a publié une étude sur le comportement de salaire au Royaume-Uni pour les années allant de 1861 à 1957. La principale trouvaille de son étude est résumée dans la figure 12.4 ci-dessous, reproduite de son article : la courbe de Phillips est une relation inverse entre taux de chômage et taux d'accroissement des salaires monétaires. Plus le taux de chômage est élevé, plus le taux d'inflation est faible. En d'autres termes, il y a un arbitrage entre inflation et chômage. La courbe de Phillips montre que le taux d'inflation salariale baisse avec le taux de chômage.

Figure 12.4 La courbe originale de Phillips pour le Royaume-Uni

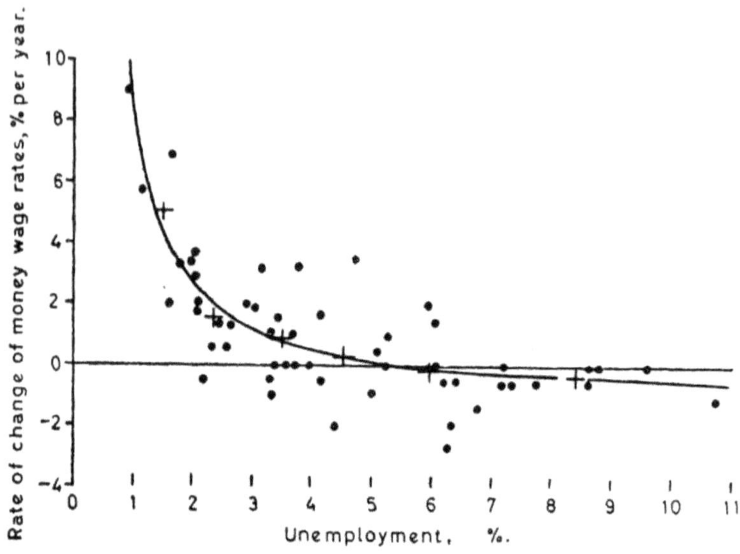

Fig.1. 1861 – 1913

Soit W_t le salaire de la période, et W_{t+1} le salaire de la période suivante, le taux d'inflation salariale, g_t, est défini comme suit :

$$g_t = \frac{W_{t+1} - W_t}{W_t} \qquad (12.2)$$

Avec u^* représentant le taux naturel de chômage, nous pouvons écrire la courbe de Phillips comme suit :

$$g_t = -\epsilon(u - u^*) \qquad (12.3)$$

Où ϵ mesure la réponse des salaires au chômage. Cette équation dit que les salaires baissent quand le chômage est au-dessous du taux naturel. La différence entre le chômage et le taux naturel,

$u - u^*$, est appelée gap du chômage.

Supposons que notre économie est en équilibre avec des prix stables et le chômage au taux naturel. Maintenant qu'il y a un accroissement du stock de monnaie de, disons, 10%. Les prix et les salaires montent tous les deux de 10% pour ramener l'économie à l'équilibre. Mais la courbe de Phillips montre que pour que les salaires montent de 10%, le taux de chômage doit baisser. Ce qui causera le taux de salaire de monter. Les salaires commenceront à monter, les prix monteront aussi, et éventuellement l'économie retournera au niveau de l'output et du chômage de plein emploi. Nous pouvons voir ce point en reformulant l'équation (12.2), utilisant la définition du taux d'inflation de salaire, en vue de voir le niveau des salaires aujourd'hui relativement au niveau passé :

$$W_{t+1} = W_t[1 - \epsilon(u - u^*)] \qquad (12.3a)$$

Pour que les salaires montent au-dessus du niveau précédent, le chômage doit baisser au-dessous du taux naturel. Alors que la courbe originale de Phillips relie le taux d'accroissement des salaires ou l'inflation de salaire au chômage, comme dans l'équation (12.3) ci-dessus, le terme ''courbe de Phillips'' est graduellement utilisée pour décrire soit la courbe originale de Phillips ou une courbe reliant le taux d'accroissement des prix (taux d'inflation) au taux de chômage. Vous pouvez utiliser une courbe similaire pour n'importe quel pays.

12.2.1 Le compromis politique

La courbe de Phillips est devenue rapidement la pierre angulaire de l'analyse de la politique macroéconomique. Elle a suggéré que les décideurs politiques choisissent des combinaisons différentes des taux de chômage et d'inflation. Par exemple, ils peuvent avoir un chômage bas aussi longtemps qu'ils sacrifient à une inflation élevée. Ou ils peuvent avoir un taux d'inflation faible contre un chômage élevé.

Vous savez déjà que l'idée d'un arbitrage permanent chômage-inflation doit être incorrecte parce que vous savez que la courbe d'offre agrégée de long terme est verticale. La pièce du puzzle qui est manquante dans la courbe simple de Phillips est le rôle des anticipations de prix. Mais deux impressions se dégagent de cette analyse. D'abord, il y un arbitrage entre inflation et chômage à court terme. Ensuite, la courbe de Phillips (en conséquence la courbe d'offre globale) est réellement plate à court terme. En y appliquant l'économétrie oculaire à des graphes de type inflation contre le chômage, nous verrons qu'en baissant le chômage par le point total pourcentage (ce qui est trop), cela accroitra le taux d'inflation à court terme d'environ de moitié (un montant relativement modeste). Notons aussi qu'à des taux de chômage très bas, l'arbitrage inflation/chômage devient tout à fait plus étroit.

12.3 Stagflation, inflation et courbe de Phillips Augmentée de l'inflation attendue

La relation de la courbe de Phillips simple est tombée en morceaux après 1960, à la fois en Grande Bretagne et aux États-Unis. La figure 13.5 ci-dessous illustre le comportement de l'inflation et aux États-Unis au fils du temps depuis les années 1960. Les données des années 1970 et 1980 ne conviennent pas à la l'histoire de la courbe de Phillips.

Quelque chose de manquant avec la courbe simple de Phillips. Ce quelque chose est l'inflation attendue ou anticipée. Quand les travailleurs et les firmes négocient les salaires, ils s'intéressent à la valeur réelle du salaire, donc les deux parties sont plus ou moins volontiers à ajuster le niveau du salaire nominal pour toute inflation attendue sur la période du contrat. Le chômage ne dépend pas du niveau de l'inflation, mais, plutôt, de l'excès de l'inflation sur ce qui était attendu.

Une simple introspection permet d'illustrer ce point. Supposons que le premier de l'année votre employeur annonce une hausse de 3% de salaire pour vous et vos collègues. Bien que n'étant pas une hausse massive, 3% est un accroissement raisonnable, et vous et collègues seraient contents raisonnablement.

Maintenant, supposons que vous appreniez une inflation à 10% par an et qui est espérée continuer de monter à ce taux. Vous comprendrez que si le coût de la vie augmente de 10% alors que votre salaire nominal augmente de seulement 3%, votre niveau de vie baisse, d'environ 7 (= 10 − 3)%. En d'autres termes, vous faites attention aux accroissements de salaire en excès de l'inflation attendue.

Nous pouvons réécrire l'équation (12.3), la courbe originale salaire-inflation, pour montrer que c'est l'excès de l'inflation salariale sur l'inflation attendue qui compte :

$$(g_w - \pi^e) = -(u - u^*) \tag{12.4}$$

Où π^e est le niveau de l'inflation du prix attendue.

Figure 12.5 Relation entre Inflation et Chômage : USA, de 1961 à 2004.

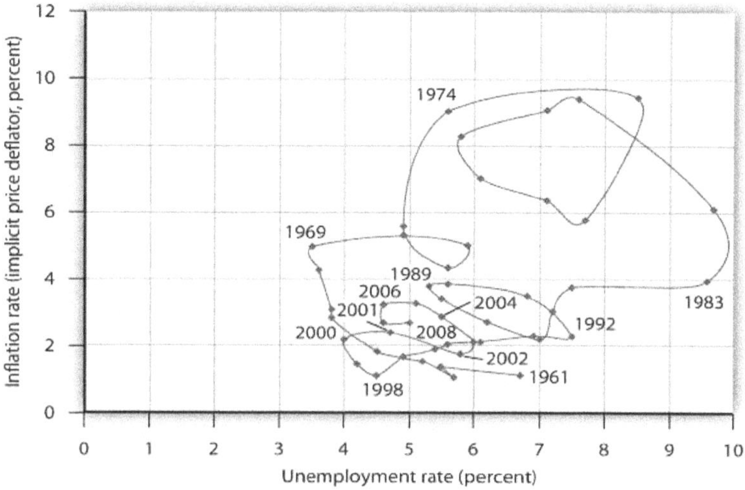

Source : Bureau of Labor Statistics des États-Unis d'Amérique

En maintenant l'hypothèse d'un salaire réel constant, l'inflation actuelle, π, sera égale à l'inflation salariale. Donc, l'équation de la version moderne de la courbe de Phillips, est :

$$\pi = \pi^e - \epsilon(u - u^*) \qquad (12.5)$$

Notons deux propriétés critiques de la courbe moderne de Phillips :

- L'inflation attendue est passée d'un pour un à l'inflation réelle.
- Le chômage est au taux naturel quand l'inflation réelle est égale à l'inflation attendue.

Nous avons maintenant un facteur déterminant la hauteur de la courbe de Phillips de court terme (et la courbe correspondante de l'offre agrégée de court terme). Au lieu de croiser le taux naturel de chômage à zéro, la courbe moderne de Phillips croise le taux naturel au niveau de l'inflation attendue. La figure 13.6 montre des courbes de Phillips stylisées des années 1980 (quand l'inflation a été entre 6-8%) et quand elle a été à 2%.

Les firmes et les travailleurs ajustent leurs attentes d'inflation à la lumière de l'histoire récente de l'inflation. Les courbes de court terme de Philips de la figure 12.6 reflètent le niveau faible de l'inflation qui était attendu au début et le niveau plus élevé au début des années 1980. Les courbes ont deux propriétés que vous devriez noter. D'abord, les courbes ont le même arbitrage de court terme entre inflation et chômage ; c'est-à-dire les pentes sont égales. Deuxièmement, au tout début le plein emploi était compatible avec à peine 2% d'inflation annuelle ; au début des années 1980 le plein emploi était compatible avec à peine 7% d'inflation.

Figure 12.6 Les Attentes d'Inflation et la Courbe de Phillips de Court Terme

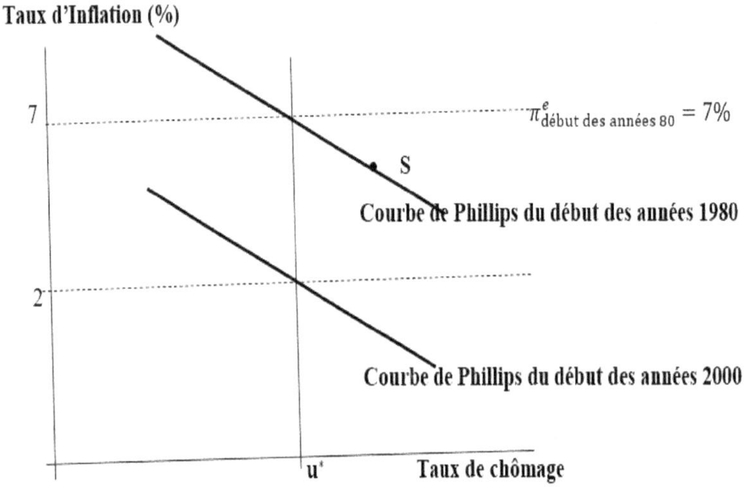

La hauteur de la courbe de Phillips de court terme, le niveau de l'inflation attendue, π^e, se déplace de haut en bas au fil du temps en réponse aux changements des attentes des firmes et des travailleurs. Le rôle de l'inflation attendue dans le déplacement de la courbe de Phillips ajoute un autre mécanisme d'ajustement automatique au côté offre agrégée de l'économie. Quand la demande élevée déplace l'économie en haut et à gauche de la courbe de Phillips de court terme, les gens espèrent l'inflation dans le futur (π^e monte) et la courbe de Phillips monte aussi.

12.3.1 La stagflation

La stagflation est un terme inventé pour signifier le chômage élevé (la stagnation) et l'inflation élevée. Par exemple, en 1982, le chômage était supérieur à 9% et l'inflation approximativement 6%. Le point *S* de la figure 12.6 est un point de stagflation. Il est facile de voir comment la stagflation se produit. Une fois que l'économie est sur la courbe de Phillips de court terme, cela inclut une inflation attendue significative, une récession poussera l'inflation réelle en bas de l'inflation attendue, mais le niveau absolu de l'inflation restera élevé. En d'autres termes, l'inflation sera plus faible que celle attendue, mais elle sera au-dessus de zéro.

12.3.2 La courbe de Phillips augmentée correspond-elle aux Données ?

Nous avons vu avec la figure 12.5 que la relation empirique entre inflation et chômage est un désordre. Nous voudrions observer quelques évidences que l'ajustement de l'inflation attendue nous donne une courbe de Phillips fiable. À la différence de l'inflation et du chômage, qui sont directement mesurables et reportés par les agences de statistiques officielles, l'inflation attendue est une idée dans la tête de tout un chacun engagé dans la fixation de prix et des salaires. Il n'y aura pas de mesure officielle significative de l'inflation attendue, alors qu'il y a des enquêtes effectuées dans lesquelles on demande aux économistes prévisionnistes ce qu'ils espèrent de l'inflation l'année à venir. Néanmoins, nous obtenons de bons résultats surprenants provenant de l'hypothèse naïve que les gens espèrent que l'inflation attendue cette année est égale à ce qu'était l'inflation l'année passée, nous admettons $\pi_t^e = \pi_{t-1}$. Donc pour vérifier la courbe moderne de Phillips, nous représentons $\pi - \pi^e \approx \pi - \pi_{t-1} = -\epsilon(u - u^*)$. Même si ce modèle simple d'inflation attendue fonctionne tout à fait bien, mais il n'est pas certainement parfait. Un chômage additionnel réduit l'inflation de seulement $1/2$ point de pourcentage ; en d'autres termes, $\epsilon = 0{,}5$. Un point de pourcentage de chômage est beaucoup. Et $1/2$ point de pourcentage d'inflation est plutôt faible. Donc nous voyons dans notre figure que la courbe de Phillips de court terme est plate, alors que celle de long terme est verticale.

12.4 La révolution des anticipations rationnelles

La théorie de la courbe de Phillips augmentée a un trou intellectuel géant. Nous prédisons que l'inflation actuelle augmentera au-dessus de l'inflation attendue quand le chômage baisse au-dessous du taux naturel de chômage. Alors, pourquoi chacun n'ajusterait pas ses attentes pour correspondre à la prévision ? La relation de la courbe de Phillips dépend précisément du fait que les gens se trompent sur l'inflation de façon prévisible. Si les gens apprennent à utiliser l'équation (12.5) pour prédire l'inflation, alors l'inflation attendue (le côté droit) sera fixée à tout ce qui est prédit pour l'inflation actuelle (du côté gauche). Mais l'équation (12.5) dit que si l'inflation actuelle et l'inflation attendue sont égales, alors le chômage doit être égal au taux naturel. Ce qui est exactement cohérent avec la manière dont on a décrit l'équilibre de long terme de l'économie. Mais l'argument donné ici sonne comme s'il devrait s'appliquer à court terme. Aussi bien que la politique la demande agrégée affecte seulement l'inflation et non le chômage ou l'output. Cet argument ne parait pas très convaincant, il requiert des agents économiques d'être omnipotents. Le génie que Robert Lucas a montré en apportant l'idée des anticipations rationnelles en macroéconomie était de modifier l'argument en acceptant l'idée d'erreur. Peut-être si nous savions tous que l'autorité monétaire allait faire monter le taux de croissance de l'offre de monnaie de 8%, nous saurions que l'inflation monterait de 8%, à la fois π et π^e augmenteraient de 8%, et le chômage resterait constant. Mais peut être la meilleure devinette qu'une personne moyenne ferait raisonnablement était que la croissance de la monnaie serait de 4%. Nous verrons que π^e croitrait de seulement 4%, l'inflation réelle croitrait de plus de 4%, et le taux de chômage baisserait. Lucas a soutenu qu'un bon modèle économique ne devrait pas dépendre du public qui cherche à faire des erreurs évitables. Aussi longtemps que nous ferons des prévisions basées sur l'information disponible pour le public, alors les valeurs que nous utilisons pour π^eseront les mêmes que celles que le modèle prédit pour π. Alors que des mouvements de surprise de la croissance de monnaie changeront le chômage, les décalages prévisibles ne changeront pas le chômage.

Les bons modèles économiques supposent que les acteurs économiques se comportent de façon intelligente, et donc le charme intellectuel des anticipations rationnelles est complètement irrésistible. Mais cela implique seulement que les changements de surprise de la politique monétaire affectent l'output. Le seul bon argument contre la notion que la politique monétaire est inefficace excepte quand elle surprend les gens existe dans les données. Quand nous observons le monde nous verrons que la politique monétaire a des effets réels au cours des périodes significatives. Pourquoi les anticipations rationnelles n'expliquent pas comment le monde fonctionne ? Nous connaissons certaines réponses, mais en aucun cas toutes les réponses ne nous sont connues. Une réponse est que les prix ne peuvent pas être ajustés simplement rapidement. Par exemple, les contrats de travail fixent souvent le salaire pour 3 ans en avance. Une autre pièce de la réponse est que même les agents entièrement rationnels apprennent lentement. Nous avons aussi pointé du doigt que le bénéfice de fixation des prix sera moins que les coûts de faire des changements de prix. Honnêtement, un puzzle très significatif reste posé.

12.5 La relation salaires-chômage : pourquoi les salaires sont rigides ?

Dans la théorie néoclassique de l'offre, les salaires s'ajustent de façon instantanée pour s'assurer que l'output est toujours au niveau du plein emploi. Mais l'output n'est pas toujours au niveau de plein emploi, et la courbe de Phillips suggère que les salaires s'ajustent lentement en réponse aux changements de chômage. La question clé dans la théorie de l'offre agrégée est la suivante : Pourquoi le salaire nominal s'ajuste lentement aux décalages de la demande ? En d'autres termes, pourquoi les salaires sont rigides ? Les salaires sont rigides ou l'ajustement de salaire est lent, quand les salaires bougent lentement au fil du temps, au lieu d'être totalement et immédiatement flexible, pour assurer le plein emploi à tout moment.

Pour clarifier les hypothèses que nous avons faites au sujet de la rigidité des salaires, nous traduisons la courbe de Phillips de l'équation (12.4) en une relation entre le taux de changement de salaires, g_w, et le niveau de l'emploi. Nous dénotons le niveau de plein emploi par N^*, et le niveau réel de l'emploi par N. Nous définissons ensuite le taux de chômage comme une fraction de la force de travail de plein emploi, N^*, qui n'est pas employée :

$$u - u^* = \frac{N^* - N}{N^*} \qquad (12.6)$$

En substituant l'équation (12.6) dans (12.4), nous obtenons la relation de la courbe de Phillips entre le niveau de l'emploi, l'inflation attendue et le taux de changement de salaires :

$$g_w - \pi^e = \frac{W_{t+1} - W_t}{W_t} - \pi^e = -\epsilon\left(\frac{N^* - N}{N^*}\right) \qquad (12.3b)$$

L'équation (13.3b), la relation salaire-emploi, WN, est illustrée dans la figure 12.7. Le salaire de la période suivante (par exemple le semestre suivant) est égal au salaire qui a prévalu cette période, mais avec un ajustement pour le niveau de l'emploi et l'inflation attendue en plein emploi($N = N^*$), le salaire de la période suivante est égal à celui de cette période plus un ajustement à l'inflation attendue. Si l'emploi est au-dessus du niveau de plein emploi, le salaire de la période suivante augmente au-dessus du salaire de la période courante de plus du niveau de l'inflation attendue. L'étendue à laquelle le salaire répond à l'emploi dépend du paramètre ϵ. Si ϵ est grand, le chômage aura des grands effets sur le salaire et la ligne WN sera raide.

La relation de la courbe de Phillips implique aussi que la relation WN décale au fil du temps, comme illustré sur la figure 12.7 ci-dessous.

Figure 12.7 La Relation Salaire-Emploi

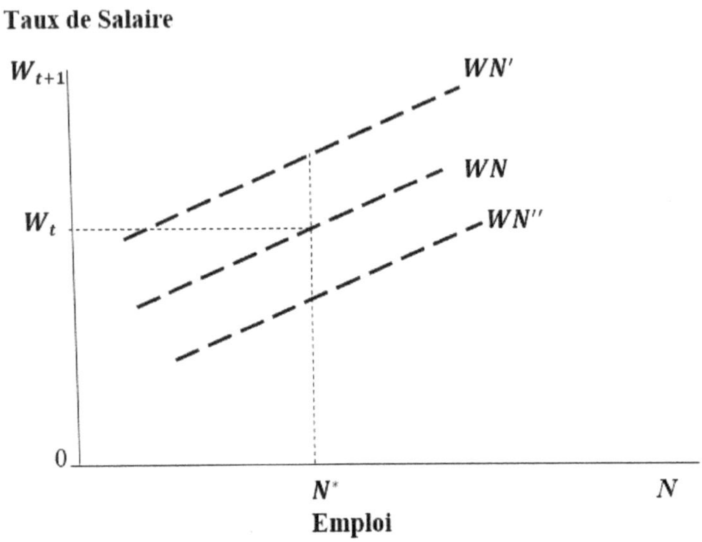

12.5.1 Rigidité des salaires et des prix

Alors qu'il y aura des approches à la macroéconomie, chaque école de pensée a essayé d'expliquer pourquoi il y a la courbe de Phillips ou, de façon équivalente, les raisons de la rigidité des salaires et des prix. Les explications ne sont pas mutuellement exclusives, et nous mentionnerons brièvement plusieurs de ces approches.

12.5.2 Information imparfaite- compensation du marché

Certains économistes ont cherché à expliquer la courbe de Phillips dans laquelle les marchés compensent : les salaires sont entièrement flexibles, mais ils s'ajustent lentement parce que les attentes sont temporairement incorrectes. Dans les années 1960, Milton Friedman et Edmund Phelps ont développé des modèles dans lesquels, quand le salaire nominal monte parce que les prix sont montés, les travailleurs par erreur croient que leur salaire est monté et donc sont volontiers à travailler plus. Donc, à court terme, jusqu'à ce que les travailleurs réalisent que le salaire nominal le plus élevé est seulement le résultat d'un niveau de prix plus élevé, une hausse du salaire nominal est associée avec un niveau plus élevé de l'output et moins de chômage. Dans ces modèles, l'ajustement lent des salaires provient des réactions lentes des travailleurs à l'information imparfaite au sujet des changements de prix.

12.5.3 Problèmes de coordination

L'approche de la coordination à la courbe de Phillips se focalise plus sur le processus par lequel les firmes ajustent leurs prix quand la demande change que sur les salaires. Supposons qu'il y a une hausse du stock de monnaie. Les prix montent dans la même proportion que l'offre de monnaie, et seront inchangés. Mais une firme augmente ses prix en proportion de l'augmentation du stock de monnaie, et si aucune autre firme ne le fait, alors la firme qui a fait monter ses prix perdra le marché au profit d'autres. Évidemment, si toutes les firmes augmentent leurs prix dans la même proportion, elles se déplaceront immédiatement vers un nouvel équilibre. Mais puisque les firmes dans une économie ne peuvent se mettre ensemble pour coordonner les hausses de prix, chacune fera monter lentement ses prix au fur et à mesure que les effets du changement de prix sont sentis à travers une demande accrue de biens aux prix existants.

Les problèmes de coordination peuvent aussi aider à expliquer pourquoi les salaires sont rigides vers le bas, c'est-à-dire, pourquoi ils ne baissent pas immédiatement quand la demande globale décline. Si les firmes coordonnent, elles réduiront toutes leurs salaires ensemble ; mais puisqu'elles ne peuvent pas coordonner généralement, les salaires baissent lentement au fur et à mesure que les firmes individuelles réduisent les salaires nominaux de leurs employés, probablement avec ces firmes dont les profits ont été durement frappés.

12.5.4 Salaires d'efficacité et coûts de changements de prix

La théorie du salaire d'efficacité se focalise sur le salaire comme un moyen de motivation des travailleurs. La quantité d'effort que les travailleurs font sur le job est reliée au fait que le job paye relativement en fonction des alternatives. Les firmes peuvent payer des salaires au-dessus du salaire de compensation du marché pour s'assurer que les employés travaillent dur pour éviter de perdre leurs emplois.

La théorie du salaire d'efficacité offre une explication des changements lents de salaires réels, mais en elle-même n'explique pas pourquoi le salaire nominal moyen est lent à changer, alors qu'elle aide à expliquer l'existence du chômage. Cependant, pris en combinaison avec le fait qu'il y a des coûts à changer les prix, la théorie du salaire d'efficacité peuvent générer quelque rigidité des salaires nominaux même si les coûts de fixation de salaire sont petits. En combinant cette rigidité avec les problèmes de coordination, cette théorie peut aider à rendre compte de la rigidité du salaire nominal.

12.6 De la courbe de Phillips à la courbe d'offre agrégée

Essayons maintenant d'examiner à nouveau la transition de la courbe de Phillips vers la courbe d'offre globale. La dérivation prendra quatre étapes. Premièrement, nous traduisons la production en emploi. Deuxièmement, nous lions les prix que les firmes fixent à leurs coûts. Troisièmement, nous utilisons la relation de la courbe de Phillips entre salaires et emploi. Quatrièmement, nous combinons les trois composantes ensemble pour dériver une courbe d'offre globale ascendante.

12.6.1 La loi d'Okun

A court terme, le chômage et l'output sont étroitement liés. Selon la loi d'Okun, 1 point de chômage supplémentaire coûte 2% du PIB. L'équation 21.7 présente formellement la loi d'Okun :

$$\frac{Y - Y^*}{Y^*} = -\omega(u - u^*) \qquad (12.7)$$

Dans laquelle $\omega \approx 2$.

12.6.2 Les coûts et prix

La seconde étape de développement de la théorie est de trouver le lien entre les prix que les firmes fixent et leurs coûts. Les coûts du travail sont la principale composante des coûts totaux. Le principe directeur ici est qu'une firme produira à un prix qui couvre au moins ses coûts. Évidemment, les firmes aimeraient plus que le coût, mais la consommation provenant des firmes existantes et des firmes qui pourraient entrer dans l'industrie pour capter certains profits empêche les prix de s'éloigner loin des coûts.

Nous assumons que les firmes basent le prix sur le coût du travail de production. Si chaque unité de travail produit une unité d'output, le coût du travail de la production par unité est W/a. Par exemple, si le salaire est \$15 par heure et $a = 3$, le coût du travail est \$5 par unité. Le ratio est appelé coût unitaire de la main-d'œuvre. Les entreprises fixent les prix sous forme de majoration, z, sur les coûts de main-d'œuvre :

$$P = \frac{(1 + z)W}{a} \tag{12.8}$$

La majoration sur les coûts couvre le coût des autres facteurs de production que les firmes utilisent, tels que le capital et les matières premières, et incluent une indemnité de profits normaux pour les entreprises. Si la compétition dans l'industrie est moins que parfaite, la majoration inclura aussi un élément de profit du monopole.

12.6.3 Emploi et salaires et la courbe d'offre globale

La courbe de Phillips de l'équation (13.3b) donne la hausse de salaire comme une fonction de l'inflation de prix attendue et le gap entre chômage et le taux naturel. La loi d'Okun, l'équation (12.7), traduit le gap de chômage au gap du PIB (le PIB réel versus PIB potentiel), qui est ce que nous voulons pour la courbe d'offre globale. La relation prix-coût de (12.8) nous dit que le taux d'inflation salariale est égal au taux d'inflation de prix. En combinant ces trois équations, nous avons :

$$P_{t+1} = P^e_{t+1} + P_t \frac{\epsilon}{\omega}\left(\frac{Y - Y^*}{Y^*}\right) \tag{12.9}$$

Nous remplaçons souvent l'équation (12.9) avec une version approximative, comme nous pouvons le voir dans l'équation (12.10). Cette équation est plus simple, mais elle met toujours l'accent sur le fait que la courbe d'offre agrégée montre que le niveau de prix de la période suivante augmente avec les attentes de prix et le gap du PIB.

$$P_{t+1} = P^e_{t+1}[1 + \lambda(Y - Y^*)] \tag{12.10}$$

La figure 12.8 montre la courbe d'offre globale impliquée par l'équation 12.10). La courbe d'offre est croissante. Comme la courbe *WN* sur laquelle elle est basée, la courbe d'offre globale décale au fil du temps. Si l'output de cette période est au-dessus du niveau de plein emploi, Y^*, alors la période suivante, la courbe OG décalera en haut à OG'. Si l'output de cette période est en dessous du niveau de plein emploi, la courbe OG de la période suivante décalera à OG''. Donc, les propriétés de la courbe OG. Cela provient de deux hypothèses : la majoration est fixée à z, et elle est proportionnelle à l'emploi.

La courbe OG est la courbe d'offre globale dans les conditions dans lesquelles les salaires sont moins que flexible complètement. Les prix montent avec le niveau de la production parce que l'accroissement de l'output implique l'accroissement de l'emploi, la baisse du chômage, et en conséquence l'accroissement des coûts du travail. Le fait que les prix dans ce modèle montent avec l'output est entièrement une réflexion des ajustements sur le marché du travail, dans lequel emploi élevé accroit les salaires.

12.7 Les chocs d'offre

Des années 30 à la fin des années 1960, il était généralement admis que les mouvements d'output et du prix dans l'économie étaient causés par les déplacements de la courbe de demande globale, par des changements de la politique fiscale et monétaire (y compris les guerres comme expansions fiscales) et la demande d'investissement. Mais l'histoire macroéconomique des années 1970 était largement une histoire de chocs d'offre négatifs. Par contre, le boom économique à la fin du millénaire a reflété un choc d'offre favorable, principalement, une hausse de productivité.

Un choc d'offre est une perturbation de l'économie dont le premier impact est un déplacement de la courbe d'offre globale. Dans les années 1970, la courbe d'offre globale a été décalée par deux chocs majeurs du prix du pétrole, qui ont fait monter le coût de production et en conséquence ont fait monter le prix auquel les firmes étaient prêtes à fournir l'output. En d'autres termes, les chocs du prix du pétrole ont décalé l'output comme nous le verrons ici.

12.7.1 Choc d'offre défavorable

Un choc d'offre défavorable est celui qui modifie la courbe d'offre globale. La figure 12.8 montre les effets d'un tel choc, c'est-à-dire une hausse du prix du pétrole.

La courbe d'OG se déplace en haut vers OG', et l'équilibre de l'économie se déplace de E à E'. L'effet immédiat du choc d'offre est une hausse du niveau de prix et une réduction du niveau de l'output. Un choc d'offre défavorable est doublement malheureux : il cause des prix plus élevés et de l'output plus bas.

Il y a deux points à noter concernant l'impact du choc d'offre. Premièrement, le choc décale la courbe OG en haut parce que chaque unité d'output coûte maintenant aux firmes à produire plus. Deuxièmement, nous assumons que le choc d'offre n'affecte pas le niveau de l'output potentiel, qui reste à Y^*.

Qu'est-ce qui se passe après que le choc ait frappé ? Dans la figure 12.8, l'économie se déplace de retour de E' à E. Le chômage à E' force les salaires et donc le niveau de prix à baisser. L'ajustement de retour à l'équilibre initial, *E*, est lent parce que les salaires sont lents à s'ajuster. L'ajustement a lieu tout au long de la courbe *DG,* avec des salaires baissant jusqu'à ce que *E* soit atteint.

Figure 12.8 Choc Défavorable Provenant d'un Accroissement du Prix du Pétrole

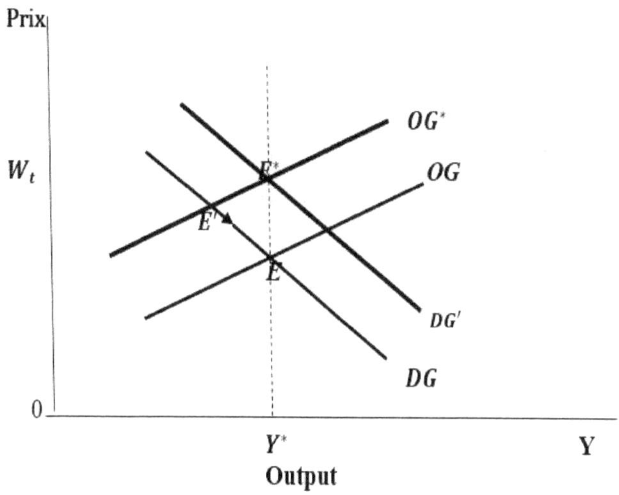

À *E* l'économie est de retour au plein emploi, avec le niveau de prix le même que qu'il était avant le choc. Mais le taux de salaire nominal est plus bas que ce qu'il était avant le choc parce que le chômage au même moment a forcé le salaire à baisser. Donc, le salaire réel aussi est plus bas que celui qu'il était avant le choc : le choc d'offre défavorable réduit le salaire réel.

12.7.2 Accommodation aux chocs d'offre

Les politiques fiscale et monétaire ont à peine répondu quand le premier choc pétrolier a frappé l'économie à la fin de l'année 1973. Puisque les chocs d'offre étaient un phénomène nouveau, ni les économistes ni les décideurs politiques ne savaient si quelque chose devait être fait pour les maitriser. Mais lorsque le taux de chômage a atteint plus de 8% à la fin de l'année 1974, à la fois la politique monétaire et la politique fiscale sont devenues stimulantes en 1975-76. Ces politiques ont aidé l'économie à se redresser de la récession plus rapidement que cela aurait été le cas autrement.

Pourquoi ne pas toujours répondre à un choc d'offre défavorable avec des politiques stimulantes ? Pour répondre à cette question, nous inspectons encore la figure 13.8. Si le gouvernement avait, au moment de la hausse du prix du pétrole, assez augmenté la demande, l'économie se serait déplacée à E^* plutôt qu'à E'. Les prix auraient monté par le montant total du décalage de la courbe d'offre globale.

Les politiques monétaire et fiscale qui ont poussé la courbe de DG à DG' dans la figure 12.8 sont connues sous le nom de politiques accommodantes. Il y a eu une perturbation qui requiert un déclin de salaire réel. La politique est ajustée pour rendre possible, ou accommodante, cette baisse du salaire réel au taux de salaire nominal existant.

Donc la question maintenant est pourquoi les politiques accommodantes n'ont pas été entreprises en 1973-75. La réponse est qu'il y a un arbitrage ou compromis entre l'impact inflationniste d'un choc d'offre et ses effets de récession. Plus il y a accommodation, plus grand est l'impact inflationniste du choc et plus petit est l'impact du chômage. Le mixage politique réellement choisi a résulté de la position intermédiaire- une certaine inflation (beaucoup) et un peu de chômage.

En plus de pondérer les coûts relatifs du chômage et de l'inflation, les décideurs politiques font face au choc de la demande globale pour décider si le choc est transitoire ou permanant. Confrontée à un choc d'offre permanent, la politique de demande globale ne peut pas empêcher l'output de baisser éventuellement. En essayant de le faire, cela entrainera des prix même plus élevés. En principe, la politique de demande agrégée peut être utilisée pour empêcher une baisse de l'output associée à un choc d'offre transitoire- alors que le timing correct est délicat.

12.7.3 Les chocs d'offre favorables

À la fin du 20e siècle, l'économie était bonne. Une partie de cette prospérité était clairement due au progrès technologique, spécialement l'avènement de l'information moins cher. Un choc d'offre favorable, tel que celui qui a causé des avancements technologiques, déplace la courbe d'offre de court terme en haut. Il a aussi fait croitre typiquement le PIB potentiel, déplaçant la courbe d'offre globale de long terme vers la droite. Confrontée à de tels améliorations, la banque centrale doit s'assurer que la courbe de demande globale se déplace assez rapidement vers la droite pour garder l'accroissement de l'offre globale tout en étant vigilant eu égard aux dépassements temporaires. Si la banque centrale réussit à le faire, l'économie connaîtra une croissance en douceur avec une faible inflation.

Questions de revue et problèmes

1. Expliquez comment la courbe d'offre globale et la courbe de Phillips sont reliées l'une à l'autre. Est-ce une information peut être dérivée d'une des deux courbes et ne peut l'être de l'autre ?

2. Comment les courbes de Phillips de court terme et de long terme diffèrent-elles l'une de l'autre (à long terme, nous nous tournons vers le monde classique) ?

3. Ce chapitre a discuté un certain nombre de modèles différents qui peuvent être utilisés pour justifier l'existence de salaires rigides, et en conséquence l'aptitude de la demande globale à affecter l'output. Quels sont-ils ? Quelles sont leurs similitudes et leurs différences ? Lequel de ces modèles trouvez-vous le plus plausible ?

4. a. Qu'est-ce que la stagflation ?

b. Décrivez une situation qui pourrait la produire. Est-ce que la situation que vous avez décrite peut être évitée ? Devrait-elle être évitée ?

5. Expliquez comment l'aptitude des attentes inflationnistes à déplacer la courbe de Phillips aide l'économie à s'ajuster, automatiquement, aux chocs d'offre globale et de demande globale ?

6. Expliquez la principale différence entre la courbe augmentée de Phillips discutée dans la section 12.3 et celle construite dans la section 21.4 sur les anticipations rationnelles.

7. Analysez les effets d'une réduction du stock de monnaie nominale sur le niveau de prix, sur l'output, et le sur le stock de monnaie réelle quand la courbe d'offre globale a une pente positive et les salaires s'ajustent lentement au fil du temps.

8. a. Montrez, dans un cadre d'offre globale et de demande globale, les effets de court et de long terme d'une baisse du prix réel des matériels (un choc d'offre favorable).

b. Décrivez le processus d'ajustement, en assumant que l'output a commencé à son niveau naturel (le plein emploi).

CHAPITRE 13 : Anatomie de l'inflation et du chômage

Dans ce chapitre, nous examinerons les coûts du chômage, essentiellement l'output perdu, le coût de l'inflation anticipée et de l'inflation non anticipée. Les taux de chômage, à la fois le taux naturel et le taux du chômage cyclique seront examinés tout au long de notre chapitre.

Quel est le problème le plus important auquel font face la plupart des pays à travers le monde aujourd'hui ? Les réponses possibles comprennent la drogue, la criminalité, le changement climatique, le chômage, l'inflation, et la pollution et l'insalubrité.

Jusques là nous avons concentré notre attention sur comment les facteurs variés déterminent l'output et les prix, le chômage et l'inflation. Maintenant nous nous tournons vers le chômage et l'inflation. Le chômage et l'inflation doivent être évités autant que possible. Mais puisque l'arbitrage de court terme existe, c'est aussi important d'avoir une meilleure compréhension des coûts économiques relatifs de l'inflation et du chômage. Cette information sert d'input à l'évaluation des décideurs économiques de l'arbitrage.

Dans un monde idéal, les décideurs de politique choisiront la combinaison d'inflation et du chômage la moins chère. Mais comment les décideurs politiques gèrent-ils le compromis en pratique ?

Une réponse est donnée par la théorie du cycle économique politique, décrite à la fin de ce chapitre. Selon cette théorie, les décideurs politiques essaient de faire en sorte que les résultats en matière d'inflation et de chômage ressortent juste au moment des élections. Évidemment, l'inflation (ou la récession pour l'arrêter) viendra plus tard, juste après l'élection.

Ce chapitre se focalise sur les détails des coûts du chômage et de l'inflation. Avant de plonger dans les détails, nous vous rappelons les coûts globaux d'un taux d'inflation modéré :

- Il y a deux coûts principaux du chômage : production perdue et les effets indésirables sur la distribution du revenu.
- Les coûts de l'inflation anticipée sont faibles. Les coûts de l'inflation non anticipée sont probablement faibles, mais l'inflation

non anticipée peut causer des redistributions significatives de la richesse dans l'économie.

13.1 Le chômage

Le coût le plus important du chômage est la perte de production. Les personnes qui ne travaillent pas ne produisent pas, le taux de chômage élevé rend le gâteau national plus petit. Le coût de l'output perdu est très élevé : Une récession peut coûter facilement 3 à 5% du PIB, montant à des pertes mesurées en des millions et des millions de dollars. Comme nous l'avons vu dans le chapitre précédent, feu Arthur Okun a codifié une relation empirique entre chômage et output au cours du cycle économique. La loi d'Okun dit que 1 point de pourcentage de chômage supplémentaire coûte environ 2% du PIB. La figure 13.1 représente le PIB réel contre les variations du chômage, tout en montrant que la loi d'Okun donne un compte-rendu excellent de la relation chômage-output aux États-Unis. La validité de cette relation peut être testée et établie dans d'autres économies également.

Les coûts du chômage sont supportés de façon inégale. Il y a des conséquences distributives importantes. En d'autres termes, les coûts d'une récession sont supportés disproportionnellement par les individus qui perdent leurs jobs. Par exemple, les étudiants qui ont la malchance d'obtenir leurs diplômes pendant une récession font face à des difficultés énormes à commencer leur carrière. Les mêmes étudiants, s'ils ont la chance de finir leurs études durant un boom économique, auront un bon début de carrière. Les travailleurs rentrant juste sur le marché du travail, les adolescents, et les résidents des ghettos urbains sont parmi les groupes les plus vulnérables à l'augmentation du chômage.

Figure 13.1 La Loi d'Okun : la Relation entre Taux de Chômage et Taux de Croissance du PIB

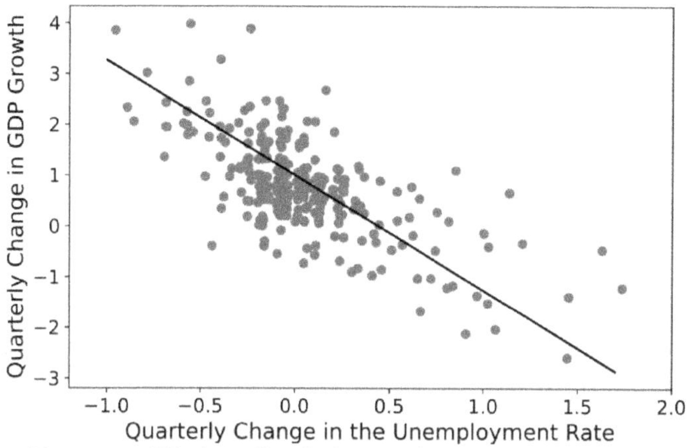

Source: Bureau of Labor Statistics and Bureau of Economic Analysis

13.2 Anatomie du chômage

Des recherches sur le marché de travail aux États-Unis ont révélé cinq caractéristiques fondamentales du chômage :

- Il y a de grandes variations des taux de chômage par groupes définis selon l'âge, la race, ou l'expérience.
- Il y a une rotation importante sur le marché du travail. Les entrées et sorties de l'emploi et du chômage sont élevées par rapport aux nombres d'employés ou de chômeurs.
- Une partie significative de cette rotation est cyclique : des mises à pied et des séparations sont élevées pendant des récessions, et des départs volontaires sont élevés pendant des booms.
- La plupart des gens qui deviennent des chômeurs au cours d'un mois donné, le restent seulement pour une courte période.
- La plupart du chômage aux Etats-Unis consiste en des gens qui ne seront pas employés pour un long moment.

Ces faits sont critiques pour comprendre ce que signifie le chômage et ce qui peut ou devrait être fait. Le point de départ est le suivant. La taille de la main d'œuvre est déterminée par des recensements. La main d'œuvre comprend des gens qui ont répondu au cours des enquêtes qu'ils ne travaillent pas aussi bien que ceux qui disent qu'ils travaillent. Un chômeur ou une personne sans emploi dans ces enquêtes est une personne qui est sans emploi et qui (1) a activement cherché de l'emploi durant les 4 semaines passées ou (2) attend d'être rappelée pour un job après avoir été mis à pied. La condition d'avoir cherché du travail les 4 semaines passées témoigne que la personne est activement intéressée à travailler.

De même, une personne employée est définie comme une personne qui, durant la semaine de référence (incluant le 12e du mois), (a) une personne qui a effectué un travail (au moins une heure) en tant que personne rémunérée, a travaillé dans son propre business, profession, ou sur sa propre ferme, ou a travaillé 15 heures comme une personne non rémunérée dans une entreprise opérée par un membre de la famille, ou (b) né travaillait pas, mais avait un emploi ou un business dont elle a été temporairement absente à cause des vacances, maladie, mauvais climat, formation professionnelle, ou autres raisons familiales ou personnelles, qu'elle ait été payée ou non durant son absence ou cherchait u autre emploi. Même si un travailleur a plus d'un emploi, il est simplement comptabilisé comme une personne employée. Des personnes dont la seule activité était de travailler dans leur propre maison (peinture, réparation, ou propres tâches ménagères) ou du bénévolat (par exemple, organisations e charité) ne sont pas considérées employées.

13.2.1 Pool chômage

À tout moment, il y a un nombre donné, ou pool, de personnes non employées, et il y a des entrées et sorties de ce pool de chômage. Une personne est considérée sans emploi ou chômeur pour l'une des quatre raisons suivantes :

1. Elle peut être un nouvel entrant sur le marché de travail : quelqu'un qui est à la recherche d'un emploi pour la première fois, ou quelqu'un qui revient plus tard sur le marché de travail sans avoir cherché du travail pour plus de quatre semaines.
2. La personne peut quitter un emploi en vue de chercher un autre et peut s'enregistrer comme chômeur tout en cherchant un emploi.
3. La personne peut être mise à pied. La définition de mise à pied est une suspension sans salaire qui peut durer ou espérer durer plus de 7 jours consécutifs, initiés par l'employeur sans préjudice à l'employé.
4. L'employé peut perdre un emploi, soit par licenciement ou parce que l'entreprise a fermé.

Il y a essentiellement trois moyens de sortir du pool du chômage :

1. La personne peut être recrutée dans un autre emploi.
2. Quelqu'un mis à pied peut être rappelé par son employeur.

3. Une personne au chômage peut arrêter de chercher de l'emploi et donc, par définition, quitter la force de travail.

Le concept de pool chômage donne un bon moyen de réflexion concernant les variations du chômage. Le chômage monte quand plus de personnes entrent dans le pool chômage qu'elles n'en sortent. En conséquence, toutes choses égales par ailleurs, des hausses de départ et mises à pied accroissent le chômage, comme un accroissement du flux de nouveaux entrants sur le marché de travail.

Le lien contemporain entre chômage et output incarné par la loi d'Okun de la figure 13.1 est une première approximation précise, mais la dynamique du lien chômage-output est quelque peu compliquée. Considérons le schéma typique d'ajustement de l'utilisation de la main-d'œuvre en période de récession. Les employeurs ajustent les heures par employé, par exemple, en réduisant les heures supplémentaires, et seulement réduisent leur effectif. Ensuite, les mises à pied et licenciements s'accroissent, faisant augmenter ainsi le flux de chômeurs. Mais, au même moment, les départs baissent, puisque les travailleurs décident sensiblement de retenir leur emploi. Durant une récession prolongée, plusieurs chômeurs se découragent et quittent le marché de travail, rendant le taux de chômage rapporté plus bas qu'il l'aurait été. Comme résultat de tous ces effets, les variations du chômage se produisent généralement après des variations d'output.

13.2.2 Variations du chômage selon les groupes

À tout moment, il y a un niveau donné agrégé de chômage ou, exprimé comme une fraction de la population active, un taux de chômage. Par exemple le taux de chômage d'un pays peut être égal à 6% au cours d'une période donnée. Mais ce nombre agrégé peut dissimuler des variations selon des segments variés de la population. Ces groupes peuvent être par exemple des jeunes, des femmes, des vieux des noirs et blancs, etc. Les variations des taux de chômage de différents groupes de la population active peuvent être examinées en utilisant la relation entre le taux de chômage global, u, et les taux de chômage des groupes dans la population active :

$$u = w_1 u_1 + w_2 u_2 + \cdots . + w_n u_n \quad (13.1)$$

Les pondérations w_i sont la fraction de la main-d'œuvre civile qui appartient à un groupe spécifique, disons, par exemple les adolescents.

L'équation (14.1) montre que le taux de chômage global peut changer pour deux raisons : (1) le taux de chômage change pour tous les groupes ; ou (2) les poids à un groupe avec un taux de chômage moyen élevé ou faible. Par exemple, le nombre de jeunes par rapport aux vieux commence à croitre dans la population active.

13.2.3 Chômage cyclique et frictionnel

Il y a une distinction importante entre le chômage cyclique et le chômage frictionnel. Le chômage frictionnel est le chômage qui existe quand l'économie est en plein emploi. Le chômage frictionnel provient de la structure du marché de travail : la nature des emplois dans l'économie, les habitudes sociales, et les institutions du marché de travail (les indemnités de chômage par exemple) qui affectent le comportement des travailleurs et des entreprises. Le taux du chômage frictionnel est le même que le taux du chômage naturel, que nous discuterons en détail après. Le chômage cyclique est le chômage en excès du chômage frictionnel : il se produit quand l'output est en dessous de son niveau de plein-emploi. Avec cette discussion préliminaire à l'esprit, nous pouvons nous tourner maintenant vers un examen du chômage.

13.2.4 La Durée du chômage

Un autre moyen de regarder les entrées et sorties sur le marché de travail est de prendre en compte la durée du chômage. C'est une période au cours de laquelle un individu reste continuellement sans emploi. La durée du chômage est la longueur moyenne de temps qu'une personne reste sans emploi.

En examinant la durée du chômage, nous aurons une idée de ce que peut être le chômage de court terme, avec des gens se déplaçant rapidement dans et entre des emplois, et si le chômage de long terme est un problème majeur.

13.3 Les coûts du chômage

Les chômeurs comme individus souffrent à la fois de la perte de revenu et des problèmes sociaux que le chômage de longue durée cause. La société dans son ensemble perd à cause du chômage parce que l'output total est en dessous de son niveau potentiel.

Cette section fournit des estimations de coûts de l'output perdu provenant du chômage, et elle clarifie certaines questions connectées avec les coûts du chômage et les bénéfices potentiels de la réduction du chômage. Nous mettons l'accent sur les coûts du chômage cyclique, qui est associé aux déviations de court terme du taux de chômage par rapport au taux naturel.

13.3.1 Les coûts du chômage cyclique

Une première mesure des coûts du chômage cyclique est l'output perdu parce que l'économie n'est pas au plein emploi. Nous pouvons obtenir une estimation de cette perte en utilisant la loi d'Okun, illustrée dans la figure 13.1. Selon la loi d'Okun, l'économie perd environ 2% pour chaque 1% d'excès du taux de chômage sur le taux naturel. Supposons que, par exemple, les estimations montrent que le taux naturel de chômage est égal à 5.2%, et le taux de chômage réel de 5,7%. Nous concluons que la récession a causé une perte de 1% du PIB. Ce qui peut être estimé à des milliards de perte en termes d'activités économiques de production de biens et services. Ces chiffres élevés invitent à poser la question de savoir pourquoi les décideurs politiques devraient tolérer un tel chômage élevé.

13.3.2 L'impact distributif du chômage

Alors que les estimations de la loi d'Okun fournissent une mesure de base des coûts globaux du chômage cyclique, l'impact distributif du chômage doit aussi être pris en compte. Typiquement, un point de pourcentage d'accroissement du taux de chômage global est accompagné par 2 points de pourcentage d'augmentation du taux de chômage parmi les noirs. En général, le chômage frappe durement les populations les plus pauvres que les riches, et cet aspect devrait accroitre les inquiétudes concernant le problème. Et ceci est une inquiétude pour les hommes politiques aux États-Unis. Ce qui devrait l'être pour tout homme politique d'ailleurs.

L'estimation de la loi d'Okun englobe tout le revenu perdu, y compris celui des individus qui perdent leurs emplois. La perte totale pourrait, en principe, être distribuée parmi les différents groupes d'individus dans l'économie de plusieurs façons. Par exemple, on peut imaginer que le chômeur pourrait continuer à recevoir des paiements d'indemnités proches de ce que leurs revenus étaient quand ils détenaient un emploi, avec le paiement des indemnités à travers des impôts sur le revenu de ceux qui travaillent. Dans ce cas, le chômeur ne souffrira pas d'une perte de revenu étant sans emploi, mais la société perdra de la réduction de l'output total. Le système d'indemnités de chômage partiellement, mais par tous les moyens, répand la charge du chômage.

13.3.3 Autres coûts et bénéfices

Y a-t-il d'autres coûts du chômage ou, pour cette question, des bénéfices compensatoires ? Un avantage compensatoire possible se produit parce que le chômeur, en ne travaillant pas, a plus de loisir. Cependant, la valeur qu'on peut accorder au loisir est faible. En premier lieu, la plupart des plaisirs de ce genre ne sont pas voulus. Deuxièmement, parce que les gens payent des impôts sur leurs revenus, la société en général perçoit un bénéfice sous forme d'impôts sur le revenu quand les travailleurs sont employés. Quand un employé perd son emploi, la société dans l'ensemble et le travailleur partagent des coûts de l'output perdu- la société perd l'impôt sur le revenu et l'employé perd son salaire net. Cette raison supplémentaire que le bénéfice d'un loisir accru fournit seulement une offre partielle à l'estimation de la loi d'Okun du coût du chômage cyclique.

13.4 Plein emploi

La notion de plein emploi (ou du taux naturel ou taux frictionnel du chômage) joue un rôle central en macroéconomie et aussi en politique macroéconomique. Nous commençons par discuter la théorie du taux naturel, et ensuite examiner les estimations du taux.

13.4.1 Les déterminants du taux naturel

Les déterminants du taux naturel de chômage, u^*, peuvent être considérés en termes de durée et de fréquence du chômage. La durée du chômage dépend des facteurs cycliques et, en plus, des caractéristiques structurelles du marché de travail :

- L'organisation du marché de travail, y compris la présence ou l'absence des agences d'emploi, des services de l'emploi jeunes, et consorts.
- La composition démographique de la population active.
- L'aptitude et l'envie de l'employé de continuer à regarder pour un meilleur emploi, qui dépendent en partie de la disponibilité des indemnités de chômage.

Le dernier point mérite une remarque spéciale. Une personne peut quitter un emploi pour avoir plus de temps de faire des recherches en voue de trouver un nouvel et meilleur emploi. Nous nous référons à ce type de chômage comme recherche chômage. Si tous les emplois sont identiques, une personne au chômage prendra le premier emploi offert.

Si certains emplois sont meilleurs à d'autres, ça vaut la peine de chercher et d'attendre le meilleur emploi. Donc, une hausse des indemnités de chômage accroitra le taux naturel de chômage.

Le comportement des travailleurs qui ont été mis à pied est aussi important en considérant la durée du chômage. Typiquement, un travailleur qui a été mis à pied revient à son emploi original et ne cherche pas d'autres emplois. La raison est tout à fait simple : un travailleur qui a été employé dans une firme pendant longtemps a une expertise spéciale de la façon dont la firme travaille et peut avoir construit des droits d'ancienneté, incluant une pension.

13.4.2 La fréquence du chômage

La fréquence du chômage est le nombre moyen de temps, par période, que les travailleurs se retrouvent sans emploi. Il y a deux déterminants de base de la fréquence du chômage : le premier est la variabilité de la demande de travail à travers des entreprises différentes dans l'économie. Même quand la demande agrégée est constante, certaines entreprises sont en croissance et d'autres en contraction. Les entreprises en contraction perdent leur main d'œuvre et les entreprises en croissance recrutent plus de travailleurs- donc la rotation et la fréquence du chômage sont plus grandes. Plus la variabilité de la demande de travail à travers des firmes différentes est grande, plus le taux de chômage sera élevé.

Le second déterminant est le taux auquel les nouveaux travailleurs rentrent sur le marché de travail, puisque les nouveaux travailleurs potentiels commencent comme chômeurs. Plus les nouveaux travailleurs entrent sur le marché de travail, c'est-à-dire plus le taux de croissance de la population active est rapide- plus le taux naturel de chômage est élevé.

Les trois facteurs qui affectent la durée et les deux facteurs qui affectent la fréquence du chômage sont les déterminants basiques du taux naturel de chômage. Ces facteurs changent évidemment au fil du temps. La structure du marché de travail et la population active peuvent changer.

13.4.3 Estimations du taux naturel de chômage

Les estimations du taux naturel changent constamment, supposons de 4% en 1960 à 5,2% dans les années 2000. Les estimations sont pragmatiques, utilisant comme repère une certaine période quand le marché du travail est considéré être en plein emploi. La base de cette estimation est une équation du taux naturel (que nous notons u^*) qui est très similaire à l'équation (22.1)

$$u^* = w_1 u_1^* + w_2 u_2^* + \cdots + w_n u_n^* \qquad (13.2)$$

L'équation (22.2) dit que le taux naturel de chômage est la moyenne pondérée des taux naturels de chômage des sous-groupes de la population active. L'estimation commence généralement d'une période au cours de laquelle le taux est par exemple de 4%.

Il est ensuite ajusté pour les changements ayant lieu dans la population active (c'est-à-dire les pondérations w). Le premier groupe d'ajustements, pour la composition changeante de la main d'œuvre, prend en compte de tels changements comme la part croissante des adolescents, pour lesquels le taux naturel de chômage apparait plus élevé, dans la population active.

Ces ajustements font monter le taux naturel, mais très peu. Le second ensemble d'ajustements essaie de prendre en compte des changements des déterminants fondamentaux du taux naturel, telles que les indemnités de chômage.

13.4.4 Réduction du taux naturel de chômage croissant

L'adoption des méthodes de réduction du taux naturel de chômage tend à se focaliser sur les taux naturels de chômage élevés des adolescents et des jeunes et sur la proportion élevée du chômage total de long terme.

Nous commençons par le chômage des jeunes adolescents qui entrent et sortent du marché de travail en particulier parce que les emplois qu'ils détiennent ne sont pas particulièrement attractifs. Pour améliorer les emplois, certains pays européens, notamment l'Allemagne, ont mis l'accent sur la formation technique des jeunes. Le système d'apprentissage européen, dans lequel les jeunes reçoivent des formations professionnelles, a largement de crédit parce que non seulement elles donnent des emplois sérieux aux jeunes, mais aussi elles rendent les jeunes plus productifs sur le long terme.

13.4.5 Indemnités de chômage

Un concept clé ici est le ratio de remplacement, qui est le rapport entre le revenu après impôt pendant le chômage et le revenu après impôt pendant le travail.

Les indemnités de chômage (ou assurance chômage) augmentent le taux de chômage de deux façons. D'abord, les indemnités de chômage permettent une période plus longue de recherche d'emploi. Plus le ratio de remplacement est élevé, moins il est urgent pour un chômeur de trouver de l'emploi. Les autorités intellectuelles très renommées, Martin Feldstein et James Poterba, dans leur article ''Unemployment Insurance and Reservation Wages,'' *Journal of Public Economics,* February-March 1984, ont montré que des ratios de remplacement significativement élevés affectent le salaire de réservation, le salaire auquel une personne recevant des indemnités de chômage est prête à prendre un nouvel emploi.

La question des effets des indemnités de chômage sur le chômage est particulièrement active en Europe. Certains observateurs pensent et argumentent que les niveaux élevés du chômage proviennent des ratios de remplacement très élevés là-bas. Patrick Minford dans ''*Unemployment, Causes and Cures* (Oxford : Basil Blackwell, 1985,), p.39, dit : La photographie présentée est sombre du point de vue des incitations à la participation à l'emploi. Les ratios de remplacement sont tels que, si une personne « travaille le système », les incitations à occuper un emploi sont globalement peu importantes pour un père de famille.

Un second canal est la stabilité de l'emploi. Avec l'assurance chômage, les conséquences de rentrer et de sortir du marché de travail sont moins sévères. En conséquence, il est soutenu que, les travailleurs et les entreprises ne trouvent pas dans leur intérêt de créer un emploi hautement stable, et les firmes sont plus prêtes à licencier temporairement que d'essayer de garder les employés. L'impôt sur l'assurance chômage est augmenté envers des emplois plus stables.

13.5 L'inflation

Les coûts de l'inflation extrêmement élevée sont faciles à voir. La monnaie lubrifie l'économie. Dans les pays où les prix doublent chaque mois, l'argent cesse d'être un moyen d'échange utile, et quelquefois l'output baisse dramatiquement. Mais avec un niveau d'inflation bas, à un chiffre typique aux États-Unis, les coûts de l'inflation sont plus difficiles à identifier. L'inflation inattendue a un coût distributif facilement observé : les débiteurs bénéficient en remboursant dans une monnaie fable, et les créanciers souffrent en étant remboursés dans une monnaie faible. Les économistes ont eu du mal à comprendre pourquoi les niveaux faibles d'une inflation plus ou moins prévisible sont plus qu'une nuisance mineure. Cependant, mis à côté les économistes, il est clair que le public a une haine contre l'inflation que les décideurs politiques ignorent à leur propre péril.

13.6 Les coûts de l'inflation

Il n'y a pas de perte directe d'output provenant de l'inflation, comme c'est le cas du chômage. En prenant en compte les coûts de l'inflation, il est important de distinguer entre l'inflation qui est parfaitement anticipée, et prise en compte dans les transactions économiques, et l'inflation imparfaitement anticipée ou l'inflation inattendue. Nous commençons par l'inflation parfaitement anticipée.

13.6.1 Inflation parfaitement anticipée

Supposons qu'une économie connaisse un taux d'inflation donné, disons, de 5%, pour une longue période et que chacun anticipe correctement que le taux d'inflation continuera à être 5%. Dans une telle économie, tous les contrats seront ficelés en fonction du taux d'inflation attendu de 5%.

Les emprunteurs et prêteurs connaitraient et accepteraient que la monnaie dans laquelle le prêt est remboursé ait une valeur inférieure à celle du prêteur lors de l'octroi du prêt. Les taux d'intérêt nominaux seraient augmentés à 5% pour compenser l'inflation. Les contrats de long terme augmenteraient les salaires à 5% par an pour prendre en compte l'inflation. Les loyers de long terme prendraient également en compte l'inflation. En bref, tout contrat dans lequel le passage de temps est impliqué tiendrait compte de l'inflation. Dans cette catégorie, nous incluons les lois sur les impôts, qui seront indexés. Les tranches d'imposition elles-mêmes seraient élargies de 5% par an. Dans une telle économie, l'inflation n'a pas de coûts réels.

Dans ce cas, nous assumons ici des taux d'inflation modérés, disons, à un seul chiffre ou deux chiffres bas, qui sont assez bas pour ne pas détruire le système de paiement. À de tels taux d'inflation bas à modérés, les coûts de l'inflation entièrement anticipée sont petits. La notion que les coûts de l'inflation entièrement anticipée sont bas ne cadre pas avec la forte aversion à l'inflation reflétée dans la politique et le processus de prise de décision de politique économique. La raison la plus importante de cette aversion est que l'expérience inflationniste est variable, inflation imparfaitement anticipée, dont les coûts sont substantiellement différents de ceux discutés dans cette section.

13.6.2 Inflation imparfaitement anticipée

Le scénario idyllique de l'ajustement entier à l'inflation ne décrit pas les économies dans le monde réel. Les économies modernes incluent une variété de caractéristiques institutionnelles représentant des degrés différents d'ajustement à l'inflation. Des économies avec de longues histoires inflationnistes font des ajustements substantiels à l'inflation à travers l'utilisation de l'indexation. Les pays qui ont connu par exemple une inflation épisodique ne le font pas.

• Inflation non anticipée et Prise Efficace de Décision

La plupart des contrats sont écrits en termes nominaux. Si vous acceptez de faire le paiement en GNF à une date future alors que l'inflation sera élevée de façon inattendue, vos paiements seront effectués en francs faibles et vous prenez de l'avance sur le marché. Évidemment, si l'inflation est plus faible que prévu, vous subirez la perte. Dans tous les cas, quelqu'un perd et quelqu'un gagne. Cela signifie que la possibilité d'une inflation inattendue introduit un élément de risque. Un tel risque élimine ce qui pourrait être considéré autrement comme des échanges attractifs entre ménages et entreprises. Cela est un coût clair associé avec l'inflation non anticipée, donc celle qui est difficile à mesurer.

• Redistribution de Richesse à travers l'Inflation

Un effet important de l'inflation est un changement de la valeur réelle des actifs fixés en termes nominaux. L'augmentation des prix dans une économie peut réduire le pouvoir d'achat des actifs en termes monétaires. Par exemple celui qui a acheté un bon de trésor de 20 en 1972 et espérait recevoir le principal de, disons $100 en pouvoir d'achat constant à la date de maturité en 2002 aura un principal de $100 avec un pouvoir d'achat de $20 en 1972. De même, un employé qui est allé à la retraite avec une pension fixe en 1972 trouve que son revenu n'achètera que 1/5 de ce qu'il pouvait au moment de la retraite. Le quintuplement du niveau de prix a, si ce n'était pas anticipé, transféré la richesse des créanciers ou détenteurs de bons aux emprunteurs et des pensionnaires aux firmes.

13.7 Inflation et indexation

Dans cette section, nous examinons brièvement deux types de contrats qui sont spécifiquement affectés par l'inflation : les contrats de prêts de long terme et les contrats de salaires. Nous discuterons ensuite la possibilité de réduction de la vulnérabilité des personnes à l'inflation par l'indexation, qui attache les termes des contrats au comportement du niveau de prix.

13.7.1 Taux d'inflation et taux d'intérêt

Il y plusieurs contrats de prêts nominaux de long terme, allant par exemple des titres émis par le gouvernement sur 20 ans à des hypothèques de 30 ans. Par exemple, une entreprise peut vendre des titres sur le marché du capital à un taux d'intérêt de 8% par an. Que le taux d'intérêt réel (après inflation) sur les titres soit élevé ou faible, cela dépend de ce que sera l'inflation au cours des 20 à 30 prochaines années. Le taux d'inflation est donc d'une grande importance pour les créanciers et les emprunteurs, et cela est vrai dans la construction.

- Inflation et Construction

Un ménage typique aux États-Unis ou au Canada achète une maison en empruntant de l'argent auprès du système bancaire ou d'une institution d'épargne ou de prêt. L'interaction entre inflation et impôts a un grand impact sur le coût réel de l'emprunt. Traditionnellement, les hypothèques (hypothèque est le terme utilisé pour le prêt d'achat de maison) fixent un taux d'intérêt nominal pour une durée de 25 à 30 ans. Les paiements d'intérêt sont déductibles dans le calcul des impôts fédéraux sur le revenu, réduisant ainsi le coût de l'intérêt effectif du prêt. Par exemple, supposons que le taux marginal d'impôt égal 30% ; alors le coût de l'intérêt nominal est 70% du taux d'hypothèque réel.

Considérons maintenant la possibilité d'achat d'une maison par une personne en 2007 et le financement par un prêt à taux hypothécaire de 25 ans. Supposons que le taux d'intérêt hypothécaire en 2007 est égal à 5,9%, et le taux d'inflation moyen au cours des 25 prochaines est égal à 5,4%. En conséquence, le coût de l'emprunt effectif avant impôts était de 0,5%. En plus, l'acheteur de la maison peut déduire l'intérêt payé sur l'hypothèque de son revenu imposable. À un taux d'intérêt de 5,9% et un impôt de 30%, la réduction d'impôt était de 1,77 pour cent (30% de 5,9%), donc coût d'emprunt après impôt était de moins 1,33%. Ce qui n'est pas un mauvais deal. Mais évidemment, l'inflation peut être plus faible que ce qui était attendu, et alors l'emprunteur aurait alors perdu de l'argent, et le créancier aurait gagné.

L'incertitude concernant l'inflation est une des raisons de l'invention d'un nouvel instrument financier : l'hypothèque à taux ajustable, qui est un exemple typique de l'intérêt à taux flottant. Ceci est un prêt de long terme avec un taux qui est périodiquement ajusté en conformité avec les taux d'intérêt de court terme prévalant. Au point que les taux d'intérêt nominaux reflètent à peine les tendances de l'inflation, les hypothèques à taux ajustable réduisent les effets de l'inflation sur les coûts de financement des achats de maisons à long terme.

• Dette indexée

Dans des pays où les taux d'inflation sont élevés et incertains, l'emprunt de long terme en utilisant la dette nominale devient impossible : les créanciers sont simplement trop incertains au sujet de la valeur réelle des remboursements qu'ils recevront. Dans de tels pays, les gouvernements émettront typiquement la dette indexée. Un titre est indexé (au niveau du prix) quand ni l'intérêt ni le principal ou les deux ne sont ajustés pour l'inflation. Le détenteur d'un titre indexé recevra typiquement l'intérêt égal au taux d'intérêt réel déclaré 3% par exemple) plus le taux d'inflation quel qu'il soit. Donc si l'inflation est 18%, le détenteur de titres reçoit 21%. Cette façon récompense le détenteur du titre pour l'inflation.

Plusieurs économistes soutiennent que les gouvernements devraient émettre la dette indexée pour que les citoyens puissent détenir au moins un actif avec un rendement sécurisé. Il est reconnu que les gouvernements des pays à inflation élevée émettent un tel instrument, et ils l'ont fait parce qu'ils ne peuvent pas faire autrement.

Parmi les pays à inflation faible, le Royaume-Uni a émis les premiers titres indexés en 1979. Le trésor américain a aussi commencé à émettre depuis 1997, espérant que la valeur de l'assurance inflation baisserait le taux d'intérêt réel que le gouvernement paierait. Évidemment, puisque les paiements de sécurité sociale dans plusieurs pays sont effectivement indexés, les citoyens de ces pays détiennent un actif qui les protège contre l'inflation. Nous prenons en compte les arguments de pour et contre l'indexation dans la section ci-dessous.

13.7.2 Indexation de salaires

Les premiers contrats de travail incluent les provisions de l'ajustement automatique au coût de la vie (cost-of-living adjustment, COLA). Les provisions de COLA lient les hausses de salaires nominaux aux hausses du niveau de prix. Les clauses de COLA sont conçues pour permettre aux travailleurs de retrouver, totalement ou en partie, le pouvoir d'achat perdu à travers les hausses de prix depuis la signature des contrats de travail.

Cette forme d'indexation est une caractéristique tout à fait courante des marchés de travail dans plusieurs pays. L'indexation trouve un équilibre entre les avantages des contrats de salaire de long terme et les intérêts des travailleurs et des entreprises à ne pas obtenir de salaires réels.

Puisque les négociations salariales consomment du temps et sont difficiles, les salaires ne sont pas négociés une fois par semaine ou une fois par mois, mais plutôt sous forme de contrats de 1 à 3 ans. Mais puisque les prix changent au cours des contrats, quelques ajustements doivent être faits en fonction de l'inflation. Globalement, il y a deux possibilités. L'une des possibilités est d'indexer les salaires à l'indice du prix à la consommation au déflateur du PIB, et à travers des revues périodiques (disons trimestriels), accroitre les salaires par l'accroissement des prix au cours de la période. L'autre possibilité est de programmer des accroissements de salaire périodiques annoncés à l'avance sur la base du taux d'accroissement de prix attendu. Si l'inflation était connue avec certitude, les deux méthodes produiraient le même résultat. Mais puisque l'inflation peut différer des attentes, il y aura des différences.

Nous devrons espérer trouver de l'indexation, plutôt que des accroissements de salaires annoncés à l'avance, quand l'incertitude au sujet de l'inflation est élevée. L'inflation est plus incertaine quand le taux d'inflation est élevé que quand il est faible, et en conséquence l'indexation de salaire est plus fréquente dans les pays à inflation élevée que dans les pays à inflation faible.

• Chocs d'Offre et Indexation de Salaire

Supposons que le prix des matières premières augmente, et les firmes transmettent ces hausses de coûts aux prix plus élevés des biens finaux. Les prix à la consommation vont augmenter, et sous un système d'indexation de salaires, les salaires augmenteront. Cela entrainerait d'autres accroissements de prix, du coût des matériels et des salaires. L'indexation ici nourrit une spirale d'inflation qui serait évitée sous un système d'accroissements de salaires préfixés, parce qu'alors les salaires pourraient baisser comme une conséquence des prix plus élevés des matériels.

Cet exemple rend clair que nous devons distinguer deux possibilités en considérant les effets d'indexation de salaire : les chocs de la demande et les chocs d'offre. Dans le cas d'un choc de la demande, il y a une perturbation d'inflation ''pure'', et les entreprises peuvent se permettre de payer les mêmes salaires réels et en conséquence ne seront pas affectées en termes réels par 100% d'indexation. Dans le cas d'un choc d'offre négatif, cependant, les salaires réels doivent baisser, et l'indexation entière empêchera cela de se produire. L'indexation de salaire compliquera donc l'ajustement d'une économie aux chocs d'offre. Par exemple, dans les années1970 et 1980, l'économie des États-Unis s'est mieux ajustée plus facilement aux crises pétrolières que les pays européens, dans lesquels l'indexation complète est plus courante. La taille limitée de l'indexation salariale aux États-Unis aide à faciliter cette indexation.

13.7.3 Pourquoi ne pas indexer ?

Les économistes ont souvent soutenu que le gouvernement devrait adopter l'indexation à grande échelle, en indexant les titres, du système fiscal, et tous ce qu'il contrôle. De cette façon, il sera plus facile de vivre avec l'inflation, et la plupart des coûts de l'inflation non anticipée disparaitront. Les gouvernements, par contre, ont été très réticents à indexer. Il y a trois bonnes raisons. Premièrement, comme nous le voyons dans le cas d'indexation de salaire, l'indexation rend plus difficile l'ajustement de l'économie aux chocs quand des changements de prix relatifs sont nécessaires. Deuxièmement, indexer est en pratique compliqué, ajoutant une autre couche de calculs à la plupart des contrats. Troisièmement, les gouvernements craignent qu'en rendant l'inflation plus facile à vivre avec, l'indexation affaiblira la volonté politique de lutter contre l'inflation, conduira à l'inflation plus élevée, et possiblement aggravera l'économie puisque l'indexation ne peut jamais parfaitement faire face aux conséquences de l'inflation. Ce dernier argument est un des arguments de la théorie politique du cycle des affaires, le sujet que nous discuterons dans la dernière section du chapitre.

13.8 Un peu d'inflation est-il bon pour l'économie ?

Les réductions de salaire nominal sont rares. Il y a plusieurs décennies, James Tobin soutenait qu'un peu d'inflation est bon pour l'économie (et réduit le taux de chômage naturel) parce qu'elle fournit un mécanisme nécessaire à la baisse des salaires réels sans réduire les salaires nominaux. Cette idée a été ravivée dans un article influent publié par G.A. Akerlof, W.T. Dickens, and G.L. Perry, ''The Macroeconomics of Inflation,'' *Brookings Papers on Economic Activity* 1(1996).

L'argument est le suivant : Dans un monde en perpétuel changement, certains salaires réels doivent monter et d'autres doivent baisser en vue d'avoir l'efficacité économique et le chômage bas. Il est facile d'augmenter les salaires réels en faisant monter simplement les salaires nominaux plus vite que l'inflation. Pour réduire les salaires réels, les firmes doivent maintenir les hausses de salaires en dessous du taux d'inflation. Par exemple, à un taux d'inflation de 10%, une réduction de 3% de salaire réel peut être accomplie en maintenant la hausse du salaire nominal à 7%. Mais à zéro inflation, les entreprises doivent réduire les chèques de paie de 3%.

Excepté quand une entreprise est dans une situation désespérée, les travailleurs sont extraordinairement résistants aux coupes de paie nominale. De telles réductions sont coûteuses pour les entreprises. La recommandation, alors, est de maintenir à quelque chose comme 3% pour que l'ajustement de salaire réel soit atteint sans coupes de paie nominale. Les réductions de salaire nominal ont été relativement rares. Il est certainement vrai que les travailleurs et les entreprises disent qu'ils ont une forte aversion aux réductions de salaire nominal. Il est soutenu que, d'autre part, dans un environnement d'inflation constante et nulle (égale à zéro), les travailleurs et les entreprises regardent une réduction de 3% de salaire nominal de la même façon qu'ils ont vu précédemment un accroissement de 7% du salaire nominal durant une inflation de 10%. L'idée que l'inflation positive a un bénéfice significatif est très controversée. L'existence réelle de cette controverse est le début de la vue traditionnelle que zéro est la meilleure cible de l'inflation.

13.9 La théorie politique du cycle économique

Alors que le meilleur des mondes est celui dans lequel il n'y a ni inflation ni excès de chômage, ce monde n'existe pas. A court terme, les décideurs politiques doivent fréquemment décider combien il est difficile de lutter contre un choc inflationniste, sachant que moins ils s'en accommodent, plus il y aura de chômage. À long terme, les décideurs politiques doivent décider de viser un taux d'inflation très bas, voire nul, ou être prêt à vivre avec une inflation positive.

La théorie politique du cycle économique étudie les interactions entre les décisions de politique économique et les considérations politiques. La prédiction la plus connue de la théorie est que le cycle économique reflète le calendrier du cycle électoral.

Nous analysons maintenant et revoyons les blocs de construction de cette théorie. Nous avons déjà discuté le premier, les arbitrages ou compromis à partir desquels un décideur politique peut choisir. Il y a deux autres blocs de construction : comment les électeurs notent le problème (de l'inflation contre le chômage), et le timing optimal pour influencer les résultats des élections.

13.9.1 Notation des problèmes

Dans cette question abordant les inquiétudes des populations par rapport aux problèmes, les électeurs sont inquiets au sujet de l'inflation et du chômage quand les chiffres sont élevés. En général, les journaux de presse et les recherches faites par des économistes révèlent une leçon importante : les électeurs sont inquiets à la fois au sujet du niveau et des taux de changement de l'inflation et du chômage. La hausse du chômage accroit l'inquiétude du public concernant le chômage. L'inquiétude face à l'inflation dépend de l'attente de la hausse de l'inflation aussi bien que du niveau de l'inflation actuelle. Ces faits influencent les types de politiques que les politiciens choisiront.

13.9.2 Timing

Le décideur politique veut être sûr qu'en temps d'élection, l'économie pointe dans une bonne direction en vue de récolter une approbation maximum des électeurs. Le taux d'inflation et le taux de chômage doivent baisser si possible, et ne doivent pas être élevés si cela peut être géré. Le problème est de savoir comment on peut mettre l'économie juste dans la bonne direction de la période allant de l'installation du président à la prochaine élection.

L'hypothèse de la théorie politique du cycle économique suggère la réflexion suivante : les politiciens utilisent les politiques restrictives tôt au début de leur mandat, en augmentant ainsi le chômage et réduisant l'inflation. Le besoin de restriction peut souvent être imputé à un gouvernement précédent. Mais puisque les élections approchent, l'expansion prend le dessus pour veiller à ce que la baisse du chômage apporte l'approbation des électeurs même si le niveau de chômage contrôle encore l'inflation. Selon cette hypothèse, il devrait y avoir un cycle systématique du chômage, montant dans la première partie du mandat présidentiel et baisant dans la seconde partie.

L'évidence empirique de la théorie du cycle économique est mitigée. Les données des États-Unis ne montrent pas une évidence au cours d'un mandat présidentiel. Mais le modèle a semblé bien fonctionné pendant les cycles électoraux précédents des années 1969-70 et 1981-84.

13.9.3 Indice de Misère

Le public n'aime pas le chômage et l'inflation. La mesure de l'effet politique de l'inflation et du chômage s'appelle indice de misère, qui est simplement la somme du chômage et de l'inflation :

$$Indice\ de\ misère = u + \pi$$

Une version de la théorie politique du cycle économique suggère que le parti au pouvoir fera bien si l'indice de misère est bas ou si l'indice baisse et fera mal si cette mesure est élevée ou si elle augmente. Mais la relation est difficilement tenable. Cela est dû en particulier au fait que plusieurs autres facteurs déterminent la décision des électeurs. En plus, les électeurs n'accordent pas probablement le même poids au chômage et à l'inflation, comme peut le faire l'indice de misère implicitement.

Retenons que l'hypothèse du cycle économique met l'accent sur la direction des changements de l'économie. Pour que les titulaires du pouvoir gagnent une élection, le taux de chômage doit baisser et le taux d'inflation ne doit pas être pire.

Questions de revue et problèmes

1. Expliquez comment les changements suivants ne devraient pas affecter le taux de chômage naturel (ou frictionnel)

a. La suppression des unions syndicales.

b. La participation accrue des jeunes adolescents au marché de travail.

c. Des grandes fluctuations du niveau de la demande globale.

d. L'accroissement des indemnités de chômage.

e. La suppression des salaires minimum.

f. Des grandes fluctuations de la composition de la demande globale.

2. Une réduction des salaires minimum au cours des mois d'été réduirait le coût du travail pour les entreprises, mais elle réduirait aussi le salaire que le détenteur de salaire minimum recevra.

a. Qui bénéficierait de cette mesure ?

b. Qui perdrait ?

c. Qui supporterait ce programme ?

3. Certaines personnes disent que puisque l'inflation peut être réduite à long terme sans accroissement de chômage, nous devrons réduire l'inflation à zéro. D'autres croient qu'un taux d'inflation d'équilibre, disons de 3%, devrait être notre objectif.

a. Quels sont le pour et contre de ces deux arguments ?

b. Quels sont, à votre avis, les bons objectifs de long terme pour réduire l'inflation et le chômage ?

4. Formulez la loi d'Okun. Comment nous aide-t-elle à évaluer le coût du chômage pour la société ?

5. Quels sont les coûts associés à l'inflation parfaitement anticipée ? Ces coûts changent-ils lorsque le taux d'inflation change ?

6. Quels sont les coûts associés à l'inflation imparfaitement anticipée ? Discutez-les attentivement. Qui perd et qui gagne, quand l'inflation est plus élevée qu'attendue ?

7. Est-ce que la Guinée doit indexer ses salaires et prix ? Détaillez le pour et contre d'un tel plan. Comment votre réponse serait différente si vous espériez que la nation ferait face à une période d'inflation extrêmement élevée (disons, 100%) ?

8. Lisez attentivement et répondez aux questions.

a. Trouvez des données sur le taux de chômage et le PIB réel de l'économie de la Guinée au cours d'une période de 30 ans à votre convenance.

b. Utilisez ces données pour calculer le taux de croissance annuel du PIB, noté par $tPIBR = ([PIBR_t - PIBR_{t-1}]/PIBR_{t-1})x100$ et le changement du taux de chômage$(u_t - u_{t-1})$. Créez un nuage de point ou scatter plot qui représente le taux de chômage sur l'axe *X* et le taux de croissance annuel *PIBR* sur l'axe *Y*. quelle est la relation entre chômage et output en Guinée ? Visuellement, en moyenne de combien un accroissement de 1 point de pourcentage du chômage affectera l'output ?

c. Si vous avez fait des cours de statistique ou d'économétrie, utilisez un programme statistique (SAS, EViews, STATA, Limdep) pour faire la régression suivante :

$$Croissance\ du\ PIBR = c + \beta x changement\ du\ Taux\ de\ Chômage + \epsilon$$

Quelle est la pente de cette régression ? Qu'elle est sa signification ? Est-elle statistiquement significative ? Pouvez-vous formuler un test statistique si elle est différente du nombre de 2 pour cent usuellement citée ?

Bibliographie

Alvarez, L.J., E. Dhyne, M. Hoeberichts, C. Kwapil, C. Le Bihan, P. Lnnemann, F. Martins, et al. 2006. "Sticky Prices in the Euro Area : A Summary of New Micro-Evidence." *The Journal of Economic Perspectives* 4 (2/3): 575–84.

Blanchard Olivier J, and Fischer S., *Lectures on Macroeconomics,* The MIT Press, 1989.

Barattieri, A., S. Basu, and P. Gottschalk. 2010. "Some Evidence on the Importance of Sticky Wages." *NBER Working Paper*, no. 16130.

Borio, C., and W. White. 2004. "Whither Monetary and Financial Stability? The Implications of Evolving Policy Regimes." BIS Working Papers, no. 147.

Caballero, R., E. Farhi, and P.O. Gourinchas. 2008. "An Equilibrium Model of Imbalances and Low Interest Rates." The Commercial Economic Review 98 (1): 358–93.

Campbell, C.M., and K.S. Kamlani. 1997. "The Reasons for Wage Rigidity: Evidence from a Survey of Firms." *The Quarterly Journal of Economics* 112 (3): 759–89.

Carlin, W., and D. Soskice. 2015. *Macroeconomics: Institutions, Instability, and the Financial System*. 1st ed. OUP.

Clark, A.E., and A.J. Oswald. 1994. "Unhappiness and Unemployment." *The Economic Journal* 104 (424): 648–59.

Durnbusch R., Fischer S., and Startz R., *Macroeconomics,* 9th edition, McGraw-Hill.

Friedman, M. 1957. *Theory of the Consumption Function*. Princeton University Press, Princeton.

IMF. 2012. "IMF Fiscal Monitor April 2012. Technical Report," April. https://www.imf.org/~/media/Websites/IMF/imported-flagship-issues/external/pubs/ft/fm/2012/01/pdf/_fm1201pdf.

Jappelli, T., and L. Pisaferri. 2010. "The Consumption Response to Income Changes." Annual Review of Economics 2 (1): 479–506.

Johnson, D.S., J.A. Parker, and N.S. Souleles. 2006. "Household Expenditure and the Income Tax Rebates of 2001." The American Economic Review 96 (5): 1589–1610.

Keynes, John Maynard. 1936. The General Theory of Employment, Money and Interest. Macmillan.

Kleimeier, S., and H. Sander. 2017. "Handbook of Competition in Banking and Finance." In, edited by J.A. Bikker and L. Spierdijk, 305–433. Edward Elgar Publishing.

Mankiw, N.G., D. Romer, and D.N. Weil. 1992. "A Contribution to the Empirics of Economic Growth." *Quarterly Journal of Economics* 107 (2): 407–37.

Modigliani, F., and R. Brumberg. 1954. "Utility Analysis and the Consumption Function: An Interpretation of Cross-Sectional Data." In *Post Keynesian Economics*, 383–436. New Brunswick, NJ: Rutgers University Press.

Mundell, R.A. 1961. "A Theory of Optimal Currency Areas." American Economic Review 51 (4): 657–65.

Obstfeld, M. 2001. "International Macroeconomics Beyond the Mundell-Fleming Model." NBER Working Paper, no. 8369.

Phelps, E.S. 1968. "Phillips Curves, Expectations of Inflation and Optimal Monetary Policy over Time." Economica 34 (135): 254–81.

Ramey, V.A. 2011. "Can Government Purchases Stimulate the Economy?" Journal of Economic Literature 49 (3): 673–85.

Romer, C., and D. Romer. 2010. "The Macroeconomic Estimate of Tax Changes: Estimates Based on a New Measure of Fiscal Shocks." The American Economic Review 100 (June): 763–801.

Rose, A.K., and T.D. Stanley. 2005. "A Meta Analysis of the Effect of Common Currencies on International Trade." Journal of Economic Surveys 19 (3): 347–65.

Sargent Thomas J., *Macroeconomic Theory*, second Edition, Academic Press, INC., 1987.

Table des matières

Structures éditoriales du groupe L'Harmattan

L'Harmattan Italie
Via degli Artisti, 15
10124 Torino
harmattan.italia@gmail.com

L'Harmattan Hongrie
Kossuth l. u. 14-16.
1053 Budapest
harmattan@harmattan.hu

L'Harmattan Sénégal
10 VDN SICAP AMITIE 3
BP 45034 Dakar-Fann
direction@senharmattan.com

L'Harmattan Cameroun
Tsinga/Derrière polyclinique FECAFOOT
BP 11486 Yaoundé
Jacques.koukam@harmattan.fr

L'Harmattan Burkina Faso
Villa 281, secteur 23 623, rue 14.32
Ouagadougou
zagbie@outlook.fr

L'Harmattan Guinée
Almamya, rue KA 028 OKB Agency
BP 3470 Conakry
harmattanguinee@yahoo.fr

L'Harmattan RDC
185, avenue Nyangwe
Commune de Lingwala – Kinshasa
matangilamusadila@yahoo.fr

L'Harmattan Congo
219, avenue Nelson Mandela
BP 2874 Brazzaville
deunovmikhael@gmail.com

L'Harmattan Mali
Immeuble Mgr Jean Marie Cissé
Aci Hamadallaye
BP 145 Bamako
syllaka@yahoo.fr

L'Harmattan Togo
Djidjole – Maison Amela
face EPP BATOME
02 BP 20680 Lomé
didieramela11@gmail.com

L'Harmattan Côte d'Ivoire
Résidence Karl – Cité des Arts
Abidjan-Cocody
03 BP 1588 Abidjan
harmattan.ivoire@gmail.com

L'Harmattan Bénin
Rue 604, (Immeuble à l'entrée
de la rue UCAO- Cite de Saint-Jean)
Cotonou
stepcorpus@gmail.com

Nos librairies en France

Librairie internationale
16, rue des Écoles
75005 Paris
librairie.internationale@harmattan.fr
01 40 46 79 11
www.librairieharmattan.com

Librairie des savoirs
21, rue des Écoles
75005 Paris
librairie.sh@harmattan.fr
01 46 34 13 71
www.librairieharmattansh.com

www.ingramcontent.com/pod-product-compliance
Lightning Source LLC
LaVergne TN
LVHW011249061026
849535LV00005B/1197